원인을 추론하다

원인을 추론하다

정치·정책현상 분석을 위한 사회과학 연구방법론의 교과서

쿠메 이쿠오 지음/ 하정봉 옮김

논형

차례

칼럼 ⑧ 몬티 홀의 문제, 귀납적 추론 그리고 통계학

〈표〉·〈그림〉

서장
설명이라고 하는 시도

이 책은 정치학[1] 특히 실증적 · 경험적인 정치학 분석방법에 대한 책이다. 다양한 정치현상이 발생하는 원인을 설명할 때 어떤 방법으로 접근해야 할지를 소개하는 것을 목적으로 한다.

지금 일어나고 있는 정치나 정책문제에 대해 정치인 및 평론가들이 열띤 논쟁을 벌이는 TV프로그램이 적지 않다. 때로는 정치학계의 동료 학자가 출연하기도 해서 나도 모르는 사이에 열중해서 보게 된다. 그러한 방송프로그램에 대한 수요가 꽤 있을 것이다. 모임에서 만난 상대방이 필자가 정치학자라는 것을 아는 순간 일본정치에 대한 논쟁을 제기해 오기도 한다. 정치적 무관심이라고 흔히들 말하지만 실제로는 적지 않은 사람들이 정치에 대해 관심을 가지고 있다.

정치를 둘러싼 2가지 논의

정치가 화제가 될 때 대개 2가지 종류의 논의방식이 있다. 하나는 무엇이 옳은가에 대한 규범적 논의이며 다른 하나는 실제로 어떻게 되고 있

---

[1] 일본에서 정치학이라는 분야는 정치학, 외교학, 행정학(정책학)을 포괄하는 분야이다. 이 책에서도 정당, 민주주의와 같은 정치학의 전통적 주제들과 함께 저출산, 사회자본, 사회복지와 같은 행정학의 주제들이 폭넓게 다루어지고 있다(역자주).

는지, 그리고 왜 그렇게 되었는지에 대한 경험적·실증적 논의이다. 예를 들어, 부의 재분배 문제를 생각해 보자. 정부는 안전보장과 치안유지 등 공공재를 제공하는데 이를 위한 비용을 조달할 필요가 있다. 그렇다면 그 비용을 모든 국민이 공평하게 부담해야만 할까. 아니면 소득에 따라 부유한 사람이 더 많이 부담하여야 할까. 후자의 입장에 서면 소득이 많은 사람은 높은 세율로 가난한 사람은 낮은 세율로 부담하는 누진세제가 바람직한 것이 된다(전원이 동일한 세율로 부담하는 단일세제(The Flat Tax)에서도 부자가 많은 세금을 낸다고 하는 점에서는 후자의 입장과 유사하다). 이에 반해 전자의 입장은 소위 '더치페이'이다. 과거 영국 대처정권이 도입을 고려했던 인두세[2]가 그 예이다. 전원이 동일한 세액을 지불한다는 것이다.

어쨌든 현재는 많은 국가에서 누진세제를 채택하고 있다. 여기에서 2가지 새로운 논의가 등장한다. 하나는 세금을 통한 재분배가 과연 공정하고 정의로운가이다. 대답은 언뜻 뻔한 것처럼 생각된다. 강의에서 학생들에게 물으면 압도적 다수가 공정하다고 대답한다. 미국대학에서 가르칠 때 발전도상국 관료들을 대상으로 한 강의에서도 대답은 마찬가지였다. 그렇다면 만일 당신이 큰 부자가 된 친구를 우연히 다시 만나게 될 때 그 친구에게 '돈 좀 달라'고 조를 거냐고 물으면 대부분의 사람들이 아니라고 대답한다. 하지만 두 경우 모두 부가 풍족한 사람으로부터 가난한 사람에게로 이전된다는 점에서는 마찬가지이다. 친구에게 떼를 쓰는 짓은 꺼려하면서도 어째서 세금에 의한 재분배는 공정하다고 생각하는지 물어보면 여러 가지 열띤 논의가 시작된다.

---

2) 인두세(人頭稅, Poll Tax)는 각 개인에게 동일한 세금을 부과한다. 1980년대 영국에서 당시 마거렛 대처 수상이 인두세를 도입하려다 국민들의 반발로 수상 직에서 물러나게 된 일이 있었다(역자주).

직접 돈을 받는 것이 아니라 중간에 정부가 개입하기 때문이라는 대답도 나온다. 그렇다면 자신이 직접 돈을 받아내는 것이 창피하다는 얘기인가? 재분배를 하지 않으면 사회불안이 커지기 때문에? 이 얘기를 바꿔 말하면 돈을 내지 않으면 한번 쓴맛을 보게 할 수도 있다는 협박이 아닐까? 공부를 열심히 하는 학생들에게서는 사회적 후생함수(Social Welfare Function)라던가 하사니(John C. Harsanyi)나 롤스(John Rawls)가 즐겨쓰는 '무지의 베일'[3]이라는 말도 나온다. 이는 무엇이 옳은가, 왜 옳은가라는 규범적 논의라고 할 수 있다(久米ほか, 2011: 第2章 · 第3章).

또 하나는 어떤 세금제도를 어떤 나라가 채택하고 있는가, 국가별로 누진세제에 의한 재분배 정도에 차이가 있는 것은 무엇 때문인가라는 논의이다. 이는 무엇이 올바른 것인가가 아니라 현실에 대한 객관적인 기술(Description)과 왜 그렇게 되었을까라는 설명으로 구성되는 경험적 · 실증적 논의이다. 이 책의 초점은 바로 후자의 논의방식이다.

볼넷과 안타

야구해설가는 자주 '선두타자를 볼넷으로 내보내는 것보다는 차라리 안타를 얻어맞는 편이 낫다'라는 코멘트를 한다. 이 코멘트는 앞서의 2가지 논의 가운데 어디에 해당하는 것일까. 여기서의 포인트는 '낫다'라는 표현의 이해에 달려있다. '낫다'가 정의롭다던가 올바르다는 것을 의미하고 있지 않은 것은 분명하다. 여기서의 '낫다'라는 것은 승부에 대한 영향을 의미한다. 이는 경험적 · 실증적 논의. 어떤 상황이 더 낫고 어떤 상황이 더 낫지 않은지를 생각한 후에 그 차이를 발생시키는 원인에 대한 탐

---

3) 존 롤스(John Rawls, 1921~2002)는 사회구성원들이 정의의 원칙을 정할 때 '무지의 베일(The Veil of Ignorance)' 상태에서 이루어져야 한다고 주장하였다. 즉, 자신의 인종, 성별, 사회적 지위, 가족관계 등에 대한 정보를 모르는 상태가 전제될 때 공정한 사회계약이 이루어질 수 있다는 것이다(역자주).

구가 이루어지게 된다.

〈그림 ㉒-1〉 선두타자를 볼넷으로 내보낼까, 안타를 맞을까

원인		결과
선두타자에게 안타를 맞는다	⟶	낫다
선두타자에게 볼넷을 내준다	⟶	낫지 않다

이 코멘트를 도식화시켜 보면 〈그림 ㉒-1〉과 같다. 야구해설가가 주장하는 것은 선두타자에게 볼넷을 내줄까, 안타를 맞을까에 의해 '낫다'의 정도가 달라진다는 것이다. 이러한 의미에서 원인과 결과 간의 관계를 진술하고 있다고 볼 수 있다. 투수가 마음이 약해져서 선두타자에게 볼넷을 내주는 이른바 도망가는 피칭을 하면 더욱더 기가 눌려서 다음 타자에게 얻어맞는 '낫지 않은' 결과가 된다. 도망가지 않고 정면승부를 시도해서 차라리 얻어맞는 편이 다음 타자를 봉쇄할 가능성이 크고 결과도 '낫다'는 논리이다. 요컨대 투수의 정신상태가 시합에 영향을 미친다는 것이다. 그렇다면 이 코멘트의 진위를 실증적으로 확인해볼 수는 없을까.

이에 대해 실제로 분석을 시도한 경제학자 가토 히데아키(加藤英明) 고베대학 교수의 기사가 『아사히(朝日)신문』에 소개되었다(2005년 9월 17일자). '프로야구 팬인 가토 교수는 야구에 대한 여러 통설이 과연 사실인지에 대해 관심을 가지고' 분석을 시도하였는데 먼저 2004년과 2005년 전반기까지 치러진 255시합에 대해 '선두타자에게 볼넷을 내준 회'와 '선두타자에게 안타를 맞은 회' 간에 실점이 어떻게 다른지를 조사하였다. 코멘트가 맞는 말이라면 동일하게 1루에 주자가 진출하게 되더라도 후자의 평균실점이 전자보다 낮을 것이다. 이 검증방법에서 머리를

쓴 부분은 평론가가 말하는 '낫다'를 실점으로 측정한 일이다. 원인은 볼넷이던가 안타이기 때문에 그대로 손쉽게 조사할 수 있다. 그러나 결과인 '낫다'의 정도는 그대로는 측정할 수 없기 때문에 실점을 잣대로 측정하도록 궁리한 것이다.

이 분석에 의하면 '선두타자에게 볼넷을 내준 회는 262회이며 그 가운데 실점을 한 경우는 100회(실점확률 38.2%), 평균 실점은 0.81점이었다. 이에 반해 안타(단타)를 얻어맞은 회는 730회이며 실점을 한 경우는 334회(실점확률 45.8%), 평균 실점은 0.97점으로 각각 7.6%포인트, 0.16점이 높았다. 통계상으로는 선두타자를 안타로 내보낸 쪽이 볼넷을 내준 것보다도 많은 실점을 했다'라고 말할 수 있다. 검증결과는 평론가의 '통설'과 반대로 나타나 야구평론가의 말은 그다지 신용할 수 없다는 인상을 받게 될지도 모르겠다.

이 결과에 대해서 『아사히신문』이 논평을 요청한 사람은 현역 감독시절에 '이론야구'로 유명했던 야구평론가 히로오카 다츠로우(廣岡達朗)였다. 그는 '선두타자에게 볼넷을 내주면 투수의 정신력이 약하다고 생각해 수비진은 물론, 벤치의 감독 및 선수까지 부정적 사고를 하게 된다. 승부를 걸어서 안타를 맞는 편이 그래도 팀 전체로서는 긍정적 사고를 갖게 만든다. 스포츠는 정신적인 면이 크게 작용한다'고 이야기 하였다. 아무래도 분석결과에 불만이 있는 듯 하다.

앞서의 검증에서는 인과관계의 메커니즘, 즉 원인이 결과에 영향을 미치는 과정이 투수의 심리를 중심으로 고찰되었다. 그러나 히로오카는 투수의 약한 마음이 팀 전체에 영향을 준다고 하는 인과 메커니즘을 상정하고 있다. 만약 그것이 사실이라고 한다면 팀의 공격력에도 영향이 미칠 것이다. 이렇게 생각하면 '낫다'라는 것을 실점으로만 측정하는 것은 불충분하며 해당 회의 초말 간의 득실점 차이를 측정하여야 할 것이다.

야구해설자의 코멘트를 둘러싼 고찰은 어째서 그렇게 되었는가라는 인과관계에 관한 논의, 즉 설명에 관해 몇가지 힌트를 포함하고 있다. 첫째로 '선두타자에게 볼넷을 내줄거라면 안타를 맞는 편이 낫다'라는 언명 속에 어떤 인과관계에 대한 주장이 포함되어 있는지를 명확히 하는 것이 검증의 출발점이 된다. 여러 가지 논의들이 어떠한 인과관계에 관한 주장을 포함하고 있는지 혹은 자신이 주장하는 바가 어떤 인과관계를 상정하고 있는가를 먼저 명확히 하는 것이 중요하다. 무엇이 원인이며 무엇이 결과인가라는 흐름도(Flow Chart)를 그려보아야 한다.

둘째로 원인에서 결과로 이어지는 흐름도가 어떤 경로를 거치게 되는지를 생각해볼 필요가 있다. 예를 들면 투수 개인의 심리를 통해서 결과가 발생하게 되는지 혹은 팀 전체에 영향을 미침으로써 결과가 발생하게 되는지를 생각해 보아야 한다. 인과관계 메커니즘이 어떠한 과정을 상정하고 있는지를 논리적으로 분명히 할 필요가 있다.

셋째로 원인과 결과 각각을 구체적으로 어떻게 측정할지를 생각하는 것이다. '낫다'고 말하는 것만으로는 구체적으로 무엇을 가리키는지가 불분명하다. 그리고 그것을 알 수 없다면 그 인과관계가 거짓인지 참인지를 알아낼 방법도 없다.

이 책에서 논의하는 인과관계 추론방법에 대한 많은 중요한 이야기가 이 야구이야기 속에 들어있다. 그러한 의미에서 여기서의 고찰은 이 책의 예고편에 해당한다고 할 수 있다.

규범적 평가와 설명

앞서 야구의 예에서 분석결과는 평론가의 코멘트와는 달리 '선두타자에게 안타를 맞는 것보다 볼넷을 내주는 편이 낫다'라는 결론이었다. 이에 대해 히로오카 전 감독은 분석이 상정하고 있는 인과관계 메커니즘이 타당하지 않다는 경험적 · 실증적 관점에서의 이의를 제기한다. 그런데 볼넷을 내주는 것 자체가 '올바른' 일이 아님에도 불구하고 볼넷을 내주는 편이 안타보다도 좋은 결과를 가져오기에 이를 용인해야 한다고 주장하는 것은 아무래도 정도를 벗어나는 일이라는 규범적 주장의 관점에서 평론가의 코멘트를 비판하는 사람은 거의 없을 것이다. 야구에서 정면승부야 말로 올바른 행위이며 비겁한 거르기 등은 절대 인정할 수 없다고 하는 극단적 생각을 가지지 않는 한 볼넷의 효과를 분석할 때 규범적 판단이 개입할 여지는 거의 없다.

하지만 분석대상이 현실정치 및 사회에서 일어나는 현상이라면 이야기가 달라진다. 현재 진행형의 정치 및 사회현상에 대해 우리들은 다양한 의견을 가지고 있다. 이 때문에 객관적이어야 할 분석에 자신의 규범적 의견이 영향을 미치게 될지도 모른다.

예를 들어, 시장에서의 경쟁결과로 나타나는 격차를 문제라고 생각하는 사람이 일본의 소득격차에 대해서 막상 연구를 시작해보니 예상과 달리 격차가 그리 크지 않다는 것을 나타내는 데이터를 발견했다고 하자. 격차해소야 말로 지금 일본에서 절실히 필요하다는 신념을 가진 사람은 실제로는 격차가 더 크다고 생각해서 격차확대라는 결과가 나올 때까지 여러 가지 지표를 '개선'하려고 할지도 모른다. 혹은 자유경쟁이야말로 바람직하다는 신념을 가진 사람은 격차가 실제로는 그렇게 크지 않다는 결론이 나올 수 있는 지표를 찾아서 제시한다고 하는 일도 있을 수 있다. 야구의 세계와 관련한 다양한 '통설'을 검증한다고 하는 한가한 이야기와는 성격이 다를 수 밖에 없다. 그렇기 때문에 가치판단과 불가분의 관계에 있는 정치 및 사회현상을 설명할 때에는 더욱 주의 깊게 가치판단과 거리를 둔 설명이 이루어지도록 노력하여야 한다.

이 책에서는 가치판단과 일정한 거리를 두고 중립적으로 정치현상을 분석하는 방법에 대해서 생각해 보기로 한다. 앞서 언급한 바와 같이 실증적·경험적 정치학 방법론이 이 책의 주제이다. 다만 정치학의 설명대상인 정치 및 정책현상의 분석방법 대부분은 정치학 고유의 것이라기보다는 사회과학, 경우에 따라서는 자연과학을 포함한 과학적 연구방법과 공통적인 것이다. 이 책의 구성은 우선 보다 친근한 일반적인 사회현상을 소재로 삼아 설명의 방법에 관한 논점들을 검토한 후 그 논점들을 정치학의 구체적인 연구주제에 적용하여 고찰하는 방식이다.

자, 이제 설명의 방법론이라는 문을 열기로 하자.

1장
설명의 틀
원인을 밝힌다는 것은 어떤 작업일까

세상에는 여러 가지 정치현상이 존재하며 그 현상이 왜 생기는지를 둘러싸고 논의가 끊이질 않는다. 제2차 세계대전 이후(이하 전후) 일본에서 투표율이 점점 낮아지는 것은 왜일까. 의원발의 입법이 적은 것은 왜일까. 왜 일본의 많은 수상들은 짧은 임기로 빈번하게 교체되는 것일까. 여기서 요구되는 것은 질문에 대한 답이다. 다시 말해, 원인에 대한 탐구이다. 어떤 현상이 왜 나타나는가에 대해 설명하는 일은 인과관계에 대해 추론한다는 것을 의미한다. 이 장에서는 어떠한 경우에 인과관계가 존재한다고 말할 수 있는지를 생각하는 것에서부터 이야기를 시작하고자 한다. 이 장의 목적은 이 책에서 앞으로 본격적으로 논의할 인과관계 추론의 기본 틀(Framework)을 제시하는 것이다.

비만과 출세

미국 비즈니스계에서는 비만과 흡연습관이 출세에 불리하다는 이야기가 있다. 살이 쪘다는 것은 흡연을 그만두지 못하는 것과 마찬가지로 자신을 통제하지 못한다는 증거이며 엘리트 비즈니스맨으로서 필수적인 자기관리 능력의 결여로 비춰져 승진에 불리하게 작용한다는 것이다 (Kwoh, 2013). 그렇게까지 심하게 말할 필요가 있을까라는 의문이 든다. 신체적 특징에 의한 부당한 차별이라는 비판이 제기되는 것도 어쩌면 당연한 일일런지 모른다(Roehling, 2002). 그런데 옳고 그름은 일단 차치하고 신체상의 특징이 원인이 되어 출세 및 소득에 영향을 미친다는 인과관계가 과연 현실세계에서 존재하고 있을까.

역사를 거슬러 올라가면 사회적 신분이 신체조건에 영향을 미친다고 하는 역의 인과관계 쪽이 오히려 일반적이었다. 어떤 나라든지 과거에는 신분이 고귀한 사람일수록 체격이 좋았다. 그들의 영양상태가 좋았기 때문이다. 예를 들어, 옛날 영국 상류계급의 사람은 서민보다 머리 하나이상 키가 커서 간단히 구별할 수 있었다(Heath, 2010). 19세기 초 영국 왕립사관학교에 입학한 평균 14세의 상류계급 소년들은 동일한 연령으로 해군에 입대한 노동자계급 출신 신병들에 비해 25cm나 키가 컸다고 한다 (Tilly, 1998: 1). 상당히 큰 차이다.

현대 미국에서 비만에 대한 차별이 사회문제가 되고 있다는 것은 서민계층이 먹는 문제로 어려움을 겪던 가난했던 시절이 이제 적어도 선진국에서는 과거의 이야기가 되었음을 의미한다(Ridley, 2010). 이는 그 나름대로 기뻐할 만한 일이다.

키가 크면 득?

신체적 특징과 소득 간의 관계는 사람들의 흥미를 자극해온 주제다. 특히 키가 소득 및 출세에 미치는 영향은 상당히 오래전부터 관심의 대상이었다. 키와 노동시장에서의 성공 간의 관계에 대한 실증적 연구는 100년에 가까운 역사가 있다. 1915년에 고윈(Enoch Burton Gowin)이 키가 큰 사람일수록 출세한다는 조사결과를 보고하였다(Gowin, 1915). 이후에도 유사한 조사결과가 되풀이 되어 보고되어 왔다. 영국에서는 30세의 남성 관리직·전문직 종사자는 동일연령의 남성 일반노동자보다도

평균 1.5cm 키가 크다고 한다. 또한 영국과 미국의 남성대상 데이터에서
는 1인치(2.54cm) 키가 크면 평균시급이 1%~2.3% 높다는 것도 확인되
었다(Case & Paxson, 2008: 500). 이처럼 키가 크다는 것으로부터 '얻어
지는' 소득증가분을 신장 프리미엄(Height Premium, 신장에 의한 임금
격차)이라고 한다. 신장 프리미엄은 어떻게 해서 생기게 되는 것일까. 신
장이 원인이 되어 소득이 결정된다는 것은 정말일까. 자연스럽게 이러한
인과관계에 대한 질문이 생긴다.

독립 변수와 종속 변수의 공변[1]

그런데 계량분석의 세계에서는 원인을 '독립 변수' 또는 '설명 변수', 결
과를 '종속 변수' 또는 '피설명 변수'라고 부른다. 이 책에서는 편의상 '독
립 변수'와 '종속 변수'라는 용어로 통일하기로 한다. 확실히 해두고 싶은
것은 '키'라는 독립 변수의 변수값이 커질수록 '소득'이라는 종속 변수의
변수값도 커진다고 하는 '공변관계'가 이 인과관계에 대한 질문을 낳는
전제가 된다는 것이다. 인과관계의 추론은 이 공변관계를 확인하는 것에
서부터 출발하는 것이 보통이다.

타 변수의 영향을 통제한다

그렇다면 어째서 이러한 공변관계가 관찰되는 것일까. 키가 크면 주
위로부터 신뢰받기 쉬워서 업무성과도 저절로 좋아지는 것일까. 혹은
자신감을 가지고 있기 때문에 업무에 적극적인 자세로 임해서 성공하는
것일까.

---

1) 공변관계는 둘 이상의 변수들이 함께 변화(동시발생, 동시변화)함을 의미하는데 'A가
커지면 B도 커진다'로 표현할 수 있다. 공변관계 대한 본격적인 논의는 5장을 참조하
기 바란다(역자주).

위의 추론은 키가 실제로 소득에 영향을 미친다고 가정하고 있다. 그러나 어쩌면 키가 크다는 것은 어릴 때부터 부유한 가정에서 자라 영양상태가 좋았던 결과이며 또한 부유한 가정이었기 때문에 고등교육을 받을 수 있어 현재의 소득이 높은 것일지도 모른다. 이 두 가지 인과관계를 그림으로 나타내 보자(〈그림 1-1〉).

〈그림 1-1〉 키와 소득의 2가지 관계
키가 원인인 경우의 예:

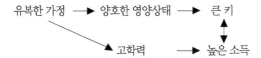

키가 원인이 아닌 경우의 예:

후자의 예에서는 진정으로 소득에 영향을 미치는 것은 그 사람이 유복한 가정에서 태어난 것이다. 즉, 부모의 소득이 원인이며 관찰된 키와 소득의 공변관계는 단순히 외견상의 관계이다. 이러한 관계를 '허위상관관계'라고 한다. 인과관계가 있다고 말할 수 있으려면 부모의 소득과 같은 다른 변수가 같은 값이라고 하더라도 여전히 독립 변수인 신장이 종속 변수인 본인의 소득에 영향을 미쳐야 한다. 다른 변수의 영향을 일정하게 하는 것 다시 말해, 통제(Control)한 이후에도 공변관계가 확인되어야 한다.

과연 신장과 소득 간의 진정한 인과관계는 있는 것일까. 미국의 최신 연구는 이 점에 대해서 의견이 대립하고 있다. 니콜라 페르시코(Nicola Persico) 등은 백인남성을 대상으로 부모의 소득과 본인의 교육정도 등을 통제한 후에 본인의 16세 시점의 신장이 이후의 소득에 영향을 미친다는 결과를 『Journal of Political Economy』지에 보고했다. 미국에서는 16

세 시점에 키가 큰 아이는 고교 스포츠 클럽 등에 참여하는 경우가 많고 거기서 커뮤니케이션 능력과 같은 '인적 자본'을 몸에 익힌다. 그 결과 미래의 소득이 높아진다고 하는 인과관계를 그들은 추론하고 있다(Persico et. al., 2004). 이에 대해서 앤 케스와 크리스티나 팩슨(Anne Case & Christina Paxson)은 같은 잡지에 키가 큰 아이일수록 높은 인지능력을 가지고 있다는 것을 강조하면서 키가 원인이 아니라 인지능력이 진정한 원인이라고 주장하였다(Case & Paxson, 2008). 이 논쟁에서는 신장과 소득 간의 '공변관계'가 진정한 인과관계를 나타내는가 아니면 단순히 허위상관관계인가가 쟁점이 되고 있다.

또한 이 신장 프리미엄 연구를 간결하게 소개하고 있는 오오타케 후미오(大竹文雄)의 책『경제학적 사고의 센스(経済学的思考のセンス)』에서는 오사카 대학 21세기 COE프로그램 앙케이트 조사를 이용한 일본에서의 연구결과를 소개하고 있다. 그에 따르면 일본에서의 신장 프리미엄은 학력, 근속연수, 기업 규모에 더하여 부모의 학력과 가정의 생활수준을 통제한 후 신장이 1㎝ 커지면 시급이 0.5% 높아지는 정도라고 한다. 다만, '이 분석결과 도출된 0.5라는 수치는 통계학적으로 실제로는 0일지도 모를 가능성을 부정(기각)할 수 없었다'(大竹, 2005a: 8-9). 5장에서 설명하는 통계적 유의성이라는 기준에 따라 생각하면 이 조사결과는 일본에서 신장 그 자체가 소득에 영향을 미칠 가능성은 상당히 낮다는 것을 의미한다. 분하다고 생각하면서 여기까지 읽어온 키가 작은 독자들에게는 분명 기쁜 소식일 것이다.

원인의 시간적 선행

이제 일본인 41세 남성을 조사한 결과 신장이 아니라 체중과 소득 간의 공변관계가 있다고 가정해 보자. 즉, 체중이 많이 나갈수록 소득도 높다는 관계가 관찰되었다고 하자. 타 변수를 통제한다고 해도 이 공변 관계는 사라지지 않았다. 과연 여기서 우리들은 체중이 소득에 영향을 미친다고 생각해도 좋을까. 생각해야 할 또 하나의 중요한 문제는 인과 관계의 방향이다. 키의 경우 20대를 넘으면 더 이상 자라기 쉽지 않다. 하지만 체중은 나이를 먹어도 늘거나 줄거나 한다. 소득이 높은 사람은 맛있는 것을 많이 먹어 살이 찔 가능성도 있다. 인과관계가 어느 쪽을 향하고 있는지(체중이 원인인지, 소득이 원인인지)는 이 데이터만으로 알 수 없다. 여기서 주의해야 할 것은 인과관계가 성립하기 위해서는 원인, 즉 독립 변수의 변화가 결과인 종속 변수의 변화에 시간적으로 선행해야 한다는 점이다.

인과관계가 성립하기 위한 3가지 조건

다카네 마사아키(高根正昭)는 연구 방법론 교과서의 고전이 된 명저 『창조의 방법학(創造の方法学)』에서 앞서 살펴본 3가지 사항을 인과관계가 성립하기 위한 조건으로 들고 있다. 즉,

① 독립 변수와 종속 변수 간의 공변관계가 있다.
② 독립 변수의 변화는 종속 변수의 변화 이전에 발생한다(시간적 선행).
③ 다른 변수를 통제(Control)하여도 (타 변수의 값을 고정하여도) 공변관계가 관찰된다는 3가지이다.

광합성 실험

초등학교 이과 수업에서 행해지는 나팔꽃잎을 이용한 광합성실험을 살펴보자(〈그림1-2〉). 나팔꽃잎은 태양이 비추는 낮에 광합성을 하여 잎속에 전분(녹말)이 생기게 된다. 지금 나팔꽃 화분을 암실에 온종일 넣어둔다. 이렇게 하면 나팔꽃잎 속에 전분이 없는 상태가 된다. 이 나팔꽃

에서 잎을 하나 골라 그 일부분을 빛이 통과하지 않도록 알루미늄 호일로 덮는다. 그리고 몇 시간 동안 햇빛 아래 놓아둔다. 그 후에 잎을 채취해서 뜨거운 물에 넣고, 데운 에탄올을 투입한 후 요드액에 담근다. 그렇게 하면 잎을 알루미늄 호일로 덮지 않았던 부분만이 보라색으로 변색된다. 이것이 표준적인 실험 절차이다. 전분은 요드액에 반응해서 보라색으로 변한다는 것이 이미 널리 알려져 있는 사실이기 때문에 이 실험을 통해 광합성에는 빛이 필요하다는 것을 확인할 수 있다. 여기서는 빛을 쪼인 경우에 전분이 생기고 쪼이지 않은 경우에는 전분이 생기지 않는다고 하는 공변관계가 확인된다. 나아가 이 실험에서는 빛을 쪼이지 않도록 하는 상황을 인위적으로 연출한 후 전분이 생기는지 여부를 확인하고 있다. 독립 변수의 종속 변수에 대한 시간적 선행요건도 충족하고 있다.

〈그림 1-2〉 나팔꽃의 광합성 실험

그리고 실험대상인 나팔꽃잎에는 빛을 쪼이는가 아닌가라는 것 이외의 조건, 즉 다른 변수(온도 및 습도 등)는 동일하게 유지하였다. 인과관계가 성립하기 위한 3가지 조건을 충족시키는 실험이 설계되었음을 알 수 있다. 이 3가지 조건은 초등학교 수준의 이과실험에서 배우는 것이며 굳이

여기서 새삼스럽게 언급할 필요가 없을지도 모른다. 그러나 나중에 보겠지만 이 3가지 조건을 무시한 채 인과관계에 관한 주장을 하는 경우가 심심치 않게 있다. 이 책에서는 3가지 조건에 대해서 각각 자세히 논하고 이를 명확히 인식하고 있는 것이 중요하다는 점을 되풀이해서 강조할 것이다.

투표율을 설명한다

계량분석 기법을 구사하여 흥미로운 정치분석을 하고 있는 후쿠모토 겐타로(福元健太郎)와 호리우치 유사쿠(堀內勇作)가 일반독자를 대상으로 쓴 에세이 '위험한 정치학— 정치불신이 높아지면 투표율이 낮아진다는 것은 진짜일까(ヤバい政治学—データで分かる政治のウラ表「政治不信が高まると投票率が低くなる」は本当か 第1回 詳細なデータ分析から浮かび上がる意外な事実)'를 살펴보기로 하자(福元・堀內, 2012). 그들은 국정선거, 지방선거를 불문하고 투표율이 낮아지면 매스컴이 '낮은 투표율은 정치불신의 표출'이라고 보도하는 한편 고이즈미 내각에서 우정개혁 선거[2]와 같이 투표율이 높아져도 정치불신이 낮아졌다고는 보도하지 않는 점을 비판하였다. 그리고 이 사안에 대해 인과관계를 진지하게 검토하지 않은 결과 이상한 논의가 횡행하고 있다고 지적하면서 저자의 한 사람인 호리우치의 연구에 의거하여 자신들의 논리를 전개해 나간다.

유럽의 국가들은 국정선거(대통령선거, 국회의원 선거) 투표율이 지방선거 투표율보다 높은 경우가 일반적이다. 그러나 일본에서는 이것이

---

2) 2005년 9월 당시 고이즈미 총리는 일본우정공사의 민영화에 대한 찬반을 쟁점으로 내세우면서 중의원을 해산하고 총선거를 실시하였다. 그 결과 자민당이 300석을 넘는 압도적인 승리를 거두었다(역자주).

역전된다는 점에 호리우치는 주목한다. '인구규모가 작은 지방자치단체 (町・村) 단위에서 중의원의원선거 투표율은 70~80%인 반면에 정・촌의회 의원선거 투표율은 80~90%를 기록하는 경우가 있다. 개중에는 98%라는 기록도 있다'. 이러한 현상에 대해 일본의 소규모 정・촌에는 전통적인 공동체 의식이 남아있으며 모두 함께 투표한다고 하는 문화가 존재한다는 설명이 있다. 그러나 만약 이러한 정치문화가 진정한 원인이라면 어째서 같은 마을에서 치러지는 국정선거 투표율은 70~80%대에 머무르는가에 대한 설명은 불가능하다고 호리우치는 비판한다. 이 비판은 정치문화에 주목하는 논의가 〈그림 1-3〉에서 보듯이 인과관계를 추론할 때의 제1조건인 독립 변수와 종속 변수 간의 '공변관계'를 제대로 확인하지 않고 있다는 점을 지적하는 것이라고 할 수 있다.

〈그림 1-3〉 전통적 공동체의식과 투표율

독립 변수 | 종속 변수
전통적 공동체 의식이 강함 ➡ 투표율(작은 지자체의 지방의회선거)
　　　　　　　　　　　　　　　80~90% '높음'

전통적 공동체 의식이 강함 ➡ 투표율(동일한 지자체의 국정선거)
　　　　　　　　　　　　　　　70~80% '낮음'

후쿠모토・호리우치는 이와 관련하여 어떤 사람이 투표를 할지 말지는 '자신이 투표하는 후보자가 당선될 경우 얻을 수 있는 편익'×'자신이 투표할지 여부가 투표한 후보자의 당락을 좌우할(한다고 생각하는) 확률' - '투표하는 비용'이라는 산식의 결과값이 0보다 큰지 여부로 결정된다고 본다. '합리적 선택 모형[3]'에 입각하여 설명을 시도한 것이다(Downs,

---

3) 합리적 선택(Rational Choice) 모형에서는 사회현상을 개인이 의사결정으로 환원하여 설명하는데 의사결정시 자신의 효용을 극대화하기 위해 스스로가 가장 합리적이라고 인식하는 선택을 한다고 가정한다(역자주).

1957: 25-42). 일본의 지방선거에서 채택하고 있는 선거제도는 한 지자체가 하나의 선거구를 구성하며 십수 명에서 백 명 가까이 되는 후보자 가운데 유권자가 단 1명을 선택하는 세계적으로 드문 제도이다.[4] 이 선거제도 하에서는 정·촌처럼 지자체의 유권자 수가 적을수록 후보자 간의 득표차도 작아지며 '자신의 투표 여부가 투표한 후보자의 당락을 좌우할 확률'이 높아진다. 이것이 일본의 지방선거 투표율이 국정선거보다 높은 이유라고 주장하는 것이다. 이 설명은 앞서 문화론적 설명과 달리 공변관계를 명확하게 나타내고 있다(〈그림 1-4〉).

〈그림 1-4〉 표의 가치와 투표율

독립 변수		종속 변수
지방선거: '한표의 가치'가 크다	⟶	'투표율'이 높음
국정선거: '한표의 가치'가 작다	⟶	'투표율'이 낮음

또한 투표율의 높고 낮음보다 앞서서 한표 가치의 크고 작음이 결정되기 때문에 독립 변수의 차이가 종속 변수의 차이보다도 시간적으로 선행하여 발생한다. 나아가 동일한 지자체에서의 국정선거와 지방선거 간 투표율 차이를 보는 것이기 때문에 정치문화 및 경제상황이라고 하는 많은 타 변수들이 통제되고 있다. 이와 같이 보면 후쿠모토·호리우치의 인과추론 쪽이 정치문화론적인 설명이나 정치불신에 의한 설명보다도 설득력이 있는 것은 명확하다.

다만 인과관계 메커니즘을 이와 같이 명시할 때 후쿠모토·호리우치

---

4) 일본지방의회 선거구는 원칙적으로 지자체 전구역을 하나의 선거구로 한다. 그리고 선거구별 선출의원의 정수는 인구에 비례하여 조례로 정하도록 하고 있다. 홋카이도 의회의 경우 1인 혹은 2인 선출 선거구가 대부분인데 최대 6인 선출 선거구도 존재한다(역자주).

의 설명에 대한 의문이 전혀 없지는 않다. 예를 들어, 에세이의 인과추론에서는 '자신이 투표한 후보자가 당선될 경우 얻을 수 있는 편익'은 국정선거와 지방선거가 같다(혹은 국정선거쪽이 크다)는 것을 전제하는 듯하다. 그렇지만 꼭 그런 것은 아니다. 지자체의 재정지출이 중앙과 지방을 합한 정부지출에서 차지하는 비율을 보면 일본은 선진국 가운데 상당히 큰 편에 속한다(村松, 1988). 그렇다는 것은 일본에서는 지자체 수준의 선거와 관련된 '편익'이 큰 것일지 모른다. 이 '편익'의 영향력을 고려하지 않아도 되는 것일까. 또한 상식적으로 생각해 보면 대부분의 국가에서 국정차원의 한표의 가치는 지방선거차원의 한표의 가치보다 작을 것이다. 그렇다고 한다면 거꾸로 유럽에서 지방차원의 투표율이 낮은 것은 왜일까라는 질문이 제기될 수 있을는지도 모른다.

보다 본격적인 분석은 호리우치의 저작을 참고하기 바라지만 이와 같은 새로운 질문이 생겨난다는 사실이야 말로 인과관계의 3가지 조건을 고려하면서 체계적인 인과추론을 전개하는 것의 유용성을 보여주고 있다(Horiuchi, 2005).

질적(정성적) 연구와 인과추론

지금까지 살펴본 인과관계가 성립하기 위한 3가지 조건을 의식하는 것은 역사연구와 사례연구 등 소수의 사례를 다루는 질적(정성적) 연구에서도 매우 중요하다. 또한 투표행위와 같은 개인행동연구 뿐만 아니라 거시적 사회현상을 연구할 때도 필요한 것이다. 이러한 연구들에서 인과관계에 관한 주장이 이루어지는 한 그 주장에 포함된 독립 변수와 종속 변수는 무엇인지, 그리고 어떠한 인과관계를 상정하는지, 어떠한 인과 흐름도(Flow Chart)가 그려지는지, 인과관계에 관한 3가지 조건은 어떻게 확인할 수 있는지를 생각해 보는 것은 연구를 진행하는 데 있어서 필수적이다.

민주주의와 사회관계자본 ─ 이탈리아를 둘러싼 항해

민주주의가 제대로 작동하는 데 있어서 사람들 간의 자발적이며 수평적 관계(사회관계자본[5], 이 책에서는 시민도(市民度)라고 표기한다)가 중요하다는 것을 실증적으로 보여주어 정치학계에 큰 영향을 준 로버트 퍼트남(Robert Putnam)의 연구를 살펴보자(Putnam, 1993). 퍼트남의 연구 관심은 시민의 목소리를 반영하면서 효율적인 행정을 펼치는 확고한 민주적 제도를 만들어내는 요인은 무엇인가를 탐구하는 것이었다.

이 질문에 대한 답을 찾는데 1970년대 이탈리아는 최적의 소재였다. 이탈리아는 1970년 지방분권개혁이 이루어져 거의 동일한 권한을 보유한 15개의 보통주가 탄생하였다. 앞서 생겨난 5개 특별주를 합하여 20개의 분권화된 주는 상당한 정도의 행정권한을 갖게 되었다. 그런데 이 주정부들 간의 실적은 큰 차이가 있었다. 동일한 제도여건이 부여되었지만 그 실적에 차이가 발생한 20개 주를 분석함으로써 앞서 제시된 질문에 대한 답을 찾을 수 있는 절호의 기회를 얻게 된 것이다.

퍼트남은 먼저 2개의 독립 변수 후보를 선정하였다. 하나는 경제적 풍요로움(경제적 근대성), 또 다른 하나는 '시민도'였다. 널리 알려진 바와 같이 이탈리아는 남부와 북부 간에 경제격차가 존재한다. 부유한 북부와 가난한 남부이다. 퍼트남의 관심대상인 민주주의의 제도적 성과(정부업적)는 역시 북부가 높고 남부는 낮다(〈그림 1-5〉). 공변관계가 확인될 수 있을 성 싶다. 하지만 이 그림을 잘 살펴보자. 실적이 낮은 쪽의 집단 혹은 실적이 높은 쪽의 집단 끼리만을 주목하면 각 집단 내에서는 공변관

---

5) 사람들 간의 협력을 촉진하는 무형의 자본(Social Capital)으로 신뢰, 협력적 네트워크, 호혜의 규범을 구성요소로 한다(역자주).

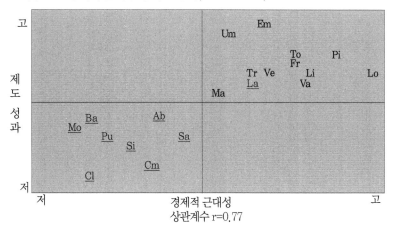

〈그림 1-5〉 경제적 근대성과 제도 성과(Performance)

주: 피에몬테 주(Piemonte), 프리울리베네치아줄리아 주(Friuli-Venezia Giulia), 풀리아 주
   (Puglia), 트렌티노알토아디제 주(Trentino-Alto Adige), 토스카나 주(Toscana), 캄파
   니아 주(Campania), 칼라브리아 주(Calabria), 움브리아 주(Umbria), 에밀리아로마
   냐 주(Emilia-Romagna), 아브루초 주(Abruzzo), 시칠리아 주(Sicilia), 사르데냐 주
   (Sardegna), 베네토 주(Veneto), 발레다오스타 주(Valle d'Aosta), 바실리카타 주
   (Basilicata), 몰리세 주(Molise). 마르케 주(Marche), 리구리아 주(Liguria), 롬바르
   디아 주(Lombardia), 라치오 주(Lazio), 그림의 굵은 글자는 북부 주, 밑줄은 남부
   의 주를 가리킴
출처: Putnam, 1993: 85.

계가 거의 없다는 것을 알 수 있다.[6] 그리고 경제적으로 부유한 주에서는
주정부가 재정적으로 풍족하기 때문에 질 높은 행정이 가능하다고 하는
인과관계를 상정하기도 어렵다. 이탈리아에서는 가난한 주에 대해 상당
한 정도로 재정지원이 이루어지고 있어 주정부가 사용 가능한 재정자원
에서 주 간의 차이는 거의 없기 때문이다.

　퍼트남은 이러한 고찰을 바탕으로 또 다른 독립 변수인 사회문화적 상
황에 주목한다. 이것이 바로 사회관계자본이다. 자립적인 시민의 수평적

---

6) 확실히 경제적 근대성이 높고 실적도 높은 것은 북부의 주들이지만(제2사분면) 주들
　의 위치가 일정한 패턴(예컨대 우상향의 직선)을 보이기보다는 널리 분산되어 있어
　경제적 근대성과 실적 간의 뚜렷한 관련성이 나타난다고 보기 어렵다(역자주).

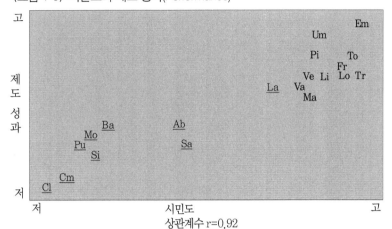

〈그림 1-6〉 시민도와 제도 성과(Performance)

주: 〈그림 1-5〉 참조
출처: Putnam, 1993: 98.

협력관계를 시민단체 가입정도 등 다양한 지표로 측정한 퍼트남은 '시민도'와 성과 간에 강한 공변관계가 있다는 것을 밝혀냈다(〈그림 1-6〉). 두 개의 그림을 비교해 보면 명확히 시민도, 즉 사회관계자본의 많고 적음이 주정부 성과를 결정함을 직관적으로 이해할 수 있을 것이다. 이와 함께 퍼트남은 1900년대부터 1980년대까지 이용가능한 데이터를 분석하여 시민도가 경제발전에 대해서도 정부실적에 대해서도 시간적으로 선행하고 있음을 보여주고 있다(〈그림 1-7〉).

나아가 앞의 2개 변수 이외의 요인, 즉 정치적 분열상황, 이념적 대립, 사회적 대립이 주별로 상이함에 의해 주정부 실적의 차이가 초래되지 않음을 확인하고 있다. 타 변수를 통제하고 있는 것이다.

퍼트남은 역사적 분석을 바탕으로 주 간의 시민도 차이를 가져온 것은 중세 도시국가의 존재였다고 추론한다. 대부분의 북부 주에서는 이러한 전통이 있는 반면 남부의 많은 주에서는 비잔틴적 혹은 아랍적인 성격을 갖는 전제국가 체제였기 때문에 도시국가의 전통이 부재하였다는 것이

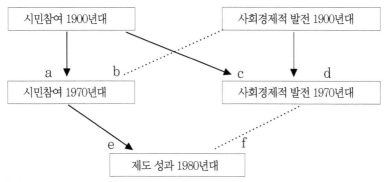

〈그림 1-7〉 시민참여, 사회경제적 발전, 제도 성과 간의 실제 효과
(1900년대～1980년대 이탈리아)

출처: Putnam, 1993: 157.

다. 도시국가 전통이 있는 곳에서만 고도의 사회관계자본이 축적되었으며 이것이 1980년대 정부 실적의 차이를 초래하였다고 하는 장대한 인과추론을 제시한 것이다(〈그림 1-8〉). 이 역사분석은 단순한 인과관계의 검증을 넘어선 그 이전 원인의 탐구 및 가설의 구축이라고 할 수 있으며 이 책 10장의 주제이기도 하다. 엄밀하면서도 웅대한 분석에 많은 정치학자들이 깊은 감명을 받았음은 물론이다. 필자도 당시 미국 정치학회 연차대회에서 퍼트남이 발표하는 분과회의의 뜨거운 열기가 마치 어제 일처럼 생생하게 떠오른다. 이러한 장대한 연구는 명확하고 엄밀한 인과관계의 흐름도를 바탕으로 이루어졌다고 할 수 있다.

〈그림 1-8〉 퍼트남의 인과 흐름도

중세 도시국가의 경험 ──▶ 사회관계자본 ──▶ 제도 성과(정부업적)

──▶ 경제성장

인과관계의 흐름과 관련해서는 전후 일본 정치학에 큰 족적을 남긴 마루야마 마사오(丸山眞男)의 연구를 소재로 조금 더 살펴볼 필요가 있다.

퍼트남의 연구는 순수하게 질적인 연구가 아니라 계량분석도 폭넓게 구사한 것임에 반해 마루야마의 연구는 질적인 비교사례연구이기 때문이다.

마루야마 마사오의 정치학 — '파시즘도 제대로 성립하지 못했던 일본?'

전후 일본 정치학 발전에 큰 발자취를 남긴 학자가 마루야마 마사오(丸山眞男)[7]이다. 마루야마는 정치사상을 전문분야로 연구하였는데 일본 정치에 대한 동시대적 분석을 한 것은 제2차 세계대전 후의 수년간에 불과하였다. 그런데 이 마루야마의 분석이 전후일본의 정치학에 막대한 영향을 미치게 되었다. 마루야마의 문제의식은 일본을 패전으로 이끈 전쟁 전 일본의 초국가주의가 왜 발생하였는가였다. 일본의 '천황제 파시즘'이 독일의 나치즘과 유사한 듯 보이지만 전혀 다른 성격을 갖게 된 원인을 탐구하려는 것이었다.

마루야마는 종속 변수로써의 '파시즘'이 일본과 독일 간에 상이하다는 것을 강조한다. 그 차이는 두 나라가 전쟁 개시의 결단을 내리는 방식에서 두드러진다. '나치스 지도자의 경우 개전에 대한 결단을 명백한 의지를 가지고 이루어졌음에 틀림없다. 그러나 일본의 경우 이렇게 큰 전쟁을 일으키면서도 다름 아닌 내 자신이 전쟁을 시작한다고 하는 명확한 인식을 지금까지 어디에서도 발견할 수 없다. 어쩔 수 없이, 무엇인가에 떠밀리듯 국가 전체가 전쟁 속으로 돌입했다'(丸山, 1964: 24).

그 예로써 마루야마는 극동국제군사재판(동경재판)에서의 심문내용을 든다. 개전을 결정한 도조 히데키(東條英機)내각에서 외무대신이었던 도고 시게노리(東鄕茂德)는 취임 당시 일본 · 독일 · 이탈리아 삼국동맹

---

7) 마루야마 마사오(1914~1996)는 도쿄대학 교수를 역임하였다. 일본 근대사상사의 권위자로 일본 파시즘에 대한 분석으로 전후 일본 정치학계에 큰 영향을 미쳤다(역자주).

(1940년 조인)에 찬성이었는지 반대였는지에 대한 질문에 '내 개인적 의견은 반대였지만 모든 일에는 흐름이라는게 있어서… 즉, 이전에 결정된 정책이 일단 기성사실이 된 이상 이것을 바꾸는 것은 도저히 간단한 일이 아닙니다'라고 답하였으며 국회에서 삼국동맹을 예찬하는 연설을 한 것을 지적받자 '그 당시 개인적인 감정을 공적인 연설에 반영할 여지는 없었습니다… 저는 당시 일본의 외무대신으로서 그러한 말을 해야만 했고, 말하지 않으면 안 되는 지위에 있었습니다'라고 변명하였다. 이에 대해 마루야마는 '중대 국가정책에 관해 자신이 믿는 의견에 충실하지 않고 오히려 그것은 [사사로운 감정]이라고 억누르고 주위에 영합하는 쪽을 선택하는 [왜소한 정신]이야말로 문제다'라고 지탄한다(丸山, 1964: 108). 그리고 이러한 태도는 나치전범이자 아돌프 히틀러(Adolf Hitler)의 후계자로 지명되었던 헤르만 괴링(Hermann Göring)이 오스트리아 합병(1938년)에 대해 '나는 100% 책임을 지지 않으면 안 된다. 나는 총통의 반대도 물리치고 모든 일을 그 최종국면까지 이끌었다'(丸山, 1964: 102-103)고 말한 것과 명확히 대조되며 거기서는 자신의 결단에 책임을 지는 강한 정신을 엿볼 수 있다는 것이다. 그리고 이 대비는 유명한 '일개인으로 돌아갔을 때 그들 모두 약하고 가련한 존재들이다. 그렇기 때문에 전범재판에서 쓰치야[8]는 파랗게 질렸고 후루시마[9]는 울었으며 그리고 괴링은 큰 소리로 웃었다'(丸山, 1964: 20)라는 문장에도 나타난다. 마루야마는 동경재판에서의 전범 용의자와 뉘른베르크재판에서의 나치전범 용의자를 대비시키고 후자가 심리적으로 강한 자아의식을 바탕으로 행동한데 반해 일본의 전쟁지도자들은 국가권위에 의존하여 그에 합

---

8) 쓰치야(土屋達雄)는 위병으로서 근무하던 중 미군포로 1명을 학대하여 사망케 하였고 그밖에 수명을 학대한 죄로 무기징역을 선고받았다(역자주).

9) 후루시마(古島長太郎) 중위는 포로수용소장으로 근무하면서 부하의 포로 학대행위를 용인한 죄로 역시 무기징역을 언도 받았다(역자주).

일화(合一化)하는 방식으로 밖에 행동하지 못했던 '소심하고 전전긍긍'하는 인간이었다고 말한다. 일본은 파시즘조차도 제대로 성립하지 못하였다는 지적이다. 왜일까.

마루야마의 인과추론은 다음과 같다. 유럽에서는 오랜 종교전쟁을 거쳐 칼 슈미트(Carl Schmitt)[10]가 말하는 '중성국가'가 근대국가의 특징이 되었다. 국가는 진리와 도덕이라는 내용적 가치로부터 중립적인 도구가 된다. 국가를 담당하는 사람에게는 스스로가 주체적으로 목적을 설정해 국가를 사용하는 것이 요구된다. 이에 반해 일본은 메이지유신[11] 이후 근대국가의 형성과정에서 이러한 도구로써의 국가관념이 성립하지 못하였다. 오히려 국가는 내용적 가치를 실현하는 것으로 인식되었다. 이 때문에 이 도구를 스스로의 책임하에 사용한다고 하는 주체적 의식이 싹트지 못했다. 여기에 일본 파시즘의 특징이 생겨나는 원인이 있다는 것이다.

〈그림 1-9〉 마루야마의 인과 흐름도 1

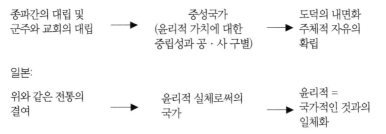

유럽: 종교전쟁

종파간의 대립 및 군주와 교회의 대립 → 중성국가 (윤리적 가치에 대한 중립성과 공·사 구별) → 도덕의 내면화 주체적 자유의 확립

일본:

위와 같은 전통의 결여 → 윤리적 실체로써의 국가 → 윤리적 = 국가적인 것과의 일체화

---

10) 칼 슈미트(Carl Schmitt, 1888~1985)는 독일의 대표적 보수 법학자이자 정치학자이다. 정치의 본질을 '적과 친구의 구분'으로 보았으며 비상(예외)상태에 대해 결정을 내릴 수 있는 주권자의 역할을 중시하였다(역자주).
11) 도쿠가 막부를 무너뜨리고 왕정복고를 통해(1867년) 천황 중심의 근대적이며 중앙집권적인 정치·행정 체제가 수립되는 일련의 과정을 의미한다.

〈그림 1-10〉마루야마의 인과흐름도 2

유럽: 절대주의

주권자의 결단이   주권자의   노골적 마키아   학대자와의 관계=
정의를 결정함   ➡   명령으로써의 법   ➡   벨리즘(괴링)   ➡   자유로운 주체와
                    (법의 형식성)   사물간의 관계

일본: 메이지 유신

주권자가 절대적   윤리와 권력의   권력의 왜소화   학대자와의 관계=
가치를 체현함   ➡   상호이입(移入)   ➡   (土屋, 古島)   ➡   우월적 지위의 문제
                                                            (천황과의 거리)

〈그림 1-11〉마루야마의 인과흐름도 3

독일:

자유로운 주체의식을 전제로 한 독재   ➡   개전에 대한 명확한 결단

일본: 메이지 유신

단순한 사실로써의 독재   ➡   상황에 떠밀려 들어가는 식으로
                                        개전에 돌입

출처: 大嶽, 1994: 21

　오오타케 히데오(大嶽秀夫)는 이 마루야마의 논의를 간결한 흐름도로
정리한 후 그 문제점을 지적하고 있다(〈그림 1-9〉～〈그림 1-11〉참조).
오오타케는 마루야마 정치학이 가치판단과 분석내용을 분리하기 어려울
정도로 잘 결합시킨 점에 매료되어 그의 주장이 전문 정치학자의 범주를
넘어서 일반 지식인들 사이에서도 널리 읽히고 또한 영향을 미치게 되었
다고 한다. 그러나 바로 그 때문에 학문적으로는 심각한 문제가 있다고
비판한다. 즉 서구근대(여기서는 거기서 발생한 독일 나치즘)를 단순히
비교분석을 위한 이념형으로써가 아니라 가치판단을 위한 규범적 모델
로 사용한 점에서 문제가 있다는 것이다(大嶽, 1994: 29-30).
　조금 길지만 오오타케의 마루야마 비판을 인용해 보기로 하자.

마루야마 등 '근대주의자'들은 서구 가치관 연구를 배경으로 일본사회 · 정치에 관한 문제발견 그 자체를 추구한다. 마루야마는 서구 정치사상사 연구를 통해서 (중략) 서구적 가치관을 학습하고 체화하며 이것과 일본 사회와의 거리에 의해, 주변의 일본인에게는 당연하다고 생각되어지는 것에 대해 (마치 외국인이 가질법한 혹은 문화인류학자가 연구대상에 대해 가질법한) '놀라움'을 획득하고 이것을 사회과학적 설명이 필요한 '수수께끼(Puzzle)'이자 분석대상으로 선택한다. 문제발견 과정에 이미 인식의 틀로써 서구모델이 포함되어 있다. 일본 전문가가 아닌 것이 일본 이해를 위해 불가결한 조건을 구성하고 있는 셈이다. 더구나 일본의 현상을 이해하기 위한 틀을 서구문헌의 독서를 통해 얻고 있지만 일본의 현실을 분석하는 방법은 서구문헌으로부터 배우지 못하였다. 독자적인 실증적 연구방법이라도 가지고 있지 않는 한 실증분석에 있어서 아마추어 수준에 머무르고 있는 것은 바로 이 때문이다. (중략) 이와 같은 연구 이력에서는 (중략) 자신의 시각으로 서구를 '객관적으로' 바라보는 시점이 생겨나지 못한다고 하는 위험성이 존재한다(大嶽, 1994: 30).

이 오오타케의 비판은 그 신랄함으로 인해 출판 당시 큰 반향을 불러일으켰다(渡部, 2010). 그러나 오오타케 자신도 인정하듯이 마루야마의 인과추론 흐름도는 매우 명확하다. 거기에서는 일본과 독일의 파시즘 특징과 근대국가 형성방식 간의 공변관계가 주장된다. 독립 변수인 근대국가 형성은 종속 변수에 앞서 발생한 것으로 시간적 선행관계를 충족시키고 있다. 그리고 양국 모두 후발 자본주의국가에서 '파시즘'의 움직임이 등장하였다는 점에서 많은 유사성이 있는데 이를 통해 타 변수의 통제도 일정부분 의식하고 있다고 볼 수 있다. 거시적 사회현상이 폭넓은 지식을 구사하여 풍부하게 논해지면서도 그 주장이 예리한 설득력을 갖추게 된 것은 다름 아닌 이러한 인과추론 얼개의 명료성 때문일 것이다.

그러나 오오타케의 비판에 포함된 2가지 점도 중요하다. 첫째, 규범적 주장과 객관적 분석 간의 긴장관계를 어떻게 도모할 것인가라는 문제이다. 이 점은 서장에서도 언급한 바 있으며 나중에 종장에서도 언급한다. 둘째, 실증분석 방법의 문제이다. 마루야마 논의의 출발점은 일본과 독일에서 종속 변수인 '파시즘 성격'의 차이이다. 이는 전범재판에서 양국 피고들의 답변과 전쟁에 이르는 과정에서의 발언 등을 통해 제시되었다. 그러나 거기서 제시된 실제 증거가 어디까지 비판을 견딜 수 있는 것인지에 대해서는 여전히 큰 문제점이 있다.

확실히 쓰치야는 창백해졌고 후루시마는 울었으며 괴링은 큰 소리로 웃었을지 모른다. 그러나 1960년 이스라엘 첩보기관에 의해 체포된 아돌프 아이히만(Karl Adolf Eichmann)[12]의 재판은 다른 양상을 보였다. 아이히만은 나치에 의한 유대인 학살을 지휘하였다는 혐의를 받은 인물로 오랜 도망생활 끝에 결국 예루살렘에서 재판을 받게 되었다. 아이히만은 재판에서 나치의 유대인 박해를 유감스럽게 생각한다고 말하면서도 자신은 명령을 따랐을 뿐이라고 변명하였다. 이러한 모습은 자신도 유대인인 정치사상가 한나 아렌트(Hannah Arendt)에 의해 『예루살렘의 아이히만: 악의 평범성에 대한 보고서』 속에서 상세히 묘사되어 있다(Arendt, 1963).[13] 아렌트의 묘사에서는 아이히만은 '무법자의 허세'(丸山, 1964: 103)를 떠는 대악당이 아니라 오히려 '전전긍긍'하는 하급관리라는 인상을 받게 된다. 이 책에 대해서는 나치를 변호한다는 비난도 있어 격렬한 논쟁이 현재까지 이어지고 있다(Berkowitz, 2013). 그러나 만약 그가 정말로 '전전긍긍'하고 있었다고 한다면 마루야마의 '수수께끼'는

---

12) 오토 아돌프 아이히만(Otto Adolf Eichmann, 1906~1962)은 제2차 세계대전 당시 유대인 학살의 실무책임자였는데 아르헨티나에서 이스라엘 첩보기관인 모사드에 의해 납치되어 공개재판을 거친 후 교수형이 집행되었다(역자주).
13) 우리말 번역본은 다음과 같다. 한나 아렌트/김선욱 역, 2006, 『예루살렘의 아이히만: 악의 평범성에 대한 보고서[한길 그레이트북스 81]』, 한길사(역자주).

재검토되어야 할 것이다. 종속 변수를 어떻게 측정할 것인가. 그것은 단순히 일화(Episode)를 제시하는 것만으로는 충분하지 않다. 설명하려고 하는 현상을 어떻게 정확하게 기술할 것인가는 인과추론의 전제로써 매우 중요한 문제인데 4장에서 본격적으로 다루기로 한다.

2장
조건으로써의 반증가능성
'뭐든지 설명가능하다'는 것은 반칙?

　세상의 다양한 현상을 설명할 때 −책의 표현으로 바꾸어 말하면 그 현
상을 종속 변수로 해서 종속 변수를 초래한 독립 변수를 탐구할 때− 이것
이 바로 원인이다라는 가설이 제시된다. 종종 그 가설은 복수이다. TV의
와이드쇼[1]에서 여러 논객들이 자신만만하게 인과관계에 관한 독자적 가
설을 피력한다. 너무나도 자신감 넘치는 모습에 모든 가설을 믿어버리게
될 것 같은 마음이 든다. 그렇지만 당연히 복수의 가설 모두가 옳다고 하
는 일은 그리 쉽게 있을 수 없다. 때때로 대립되는 가설이 제시되기 때문
이다. 이 때문에 올바른 가설과 잘못된 가설을 구별할 수 있는 능력이 필
요하다.

　먼저 이러한 가설 간의 우열, 올바름과 그름을 판단하기 전에 그 가설
적 설명이 과학의 기준을 충족시키고 있는지 여부를 생각해볼 필요가 있
다. 과학의 대상으로써 진지하게 검토할 수 있는 가설과 그렇지 않은 가
설 간의 차이를 생각해 보자. 과학과 비과학을 구분하는 문제가 이 장의
주제이다. 칼 포퍼(Karl R. Popper)[2]가 제창한 '반증가능성'이라는 개념

---

1) 오락, 정치화제, 연예보도 등을 망라한 수시간에 걸친 프로그램으로 중간에 정치평
　론가들의 논평이 곁들여진다(역자주).
2) 칼 포퍼(1902~1994)는 오스트리아 태생의 과학철학자로 전체주의와 유토피아주의를
　비판하면서 점진적인 개혁을 통한 '열린 사회'를 지향하였다. 과학은 반증 가능성(反證
　可能性, Falsifiability), 즉 가설이 실험이나 관찰에 의해서 반박될 가능성이 있을 때
　성립하며 이러한 반박의 여지가 없는 도그마는 과학이 아니라고 보았다(역자주).

을 실마리로 이 문제에 대해 본격적으로 검토해 보자.

음모사관

세상에는 음모사관이라는 것이 있다. 운노 히로시(海野弘)에 의하면 이하와 같은 세계관이다.

> 주변에서 불가사의한 일이 벌어진다. 어쩌면 그것은 그냥 우연이 아니라 누군가의 음모, '그들'의 기획이 아닐까. 이러한 생각을 '음모사관(Conspiracy Theory)이라고 한다. 이 보이지 않는 '그들'은 신일지도 모르고 악마일지도 모른다. '그들'의 후보에는 유대인부터 프리메이슨,[3] 나치, 공산주의자 나아가 우주인까지도 포함된다(海野, 2002: 8).

역사학자 하타 이쿠히코(秦郁彦)는 일본 근현대사의 음모사관을 통렬하게 비판한 최근작 『음모사관(陰謀史觀)』에서 '특정한 개인 내지 조직에 의한 비밀모의에서 합의된 시나리오대로 역사가 진행되었으며 진행될 것이라고 믿는 견해'(秦, 2012: 8)라고 정의한다. 이러한 사관은 세계제패를 노리는 코민테른(국제공산주의), 유대인, 프리메이슨, 루즈벨트, 쇼와천황 등을 주역으로 한 거시적 차원의 규모가 큰 음모론을 채택하기 때문에 결말이 나지 않는 논쟁이 되어 그 생명력을 이어 간다. 아무리 허황되고 근거가 없다고 하더라도 이러한 종류의 책이 대형서점의 한 코너를 차지하고 있다는 것이다(秦, 2012: 10). 하타 자신도 저서에서 중 · 일(中 · 日)전쟁(1937~1945)이 코민테른 혹은 소련공산주의의 음모라는 하는 설과 태평양전쟁이 루즈벨트가 유럽전선에 대한 미국민의 참전여

---

3) 자유, 평등, 박애의 계몽주의 정신을 바탕으로 18세기 영국에서 결성된 단체인데 반사제적 성격으로 인해 로마 가톨릭으로부터 탄압을 받으면서 비밀결사적 성격을 갖게 되었다고 한다(역자주).

론을 조성하기 위해 일본으로 하여금 선제공격하도록 유도하였다는 설을 사료의 면밀한 검토를 통해서 논박하고 있다. 그러나 여기서는 그 내용 자체 보다도 '음모론은 스케일이 클수록 입증도 어렵지만 결정적인 반증도 나오기 힘들기 때문에 살아남기 쉽다'(秦, 2012: 10)는 지적이 중요하다. 옳고 그름을 판별하는 것이 불가능한 가설의 존재를 시사하고 있기 때문이다.

금성은 스스로의 의사로 움직이고 있다?

이 점에 대해 자연과학의 영역에서 생각해 보자. '폭소문제 일본의 교양'이라는 NHK 프로그램이 있다. 만담 콤비인 폭소문제가 학문의 현장에 가서 연구자와 대담을 주고받는 프로그램으로 꽤 인기를 끌었다. 2006년 3월 25일에 방송된 '폭소문제×교토대학 독창력!'은 많은 이과계 노벨상 수상자를 배출해온 교토대학을 폭소문제가 방문해 그 독창력의 비밀을 찾아본다는 기획이었다. 이 기획에서는 매우 흥미로운 대담이 이루어졌다.

화제는 과학과 종교의 차이로 이어졌다. 폭소문제의 오오타 히카리(太田光)는 과학과 종교가 결국 같은 것이며 과학도 실험과 증거에 의해 사실을 밝히는 것이 아니라는 도발적인 코멘트를 교수진에게 하였다. 이와 관련해 금성의 움직임이 예로 등장하여 이야기가 점점 재미를 더해 갔다. 금성은 규칙적으로 움직이는 별의 궤도를 옆으로 가로질러 '흔들 흔들' 움직이고 있다. 마치 사람을 유혹하는 듯한 움직임이기 때문에 금성과 같은 별을 혹성(惑星)이라고 부른다. 그러나 이 움직임은 금성이 태양의 주변을 공전하고 있다는 것을 전제로 뉴턴역학에 의해 정확하게 예측할 수 있다. 금성의 움직임이 과학적으로 설명가능하다는 교토대학 교수의 설명에 대해 그것은 가설에 불과한 것이고 금성은 자신의 의사로 그렇게 움직이고 있다는 가설도 가능하지 않은가라고 오오타는 딴죽을 걸었다.

허를 찔린 교수는 생명체가 아니기 때문에 자신의 의사로 움직일 리가 없다고 반박하였는데 오오타는 이번에는 어째서 생명이 아니라고 단정할 수 있는가라고 역습을 가한다. 생명의 정의는 무엇일까. 그것은 인간이 만들 수 없는 것이다. 그렇다면 금성은 인간의 손으로 만든것인가(!?)라는 논의로 혼란의 정도를 더해갔지만 프로그램은 대성공을 거두었다.

폭소문제 오오타 주장의 요점은 교토대학이 독창성을 장점으로 내세우고 있다면 금성이 자신의 의사로 움직인다고 하는 '대담한' 가설을 받아들일 아량이 당연히 있어야 하지 않을까라는 문제제기인 것이다. 이 이종 '격투기'전은 폭소문제의 우세로 진행되었다고 할 수 있다(NHK 「爆笑問題のニッポンの教養」製作班監修, 2011: 164-168).

여러분도 한번 생각해 보기 바란다. 여러분이 교토대학 우주물리학교실의 교수이며 오오타와 같은 학생이 연구실에 찾아와 '금성이 자신의 의사에 따라 움직이고 있다'는 가설을 연구하고 싶다고 해보자. 뭐라고 답할까. 금성이 만유인력의 법칙에 따라 태양 주위를 돌고 있다는 것은 의무교육에서 배우는 상식이다. 이와 다른 것을 말하는 학생은 받아들일 수 없다? 그렇지만 지구가 우주의 중심이라고 하는 천동설은 오랫동안 상식이었다. 과학계의 상식, 통설이 그 후에 새로운 통설에 의해 오류로 밝혀지는 일은 드물지 않다. 이러한 일이 생기는 것이야 말로 진리를 탐구하는 과학의 본질이 아닐까. 그렇다고 한다면 금성이 자기의사로 움직이고 있다고 하는 쪽이 진리가 되는 날이 오지 않는다고 누가 장담할 수 있을까? 오오타의 도전은 의외로 만만치 않다.

'금성은 자신의 의사로 움직이고 있다'라는 가설과 '만유인력' 가설은 각각 어떻게 가설의 올바름을 주장할 수 있을까. 후자는 금성이 일정한 방정식에 따라 규칙적으로 움직이고 있는 것을 증거로 가설의 올바름을 주장한다. 그러나 이에 대해 전자는 금성이 굉장히 착실한 성격으로 강한 의지로 매일 규칙적으로 움직이고 있다는 반론이 가능하다. 바로 음모사관에서 문제가 되었던 옳고 그름의 판별이 불가능한 상황의 출현이다.

여기서 주목할 것은 만유인력설은 만에 하나 예측된 위치상에 금성이 관측되지 않는다면 잘못된 것이라고 확인가능한데 반해 '자신의 의사' 가설은 금성이 지금까지의 규칙적 움직임을 그치고 이상한 움직임을 하거나, 변함없이 규칙적으로 움직이거나 어떤 경우에도 '그것이 금성이 원하는 움직임이다'라고 말할 수 있다는 점의 차이다. '자신의 의사' 가설은 어떤 움직임도 설명이 가능하여 틀릴 수가 없다. 이는 언제나 올바른 최강의 설명처럼 생각될지도 모른다. 그러나 이 가설의 문제점은 '자신의 의사' 가설에 바탕을 둔 예측이 불가능하다는 점이다. 사후적으로는 얼마든지 설명을 고안해낼 수 있어도 내일 밤 9시에 금성이 어디에 위치할 지는 예측이 불가능하다.

옳고 그름을 판별하는 것이 불가능한 논의가 되어버리는 것은 '자신의 의사' 가설의 이와 같은 성격 때문이다. 즉, 만약 어떤 증거가 제시되면 '자신의 의사' 가설은 올바르지 않다고 판정할 수 있는 가설구조가 아니라는 것이다. 가설을 반박할 방법이 없기에 포퍼가 말하는 반증가능성이 존재하지 않는다. 다시 말해, 진지한 과학적 검토의 대상이 되는 가설은 반드시 반증가능성이 있어야 한다는 것이다. 앞서 오오타의 주장에 대해서는 그 가설은 아무리 노력해도 검증할 방법이 없기에 과학적 연구의 대상이 될 수 없다고 말했어야 했다.

커뮤니티 권력논쟁

그런데 정치학계에도 이러한 반증가능성이 의심스러운 가설이 종종 등장한다. 좀 오래된 연구이지만 미국 정치학, 사회과학계에서 대논쟁을 불러일으킨 커뮤니티 권력론을 살펴보자. 1950년대 미국에서는 민주정치의 배후에 실질적으로 권력을 독점하고 있는 지배집단이 존재한다고 하는 논의가 주목받게 되었다. 이러한 인식은 아이젠하워(Dwight D. Eisenhower) 대통령이 퇴임연설에서 군수산업과 군대 그리고 정부조직으로 구성되는 '군산복합체'가 과도한 영향력을 행사하고 있는 것에 대해 경종을 울렸던 당시 시대 분위기와 맞물려 상당한 사회적 반향을 불러일으켰다. 사회학자인 라이트 밀스(Charles Wright Mills)는 정치, 경제, 군사의 각 분야 엘리트로 구성된 이른바 '파워 엘리트(Power Elite)'가 세상을 움직이고 있다고 주장하였다(Mills, 1956).

이 논의에 자극받아 권력을 독점하는 지배자가 존재한다고 하는 견해를 지방차원에서 실증하려고 했던 사람이 프로이드 헌터(Floyd Hunter)였다. 헌터는 지방사회를 좌지우지 하는 지배자가 있을 것이라고 가정하고 이를 조사를 통해 밝힐 수 있다고 주장하였다. 채택된 방법은 '평판법'이라는 것으로 '이 도시에서 누가 유력자인가'를 물어서 거기에 이름이 등장한 사람들을 대상으로 같은 질문을 해 나아가는 방법이다. 이를 반복하면 그 도시의 지배자를 좁혀나갈 수 있다는 것이다.

당시 유행과도 같았던 '통치엘리트론'을 강하게 비판한 것은 이후 미국 정치학계를 대표하는 정치학자가 될 로버트 달(Robert A. Dahl)이었다(Dahl, 1958). 달은 밀스나 헌터가 막연하게 엘리트에 의한 지배를 말하고 있는 점을 문제라고 보았다. 통치엘리트가 존재한다는 것을 실증하기 위해서는 먼저 누가 통치엘리트인가를 명확하게 정의한 다음 그 지역사회에서 복수의 중요쟁점에 대해 다른 사람들의 의견을 제치고 통치엘리트의 의견이 실현되는지를 관찰할 수 있어야 한다고 주장했다.

이 비판은 통치엘리트론자들이 종종 '무한 후퇴'로 반론을 비켜나가는 것에 초점을 맞추고 있다. 어떤 것일까. 엘리트론자가 한 도시를 지배하는 것이 이누가미 가문(犬神家)이라고 주장했다고 해보자. 이에 대해서 달의 가르침을 착실하게 배운 연구자가 이 도시의 장래를 좌우하는 중요한 개발계획을 둘러싸고 이누가미 가문의 의견과 다른 방침이 결정되었다는 것을 제시하고 이누가미 가문이 실제로는 지배자가 아니라고 반론을 제기했다고 하자. 그러나 엘리트론자는 포기하지 않는다. 아니 실제로는 이누가미 가문의 배후에 '진정한' 지배자가 있어서 그들이 이 개발계획을 바라고 있다고 재반론한다. 이렇게 되면 논의는 제자리걸음이 될 것이다. 달은 이 논법을 '무한 후퇴'라고 비판한다.

다만 달은 통치엘리트가 전혀 존재하지 않는다고 주장하지는 않았다. 달이 통치엘리트의 존재를 증명하기 위해서 꽤 세세한 조건을 달고 있는 것처럼 보이는 것은 이와 같은 무한후퇴에 빠지지 않도록 하는 형태로 통치엘리트가 존재하는지 여부를 검증할 필요가 있었기 때문이다. 달은 어떤 증거가 나오면 '죄송합니다. 통치엘리트는 존재하지 않았습니다'라고 잘못을 인정할 것인지를 명확히 할 것을 요구한다. 반증가능성이 있는 논의를 촉구한 것이다. 달 자신은 1961년 출판 이후 정치학의 고전이 되는 저서 『누가 지배하는가?(Who Governs?)』에서 그 자신이 교편을 잡고 있던 예일대학의 소재지인 뉴헤이븐시를 대상으로 커뮤니티 권력구조의 다원성을 실증하였고 이후 정치학계를 주름잡게 된다(Dahl, 1961).

스티븐 리드의 『일본 특이론 신화깨기』

과학적 분석이 되기 위해서 필요한 반증가능성의 문제를 이하에서는 조금 다른 각도에서 살펴보기로 하자. 정치학자 스티븐 리드(Steven R.

Reed)의 『일본 특이론 신화깨기(Making Common Sense of Japan)』[4]라고 하는 매우 잘 정리된 방법론에 관한 저서를 소재로 삼아 설명해 보기로 한다(Reed, 1993). 이 책에서 리드는 일본정치 연구자로서의 경험에 입각하여 논의를 시작한다. 논의의 출발은 심리학에서 말하는 '근본적 귀속오류(Fundamental Attribution Error)'라는 사고방식의 소개이다.

근본적 귀속오류

심리학에서는 인간행동을 설명할 때 그 행동이 취해진 때의 외적 상황이 아니라 그 행동을 취한 본인의 성격, 기호라는 내면적인 요인을 과도하게 중시하는 경향을 '근본적 귀속오류'라고 부른다.

리드는 연구를 위해 처음 일본을 방문했을 때의 에피소드를 통해 이 문제를 설명한다. 미국 중서부 출신의 리드는 우산을 쓴다는 행위가 남자답지 않다는 생각을 가지고 있었다. 일본에 와서 거리를 걸을 때 안개비가 내렸다. 도로는 아직 젖지 않았다. 그런데도 거리를 걷는 일본인들이 일제히 우산을 쓰기 시작했다. 리드는 일본인은 어떤 일이든지 집단을 따른다고 하는 동조적 성격을 가지고 있다고 배웠기 때문에 이 장면에서도 한 사람이 우산을 쓰면 모두가 이것을 따라서 우산을 쓴 것이리라 짐작했다. 그리고 스스로는 그러한 일본인의 동조적 성격에 물들지 않겠다고 결심하곤 우산을 쓰지 않았다. 그러나 역까지 걸어가는 동안에 양복이 흠뻑 젖어버렸다. 일본인의 행동을 그 성격 때문이라고 착각한 결과로 낭패를 본 것이다. 달랐던 것은 일본인과 미국인의 성격이 아니었다. 일본에 내리는 비는 미국 중서부에 내리는 비와 내리는 양태가 달랐다. 즉 외적인 상황이 다르기에 사람들의 행동에 차이가 났다는 것

---

4) 우리말 번역본은 다음과 같다. 스티븐 리드/최은봉 역, 1997, 『일본특이론의 신화 깨기: 일본의 정치·사회 구조분석』, 오름(역자주).

을 이해하지 못하고 섣불리 개인의 속성으로 그 원인을 단정했기에 낭패를 보고 만 것이다. 이 사례는 바로 '근본적 귀속오류'에 해당한다고 할 수 있다.

프로이트의 정신분석과 그 비판

이처럼 인간행동을 그 내면의 특징으로 설명하려는 경향은 프로이트 (Sigmund Freud) 정신분석에서 전형적으로 나타난다. 그리고 반증가능성을 과학의 기준으로 삼는 포퍼가 프로이트의 논의를 맹렬하게 비판하였다는 것은 널리 알려진 사실이다. 과학철학자 이세다 테츠지(伊勢田哲治)는『의사과학과 과학의 철학(疑似科學と科學の哲學)』에서 다음과 같이 그 경위를 소개하고 있다.

프로이트 이론은 인간의 마음이 자아(ego), 이드(id), 초자아(super-ego)의 3부분으로 구성된다고 본다. 우리들이 의식하는 '자아'의 배후에는 무의식적인 욕구의 영역인 '이드'가 광범위하게 자리잡고 있다. 그러나 이드의 움직임은 도덕과 사회규범에 의해 행동하도록 강제하는 '초자아'에 의해 통제되어 있다. 그렇다면 지금 어떤 사람이 욕구대로 행동했다고 가정해 보자. 그 경우 프로이트학파는 초자아가 이드를 충분히 억제하지 못한 결과라고 설명한다. 한편 그 사람이 이성적 행동을 했다고 한다면 초자아가 욕망을 억압하고 있다고 설명한다. 어떤 사람의 어떤 행동도 이 분석틀로 설명이 가능하다. 무엇이든 설명할 수 있다. 꽤 근사한 일처럼 생각되지만 이것이 문제라고 이세다는 지적한다. '여기서 문제는 프로이트학파의 이론 속에 거북한 증거를 설명할 수 있는 기제가 사전에 준비되어 있다는 점이다. 따라서 이 이론의 지지자는 어떠한 경험적 사실에 직면하더라도 이론을 포기할 필요가 없게 된다. 포퍼의 사고방식에 따르면 이러한 이론은 반증이 불가능하며 과학으로써의 자격이 없다'는 것이다(伊勢田, 2003: 39). 프로이트에서 비롯된 심리요법과 정신분석에 대해서 실증적·방법론적 관점에서 많은 비판이 제기되고 있다(Degen, 2004). 프로이트 정신분석 이론은 '금성은 스스로의 의사에 따라 움직이고 있다'는 가설과 마찬가지의 문제를 가지고 있다.

문화론의 문제점

리드는 이 개인차원에서의 '근본적 귀속오류'와 동일한 문제가 정치와 사회를 전체적·거시적으로 설명할 때도 발생한다고 말한다. 정치와 사회에서 발생하는 현상을 그 국가의 문화로 설명하는 경우이다. 리드는 중국이 근대화에 실패하고 일본이 근대화에 성공하였던 것은 유교문화가 중국에 존재하고 일본에는 존재하지 않았기 때문이라는 설명이 과거에는 유력한 설명이었지만 1980년대 한국과 대만이 경제성장에 성공하게 되자 일본을 포함한 이들 3개국에 유교문화의 전통이 있었기에 성공하였다고 하는 설명이 빈번하게 이루어지게 된 점을 예로 들면서 문화적 설명의 수상쩍음을 비판한다. 동아시아 국가들의 공통성을 설명하려 할 때 문화의 공통점을 원인이라고 하다가 국가 간의 차이를 설명할 때도 문화의 차이가 강조되기 때문이다.

한·일 양국이 경제성장을 이루었다는 것을 그 문화적 공통성으로 설명하는 한편, 양국 간 정치의 차이가 바로 그 문화의 차이로 설명되는 것이 좋은 예이다. 1990년대 초까지 일본에서는 자민당 일당우위 체제가 존재하였는데 반해 한국에서는 민주화 이후 치열한 정당대립과 정권교체가 이루어져 왔다. 이는 양국 정치문화의 차이로 설명되었다. 문자 그대로 문화는 자유자재로 사용되고 있다는 게 리드의 비판이다. 여기서도 문화로 무엇이든 설명할 수 있기에 반증가능성이 결여되어 있다(리드의 비판 이후 얼마 지나지 않아 일본에서도 정권교체와 정당대립이 정치혼

란을 초래하고 있다는 주장이 나오게 되었다. 문화가 변한 것일까? 아니면 일본문화에 대한 이해가 잘못된 것이었을까?).

문화론적 설명의 논리적 오류

1) 스테레오타입(stereotype)

문화론적 설명이 빠지기 쉬운 윤리적 오류로써 리드는 이하의 3가지 점을 들고 있다. 첫째, 스테레오타입의 오류이다. 유감스럽게도 우리들은 인종 및 민족에 대해서 여러 가지 편견을 갖기 쉽다. 이 점은 세계 각지에서 인종과 관련된 농담이 존재한다는 사실에서도 잘 알 수 있다.

지금 배가 침수되어 가라앉기 시작한다. 이를 막기 위해서는 승객 몇명은 바다에 뛰어내릴 필요가 있다. 선장은 지혜를 짜내서 그럴듯한 대의명분으로 남성 승객들에게 부탁을 한다. 미국인에게는 뛰어내리면 영웅이 된다고 부탁하니 용감하게 뛰어내렸다. 영국인에게는 신사라면 뛰어내린다고 설득하고 이탈리아인에게는 뛰어내리면 여성에게 인기가 있을 것이라고 해서 뛰어내리도록 한다. 일본인에게는 모두가 뛰어내린다고 말하자 일제히 뛰어내려 주었다. 어쩐지 쓴 웃음을 짓게 되는 농담이다. 우리들이 가지고 있는 스테레오타입적인 인종·민족의 이미지와 어느 정도 합치되기에 웃게 되는 것일 게다.

우리들은 자신들이 상상하는 일본인의 이미지를 우선적으로 이용가능한 한정된 정보를 바탕으로 그리기 십상이다. 리드는 정치윤리의 문제가 일본과 미국의 문화차이를 반영하여 일본에서는 '정치와 돈'의 문제가 주목받으며, 미국에서는 '정치가의 라이프스타일(Lifestyle)' 문제가 부각된다는 논의를 소개한다. 그리고 보니 미국에서는 정치가의 섹스 스캔들이 화제가 되는 반면 일본에서는 뇌물과 정치헌금이 문제가 되는 일이 많은 듯 하다.

그런데 지금 일본과 미국에서 여론조사를 실시한 결과, 일본에서는 60%의 사람들이 미국에서는 그 보다 적은 40%의 사람들이 정치가의 중요한 윤리문제로써 '정치와 돈'의 문제를 드는 한편, '정치가의 라이프스타일'을 중요 윤리문제로 든 비율은 미국 20%, 일본 10%였다고 하자. 이 데이터는 앞서 언급한 이미지를 뒷받침하고 있는 것처럼 보인다. 그러나 이 결과를 가지고 일본과 미국의 정치문화가 상이하며 무엇을 정치가의 윤리문제라고 보는가도 양국이 차이가 있다고 성급하게 결론을 내리게 되면 일본인의 대부분은 '정치와 돈'을, 미국인의 대부분은 '성도덕'을 윤리문제로 생각한다는 단순화된 스테레오타입에 빠지게 된다. 한편, 문화를 어떻게 측정할 것인가라는 문제에 대한 논의도 이루어져야 하는데 이는 4장에서 구체적으로 살펴본다.

2) N=K 문제

둘째, N=K 문제에 수반하는 오류이다. N은 설명되어야 할 사례의 수이며 K는 설명의 수이다. N과 K의 수가 동일할 경우 그 설명은 문제가 있다고 본다. 예를 들어, 스웨덴은 고복지 국가인데 반해 미국은 저복지 국가이다. 이는 스웨덴에서는 역사적으로 독립농민이 많았고 서로 평등하게 협력하는 공동체 문화가 존재하였기 때문에 호혜적인 공적 복지에 대한 지지가 높았던 반면 과거 개척지가 존재하여 자신의 문제는 스스로 해결한다고 하는 정치문화가 자리 잡은 미국에서는 공적 복지에 대한 지지가 높지 못했기 때문이라고 설명한다. 그렇다면 일본은 어떨까. 일본도 공적 복지가 스웨덴 수준 만큼 발전하지 못했다. 왜일까. 그것은 일본에서 가족과 지역사회, 기업이 공동체로써 복지서비스를 제공하는 문화가 있었기 때문이라고 설명한다. 이러한 설명들은 꽤 설득력이 있는 것처럼 들린다.

이러한 설명은 스웨덴, 미국, 일본이라고 하는 3개 사례에 대해서 각국의 고유한 정치문화 혹은 국민성이 각각의 복지수준을 결정하고 있다고 주장한다. 3개의 설명을 제시하고 있는 것이다. 만약 한국과 나이지리아 사례를 추가하게 되면 설명해야 할 대상이 증가하는데 여기에 대해서도 한국 고유의 문화, 나이지리아 고유의 문화로 양국의 복지확충 정도를 설명하게 된다. 5개의 사례에 대해서 5개의 설명이 제시되는 것이다. 말 그대로 N=K가 된다.

그렇다면 무엇이 문제일까. 여기서의 문제도 어떤 나라에 대해서도 설명가능한 설명방법이라는 점이다. 볼리비아든 카자흐스탄이든 각국의 문화로 결과를 설명한다는 것이다. 이는 이미 살펴본 바와 같이 '무엇이든 설명가능하다'는 것이며 거꾸로 말하면 '아무것도 설명하지 못한다'라는 것과 마찬가지이다. 요컨대 사후적 설명이 되어버린다는 것이다. 문화론에는 이러한 문제를 일으키기 쉬운 성격이 있다.

3) 동어반복(Tautology)

셋째, 동어반복이라는 문제이다. 앞서 스웨덴에 대한 설명을 생각해보자. 거기서의 설명은 '공적 복지를 지지하는 정치문화가 있는 곳에서는 고도 복지국가가 실현된다'는 것이었다. 이는 결국 복지국가가 될 법한 곳이 복지국가가 된다는 것이며 같은 말을 반복하는 것에 불과하다.

이 설명을 실제로 검증하기 위해서 경제협력개발기구(OECD) 국가들을 대상으로 독립 변수인 '공적 복지를 지지하는 정치문화'가 어느 정도인지를 '복지관련 지출이 국내총생산(GDP)의 몇 %를 차지하고 있는가'로 측정한다고 해보자. 다음으로 종속 변수인 '복지국가의 확충도'를 측정할 필요가 있다. 그래서 '복지예산의 GDP비중'을 조사하고 독립 변수의 값이 커지면 종속 변수의 값도 클 것인지를 확인해 본다고 하자. 그런데 잘 생각해 보면 이는 복지예산 비중이 큰 곳에서는 복지예산도 많다는 것을 확인하는 연구 설계이다. 두 변수 간에 기대한 결과가 나온다 하더라도 결국은 아무것도 설명하지 못한다. 이처럼 극단적인 예는 많지 않다 하더라도 동어반복이 될법한 설명과 마주하게 되는 일은 꽤 있다.

이상과 같은 문화론적 설명의 논리적 문제는 결국 반증가능성이 없는 설명이 될 우려가 크다는 점이다. 물론 리드가 다양한 현상을 설명할 때 문화가 전혀 관계없다고 주장하는 것은 아니다. 문화적 설명을 할 때에는 앞서 언급한 것과 같은 오류를 피하기 위한 신중한 연구 설계(Research Design)가 필요하다고 주장하는 것이다.

최근 문화론을 가장 꺼려했던 주류 경제학의 세계에서도 경제실적을 문화론적으로 설명하려고 하는 시도가 크게 증가하고 있다. 정치경제학의 영역에서도 복지가 확충된 국가와 그렇지 않은 국가 간의 차이를 사람들이 서로를 얼마만큼 신뢰하고 있는가, 얼마만큼 타인과의 경쟁에서 이기려고 하는가라고 하는 문화적 차이로 설명하려는 연구가 등장하고 있다(Guiso et al., 2006). 이러한 연구들은 막연하게 문화라고 말하는 것이 아니라 명확한 정의를 내리고 반증가능한 형태로 설명을 시도하고 있다. 이러한 점은 1장에서 살펴본 퍼트남의 이탈리아 민주주의 연구에서도 마찬가지였다.

정치현상과 사회현상을 설명할 때 자신의 설명이 반증가능한 형태인지 아닌지를 의식하는 것이야 말로 과학적 설명으로의 첫걸음이라고 할 것이다.

3장
관찰, 설명, 이론
고유명사를 버리는 의미

개별적 설명과 일반적 설명

이미 살펴본 바와 같이 이 책에서 말하는 설명이란 어떤 현상이 왜 생기는가를 나타내는 것이다. 즉 원인을 추측하고 인과관계에 관한 가설을 제시하는 것이다. 여기에는 두 종류의 설명이 있을 수 있다. 개별적 설명과 이론적으로 일반화된 설명이다.

비즈니스의 세계에서 성공을 거두고 있는 A씨와 알게 되었다. 이야기를 들으니 젊은 시절부터 눈부신 활약을 펼쳐 성공에 이르렀다고 한다. 이야기 하는 폼도 자신감이 넘치고 대면하고 있으면 아우라(Aura)가 느껴진다. 어떻게 A씨는 성공하게 되었을까라는 궁금증이 생긴다. 바로 그 때 A씨가 자리에서 일어선다. 잘 살펴보니 A씨는 180㎝를 넘는 키에 떡 벌어진 체격이다. 이러한 신체적 특징도 성공과 관계있다는 생각이 들었다. A씨의 동료 및 거래처 사람들을 만나보니 이러한 심증을 뒷받침할만한 이야기도 몇 가지 들을 수 있었다. A씨가 성공을 거두게 된 원인에는 여러 가지가 있겠지만 키가 큰 것도 하나의 원인일 것이라고 추측할 수 있다. 이러한 방식이 A씨의 성공에 대한 개별적 설명이다.

이후 관찰을 계속해보니 키가 큰 사람이 작은 사람에 비해서 출세하는 일이 많은 듯이 생각되었다. A씨의 출세에 신장이 기여하였을 뿐만 아니라 아무래도 키가 큰 편이 사회에서 출세한다고 하는 법칙이 있는 것은 아닐까라고 생각하게 되었다. 그 밖의 성공한 사람들에 대해 조사했더니 A씨의 경우와 마찬가지로 키가 커서 혜택을 받았다는 것을 뒷받침하는 이야기를 많이 들을 수 있었다. 이러한 관찰을 바탕으로 보다 일반적으로 '키 큰 사람이 성공하기 쉽다'는 결론에 이르게 되었다. A씨에 대한 개별적 설명을 넘어서 일반화를 한 것이다. 앞서 살펴본 '신장 프리미엄'이라는 일반적 가설로 이어진 것이다. 이렇게 함으로써 한 개인인 A씨의 성공이 아니라 성공에 대한 키의 역할이라는 보다 폭넓은 지식에 대한 검토로 나아가게 된다.

양대정당제도

정치의 예를 생각해 보자. 영국은 의회민주주의의 발상지이다. 영국에서는 양대정당 간 경쟁과 정권교체의 반복을 통해 안정된 민주정치가 실현되어 왔다. 어째서 영국에서 양대정당제가 정착할 수 있었을까. 여러 가지 원인이 있을 것이다. 영국사회는 계급사회이며 상류계급과 노동자계급 간의 구별이 명확하기에 이것이 양대정당제를 뒷받침하였다는 설명도 있다. 영국의 역사적 발전과 사회 특성으로 인해 양대정당제가 생겨나게 되었다는 개별적 설명이다. 그렇다면 같은 양대정당제가 유지되고 있는 미국은 어떨까. 건국 초기 페더럴리스트(Federalist)와 반페더럴리스트 간의 대립[1]에서 유래하는 역사적 경위가 양대정당제 형성으로 이어졌다는 설명이 있다. 이것도 미국의 독특한 사정에 근거하여 설명을 시도하는 개별적 설명이다.

그런데 우리들은 이러한 개별적 설명에 만족하지 않고 관찰을 계속 진

---

1) 연방의 권한 강화 및 상공업 발전을 지향하는 연방주의자(해밀턴 등)와 각 주의 자치권 중시 및 소규모 자작농 중심의 사회를 지향하는 반연방주의자(제퍼슨 등) 간의 입장 차이가 있었다(역자주).

행한다. 각국의 정당제도에 대해 두루 관찰하고, 각 나라에 대해 정확하게 그 실태를 기술한다. 그 결과 어떤 국가는 양대정당제, 또 다른 국가들은 다당제라는 유형 인식에 도달한다. 왜 이러한 유형이 나타나게 된 것일까. 무슨 이유로 어떤 나라는 양대정당제, 어떤 나라는 다당제를 채택한 것일까. 각국의 정당제를 유형화함으로써 이러한 차이가 어떤 원인에 의해 야기되었는지 생각해 볼 수 있게 된다. 이는 보다 폭넓은 시각에서 정치현상을 이해하려 함이다.

정당제도에 대한 정치학에서의 표준적 설명은 선거제도에 주목하는 것이다. 프랑스 정치학자인 모리스 뒤베르제(Maurice Duverger)는 소선거구제 하에서는 양대정당제가, 비례대표제 하에서는 다당제가 생겨나기 쉽다고 주장했다(Duverger, 1954). 이러한 설명은 영국과 미국이라는 개별적 국가를 초월한 일반적 · 이론적 설명이다. 이 법칙이 맞는다고 한다면 소선거구제를 도입한 국가에서는 양대정당제가 출현할 것이라고 예상할 수 있다. 실제로 1990년대 일본에서 소선거구제가 도입된 이후 양대정당제화 경향이 강하게 나타나고 있다.[2]

추상화와 이론적 설명

이처럼 일반적 설명이라는 것은 설명대상의 고유한 요인에 주목하는 것이 아니라 보다 폭넓게 대상들 간에 공통적으로 존재하는 요인에 주목한다. A씨의 키가 아니라 사람들의 '키'에 주목한다. 그리고 미국이나 영국의 고유한 역사적 요인이 아니라 민주주의 국가라면 모든 나라에서 운영하고 있는 '선거제도'에 주목하는 것이다.

그렇다면 일반적 · 이론적 설명에서 설명대상의 고유 요인은 무시되어

---

2) 일본은 자민당의 일당지배 현상과 파벌담합 타파를 위해 1996년 총선부터 기존 중대선거구제를 소선거구제로 전환하였다.

야만 할까. 영국은 계급사회이기 때문에 양대정당제가 탄생하기 쉬웠다고 하는 설명은 꽤 설득력이 있다고 생각한다. 이러한 설명을 개별적 설명이라고 무시하는 것이 아니라 개별 관찰에 기반을 두면서 그 바탕 위에서 추상화를 시도하는 것이 이론적 설명으로 나아가는 첫걸음이다. 즉 '영국의 계급사회'라는 현상을 독립 변수로써 설명에 적용하는 것이 아니라 사회구조라는 추상적 개념을 상정해 보기로 하자. 사회계층, 종교, 인종, 언어 등의 사회적 균열에 의해 사회가 분절되어 있는 경우 각각의 집단별로 지지 정당이 등장할 수도 있다. 이렇게 되면 각국의 사회구조가 정당시스템을 양대정당제 혹은 다당제화 한다는 설명이 되는 셈이다. 이것이 개별적 관찰에 바탕을 둔 일반적 · 이론적 설명이다(Lipset & Rokkan eds., 1967; 久米ほか, 2011: 507). 다양한 현상을 추상화 · 일반화함으로써 개별적 설명을 넘어선 일반적 · 이론적 설명이 탄생하게 된다.

일반화에 대한 비판

이와 같은 일반적 · 이론적 설명방식에 대해서는 비판도 존재한다. 복잡한 현실 사회와 역사를 일반화하여 지나치게 단순하게 만든다는 것이다. 인류학자 크리포드 기어츠(Clifford Geertz)는 사회과학을 "법칙을 발견하려 하는 실험과학이 아니라 의미를 발견하려고 하는 해석과학이다(Geertz, 1973: 5; King, Keohane and Verba, 1994: 37)"라고 하면서 역사 및 사회현상을 가능한 한 상세하게 묘사하고 해석하는 것을 목적으로 하여야 한다고 말한다. 그리고 인간의 행동을 그 행동의 문맥(Context) 속에 자리매김하여 그 의미를 타자가 이해할 수 있도록 상세하게 기술하는 것이 중요하다고 주장한다. 이러한 입장에 따른다면 관찰대상으로부터 소위 고유명사를 배제한 채 나타난 현상에 대해 일반적 · 이론적으로 설명하고자 하는 시도 역시 비판의 대상이 될 수밖에 없다.

그러나 이러한 비판은 이론적 설명에 대한 오해를 포함하고 있다. 일반적·이론적 설명에 도달하기 위해서는 당연한 일이지만 설명대상과 그것을 둘러싼 세계에 대한 정확하고 깊이 있는 이해가 불가결하다. 예를 들어, 미국의 의회관련 연구에서는 고도의 추상성을 띠면서 이론화된 중요 연구가 1990년대 이후 속속 등장했다(예컨대, Cox & McCubbins, 1993; Krehbiel, 1991). 그러나 이러한 연구의 대부분은 연구대상인 미국의회에 '흠뻑 빠진(Soaking and Poking)' 수법을 취한 리처드 페노(Richard F. Fenno)의 연구업적에 의해 촉발된 것이라는 점은 시사적이다(Fenno, 1978).

킹, 코헤인과 버바(, Keohane and Verba)는 설명에 있어서 단순화라는 것에 대해 이하와 같이 설득력 있는 주장을 펼치고 있다(King, Keohane and Verba, 1994: 43).

> 단순화는 모든 연구자가 피해 갈 수 없는 것이다. 정성적(질적) 연구든 정량적 연구든, 인류학이든 경제학이든, 사회과학이든 자연과학이든지 간에 저명한 연구는 모두 단순화를 추구한 것이고 앞으로도 아마 그럴 것이다. 뛰어난 문화해석학자에 의한 상세한 문맥 이해에 기반을 둔 포괄적인 기술이라고 하더라도 관찰된 사실을 단순화하고 압축한다. 실제로 현실세계의 복잡성과 심층적 기술의 복잡성 간의 간극을 심층적 기술의 복잡성과 추상적인 계량·수리연구가 가진 복잡성 간의 간극과 비교해 보면 전자쪽이 훨씬 크다.

문제는 어떻게 적절하게 '단순화'하여 사안을 설명할 것인가라는 것이 킹, 코헤인과 버바의 주장이다.

이론의 역할

지금까지는 구체적인 관찰을 추상화하여 이론적 설명으로 만드는 것을 살펴보았다. 그런데 한편으로 이론과 추상적 개념이 현실 관찰에 실마리를 제공해주는 역할도 중요하다. 사회균열의 방식, 즉 사회구조가 정당시스템의 현실적 형태에 영향을 미친다고 하는 이론적 가설을 생각해 보자. 앞서 살펴본 바와 같이 이 이론가설은 각국에서 구체적인 정당제 양상을 관찰하는 가운데 탄생한 것이다. 그렇지만 일단 이러한 이론가설이 제시되면 우리들은 이 이론가설을 실마리로 하여 현실을 관찰하려고 한다.

양대정당제의 모국인 영국에서 2010년 보수당과 제3당인 자유민주당의 연립정권이 발족하였다. 이것은 제2차 세계대전 이래 처음 있는 일로 양대정당인 보수당과 노동당 어느 쪽도 과반수를 획득하지 못한 결과이다. 앞서 살펴본 바와 같이 영국은 소선구제를 채택하고 있으며 의석의 대부분을 양대정당이 차지하고 있다. 제3당은 매우 불리한 처지에 놓여 있었다. 하지만 선거득표율을 살펴보면 1980년대 이후 제3당이 20%를 넘는 지지를 획득하고 있다. 물론 이런 변화에는 여러 가지 원인이 있을 것이다. 그러나 우리들은 정당시스템이 사회구조에 의해 영향을 받는다는 이론을 이미 알고 있다. 정당시스템에 영향을 미치는 요인인 선거제도는 영국에서는 소선거구제임에 변화가 없었기 때문에 자연스레 변화를 초래한 요인은 사회구조의 변화가 아닐까라는 생각이 든다. 그리고 이러한 시각에서 영국사회를 보면 사회계층을 축으로 하는 사회적 균열이 완화되었다는 것에 눈길이 간다. 이처럼 이론의 렌즈를 적용하면 우선적으로 그 사회구조의 변화에 초점을 맞출 수 있다.

결과적으로 영국의 최근 정당시스템 변화를 설명하는 유력한 단서는 이론을 통해서 얻어진 셈이 된다. 영국 특유의 현상에 대한 이해가 이론의 도움을 통해서 보다 잘 설명되어질 수 있게 된 것이다. 나아가 영국에 있어서 사회구조의 변화가 발생하고 있다는 것을 확인할 수 있다면 이론

자체의 확실성도 높아질 수 있다. 물론 이러한 설명이 현실과 어긋난 것일지도 모른다. 만일 오류라는 것이 밝혀지면 이론으로 돌아가 그 이론 자체를 재검토하게 될 것이다. 이론과 관찰은 이와 같은 상호작용을 거치면서 영국 정당시스템에 대한 우리들의 이해를 심화시키는 데 도움이 되는 동시에 정당시스템 그 자체에 대한 이해도 심화시킬 수 있다.

이론적 발전

앞서 사실에 대한 심층적인 그리고 정확한 관찰이 이론적 설명을 구성하는 데 있어서 중요하다고 지적하였다. 마찬가지로 추상적 이론수준에서 고찰하는 것도 중요하다. 고유명사를 배제하고 추상적인 사고를 심화시키는 것이 이론가설의 발전 및 새로운 가설의 구축에 도움이 되는 경우도 적지 않기 때문이다.

소선거구제가 양대정당제를 초래한다고 하는 가설에 대해서 다시 한 번 생각해보자. 이 가설은 영국 및 미국이라고 하는 현실의 사례관찰에서 도출된 것이다. 그러나 어째서 소선거구제가 양대정당제를 가져오는 것일까. 그 인과관계 메커니즘은 어떤 것일까. 이에 대해서 각각 '기계적 효과(Mechanical Effect)'와 '심리적 효과(Psychological Effect)'가 주장되었다. 지금 어떤 선거구에서 A, B, C, D라고 하는 4개의 정당이 후보자를 내세워 선거전을 펼치고 그 결과 각당 후보가 40%, 35%, 15%, 10%의 득표를 얻었다고 하자. 이 경우 선거구 정수가 3이라면 A, B, C 3개 정당이 당선자를 배출한다. 그러나 소선거구제라면 당선자는 1명이므로 A당만이 승리한다. 다른 선거구에서도 이 4개당의 득표율이 다소 간의 차이는 있을지라도 앞서 언급한 결과와 대체로 유사하다면 몇몇 선거구에서 B정당의 후보자가 이기는 경우는 나오겠지만 C, D당의 당선가능성은 거의 없다. 같은 득표율이라도 선거제도의 차이에 의해서 '기계적'으로 의석수가 결정된다. 소선거구제도에서는 상위 2개 정당정도만이 살아남을 수 있는데 이를 선거구제도가 갖는 '기계적 효과'라고 한다.[3] 그런데 선거제도의 효과는 이것만이 아니다. 소선거구제도하에서는 C, D당과 같은 작은 정당에 대해서는 투표를 한다고 하더라도 사표가 된다는 것을 자각하게 되어 생각이 바뀌게 된다. 그 결과 유권자는 당선가능성이 있는 A당 혹은 B당 가운데 그래도 낫다고 생각하는 쪽에 표를 주게 될 것이다. 이렇게 해서 양대정당제가 강화되어 가는데 이를 '심리적 효과'라고 한다.

이러한 2개의 메커니즘에 의해 소선거구제는 양대정당제를 탄생시킨다고 여겨진다. 이것이 바로 이론가설이다. 이 가설은 사실의 관찰을 바탕으로 하여 도출하였다기 보다는 논리적 혹은 연역적 사고의 결과로 유추한 것이다. 이처럼 추상적 · 이론적 추론에 의해서도 이론이 발전하게 된다. 실제로 소선거구제를 취하는 경우 각 선거구에서 이러한 양대정당 간의 경쟁 메커니즘이 작동한다는 점은 그렇다 치더라도 다양한 선거구로 구성되는 전국적 정치차원에서 양대정당제가 성립하는 조건이 무엇인지(기계적 효과를 언급하는 부분에서 이 부분을 약간 애매하게 언급하고 있는 점을 현명한 독자들은 눈치 챘을 터이다)에 대한 탐구가 발전되어 왔다(Cox, 1997).[4]

이론검증과 조작화

이상과 같이 관찰과 이론적 추론을 통해 개별적 설명은 보다 일반적인 이론가설로 발전해간다. 그리고 이론가설은 끊임없이 현실에 의해 검증

3) 제3당의 경우 지지 지역의 지리적 집중경향이 없으면 득표율보다 의석률이 낮아지며 제1당의 의석률은 득표율보다 높아진다(역자주).

4) 일본의 상원에 해당하는 참의원은 각 도도부현을 지역구로 하여 소선거구제 또는 중 선거구제(2~5명 선출 선거구가 있음)로 선출하는 지역구 의원과 비례대표로 선출되는 의원으로 구성된다. 하원에 해당하는 중의원은 소선거구제의 지역구 의석과 석패율제 광역 비례대표 의석으로 구성된다(역자주).

되어짐으로써 새로운 발전을 거듭해 나아갈 수 있다. 정치학을 포함한 사회과학의 세계에서는 추상적인 이론이 현실과 유리된 채 연역적 고찰만으로 끝나는 경우는 없다. 이론과 현실의 상호작용이 존재하는 것이다.

추상적인 개념에 의해 구성된 가설을 현실 관찰을 통해 검증하는 과정을 생각해 보자. 이 경우 이론가설이 추상적이면 추상적일수록 이것을 구체적으로 검증하려는 궁리와 노력이 필요하다. 독립 변수와 종속 변수가 '민주화' 및 '사회적 균열'이라는 추상도 높은 개념인 경우 그것을 직접 측정하는 것은 불가능하다. 따라서 이 추상적 개념을 측정가능한 형태로 바꾸어줄 필요가 있다.

1장에서 살펴 본 바와 같이 퍼트남은 정부성과의 정도가 그 사회의 시민도에 의해 결정된다고 주장하였다. 이것은 인과관계에 대한 이론적 가설이다. 그는 이 가설을 이탈리아에 적용하여 검증하였다. 퍼트남이 주창한 이론가설은 추상적인 개념으로 구성되어 있다. 즉, 종속 변수는 '정부의 업적'이며 독립 변수는 '시민도'이다. 시민의 성숙도가 높으면 업적도 높을 것으로 예측하였다. 이를 지방정부를 분석단위로 하여 검증하기 위해서는 지방의 '시민도'과 지방정부의 '업적'을 측정할 필요가 있다. 그러나 이 추상적 개념을 그대로 측정하는 것은 불가능하기에 측정가능한 지표를 고안해야 한다. 추상적 개념을 '조작화(Operationalize)'할 필요가 있는 것이다. 일반적·이론적 가설을 구체적으로 측정가능한 가설(작업가설)의 형태로 바꾸어주는 조작화는 해당 이론가설을 검증하기 위한 중요한 첫걸음이다.

퍼트남은 알렉시스 드 토크빌(Alexis de Tocqueville)[5]의 고전적 논의

---

5) 토크빌(1805~1859)은 프랑스의 역사가이자 정치철학자로 미국을 방문한 후 미국식 민주주의의 장단점을 날카롭게 분석한 『미국의 민주주의(De la démocratie en Amérique)』를 집필하였다.

에 의거하면서 독립 변수인 '시민도'를 사람들이 어느 정도 시민공동체에 관여하고 있는가로 조작화하고자 하였다. 거기에는 스포츠 클럽 및 그 밖의 시민단체에 사람들이 어느 정도 참여하고 있는지를, 주별 1인당 스포츠 · 문화단체수로 측정하였다. 수치가 높을수록 시민성이 높다고 간주하는 것이다. 이와 더불어 신문구독율, 투표율, 선거때 의원개인명을 기입하는 '선호투표'가 아니라 정당명으로 투표하는 비율을 모두 종합하여 각 주의 시민성을 측정하는 '잣대'로 사용하였다(Putnam, 1993: Chapter 3).

한편, 종속 변수인 이탈리아 주정부의 '업적'은 정부 내부의 프로세스, 정책수립, 정책집행에 관련된 12개의 지표로 측정하였는데 이하에서 대표적인 지표 몇 가지를 구체적으로 살펴보자.

1) 내각의 안정도

이탈리아 주정부의 집행부는 주의회 다수파에 의해서 선출되는 내각제 형태를 취하고 있다. 1975년부터 1980년까지, 그리고 1980년부터 1985년까지의 입법기간 중 몇 개의 내각이 형성되었는지를 내각의 안정도 측정지표로 삼았다. 그 수치가 높을수록 해당 주의 내각 안정도가 낮음을 의미한다고 보았다. 그리고 안정도가 낮다는 것을 업적도 낮다는 것으로 간주하였다.

2) 개혁입법

대기 · 수질오염, 예방의료 등 12개의 주요 정책과제에 대해 주정부 차원에서 어느 정도 선진정책이 신속하게 도입되고 있는가를 수치화하였다. 선진적인 정책을 시작한 지자체에는 100점을 부여하고 이후 타 주정부가 얼마나 뒤쳐져서 그러한 입법을 도입하였는가를 측정하였다. 구체적으로는 최초로 입법이 이루어진 시기로부터 조사완료 시점인 1984년 12월까지의 기간 중 입법화시기를 조사해서 그 기간을 기준으로 점수를 부여하였다. 조사종료 시점까지 입법화되지 않았다면 점수는 0점이 된다.

3) 관료의 응답성

이는 현장 차원의 관료가 주민에 대해서 어느 정도 적절하게 대응하는가를 지표화한 것이다. 퍼트남은 이탈리아인 공동연구자에게 각주의 관청에 동시에 가공의 질문을 보내게 한 후 응답이 얼마나 빨리 오는가, 그리고 그 응답이 명확하고 충분한가를 점수화하였다. 질문 가운데 하나는 '중학교를 졸업한 [동생]에게 적합한 직업훈련 시설'에 대한 문의였다. 처음에는 우편으로 질문을 보내고 응답이 없는 경우 전화를 하였고 그래도 응답이 없을 경우 관청을 방문하는 정성스러운 조사였다. 가공의 질문으로 관청을 속이는 측면이 있지만 해롭지 않은 거짓말이며 또한 중요한 정보를 얻을 수 있기에 허용될 수 있다고 퍼트남은 변명 비슷한 설명을 하였다. 개인적으로 이러한 조사방식은 역시 문제가 있다고 생각하지만 추상적인 개념을 조작화하고 싶다는 퍼트남의 열의만큼은 인정할 수 밖에 없다.

그런데 여기서 주목하고 싶은 것은 시민도와 정부업적이라고 하는 일반적·추상적 개념이 조작화를 거쳐서 마침내 측정가능한 변수가 되었다는 것이다. 예컨대 정부업적의 지표인 내각의 안정도는 트렌티노-알토 아디제(Trentino-Alto Adige) 주와 움브리아(Umbria) 주의 2점 (즉 2개의 내각이 존재하였음)에서부터 시칠리아(Sicilia) 주, 샤르데냐 (Sardegna) 주, 캄파니아(Campania) 주 9점 등 각 주를 최대 10점까지의 숫자로 나타낼 수 있었다. 이로써 2장에서 본 '반증가능성'도 높아졌으며 현실에 대한 설명도 이론과 관찰의 왕복을 거쳐 개선해 나아갈 수 있게 되었다.

이론은 우리가 시도하는 설명이라고 하는 작업을 이끌어주는 역할을 한다. 이론 없는 설명은 단순한 이야기로 끝나버릴 위험을 내포하고 있다.

칼럼 ① 원인에 주목할 것인가, 결과에 주목할 것인가

　인과관계를 생각할 때 그 결과가 왜 나타나는지를 생각하는 경우와 이것이 원인이라고 하면 무슨 일이 일어날 수 있을까를 생각하는 경우가 있다. 어떤 국가에서 양대정당제가 출현하는 것은 왜일까를 생각하는 것이 전자이며 선거제도를 소선거구제로 한다면 어떤 일이 일어날까를 생각하는 것이 후자이다. 이 책은 결과 즉 종속 변수를 설명한다는 입장에서 원인을 추론하는 방법에 대해 고찰하고 있다. 사회과학에서는 종속 변수의 변화와 차이발생을 계기로 인과추론을 시작하는 일이 많기 때문이다. 최근 사회과학에서도 실험을 이용한 연구가 증가하고 있다. 하지만 그 경우에도 인과관계에 대한 가설을 상정한 후 독립 변수를 실험적으로 변화시켜 종속 변수에서 예상한 변화가 실제로 나타나는가를 확인하는 방식의 연구설계가 보통이다(河野·西條, 2007). 그러한 의미에서 역시 종속 변수의 변화에 주목하는 것이 인과추론의 전제가 된다고 할 수 있다.

　다만, 종속 변수에서 출발하는 연구는 인과관계를 어디까지 거슬러 올라가야 하는가라는 문제에 직면할 수 밖에 없다는 비판이 제기된다. 양대정당제는 왜 출현하는가라는 의문에 대해 소선거구제가 도입된 것이 원인이라고 추론한다. 그렇다면 소선거구제는 왜 도입되었을까. 소선거구제를 도입하게 한 사회경제적 요인이 있는 것은 아닐까. 그렇다면 그 요인은 또 어디에서 유래하는 것일까. 인과추론이 끝없이 계속되게 된다. 그래서 독립 변수의 변화에 우선 주목하고 거기에서 어떤 결과가 발생할 것인지를 보는 쪽이 원인을 무한히 거슬러 올라가는 것보다 바람직하다는 논의도 있다(Holland, 1986: 945-960). 그렇지만 이 경우는 종속 변수를 어디까지 추적할 것인가라는 대칭적인 문제가 발생한다.

4장
추론으로써의 기술[1]

설명과 기술

이 장에서는 인과관계를 추론할 때 전제가 되는 기술(Description)이라고 하는 작업에 대해서 생각한다. 이미 본 바와 같이 설명(Explanation)은 어떤 현상을 초래한 원인을 추론하는 것이다. 그런데 그 현상이 왜 생겨나게 되었는가라는 질문이 의미를 갖기 위해서는 당연한 말이지만 설명대상인 현상을 우선 제대로 기술하는 것이 필요하다. 설명대상을 올바르게 인식하고 기술한다고 하는 것은 말처럼 간단한 작업이 아니다. 정치학을 포함한 사회과학연구는 그 에너지의 대부분을 사실묘사에 쏟고 있다. 이 장에서 본격적으로 살펴보겠지만 여론조사 데이터 및 각종 통계 데이터를 활용한 계량분석에서도 사실을 기술할 때 그 데이터 자체의 성격, 신뢰성 등 신중하게 검토해야 할 과제가 적지 않다. 사례연구나 역사연구와 같이 연구대상에 대한 상세하면서도 심층적인 기술을 특징으로 하는 질적연구에서도 계량분석과 마찬가지로 기술에 있어서의 방법론적 신중함은 필수적이다.

3장의 앞부분에서 비즈니스계에서 성공을 거두고 있는 A라는 사람을 예로 들면서 그 성공원인을 좋은 체격이라고 추론하였다. 이 추론에 기

---

[1] 이 책에서는 영어 descriptive에 해당하는 용어로써 기본적으로 '기술적(記述的)'이라는 표현을 사용하되 문맥에 따라서는 '묘사적(描寫的)', '서술적(敍述的)'이라는 표현도 일부 활용한다(역자주).

초하여 A씨의 성공을 친구에게 설명한다고 해보자. 이때 제일 먼저 할 일은 A씨가 사업에서 성공하고 있다는 것을 친구에게 확실하게 납득시키는 일이다. 이것이 불가능하다면 성공의 원인에 대한 이야기는 아예 말도 꺼내지도 못할 것이다. 이야기를 진전시키기 위해서는 A씨가 사업에서 성공하고 있다는 것을 믿게끔 근거자료를 제시하여야 한다. 즉, A씨의 성공을 제대로 기술하는게 필요하다.

정치학 분야의 예로써 스웨덴의 복지정책을 생각해 보자. 복지정책에 관심을 갖고 있는 사람이 스웨덴을 사례로 연구를 수행했다고 해보자. 그 결과 다른 OECD국가들과 비교하여 공적연금제도 및 의료보장제도가 잘 갖추어져 있으며 실업자에 대한 직업훈련제도도 폭넓게 보장되어 있다는 것을 알게 되어 스웨덴을 고도복지국가라고 결론내리게 되었다. 스웨덴의 복지정책에 관한 기술이 다른 나라와의 비교 등 충분한 증거자료에 의거하여 이루어졌다고 말할 수 있을 것이다. 이러한 기술이 이루어지게 되면 자연히 어째서 그러한 일이 가능하게 되었을까라는 물음으로 관심이 옮겨가게 된다. 다음 단계로 스웨덴의 역사와 사회, 정치와 경제를 조사하여 스웨덴의 복지수준이 높은 원인이 무엇인가를 찾고자 할 것이며 개별적 설명을 시도해 보고자 할 것이다.

혹은 스웨덴의 복지수준이 높다는 것을 알게 된 사람은 같은 북유럽 국가인 노르웨이의 복지정책에도 관심이 생길지 모른다. 조사결과 노르웨이에서도 스웨덴과 마찬가지로 복지정책이 발전되어 있다는 것을 알게 되었다고 하자. 양국의 복지정책을 더 상세하게 살펴보니 복지정책이 단순히 충실한 것만이 아니라 두 나라에서는 복지서비스가 시민의 권리로써 인식되고 있음을 깨닫게 된다. 복지국가연구에서 이른바 '보편주의적 복지'라고 일컬어지는 특징이다. 나아가 관심을 가지고 덴마크를 조사해 보니 거기서도 이러한 '보편주의적 복지'의 특징을 지닌 복지정책이 시행되고 있었다. 그 결과 북유럽 3개국은 '보편주의적 복지국가'라고 하는 기술이 이루어지게 된다. 이제 보다 추상적인 형태로 북유럽 3개국이라는 고유명사가 배제된 기술도 가능해진다. 이로써 앞 장에서 살펴 본 일반적 설명, 즉 보편주의적 복지국가는 어떻게 성립할 수 있게 되었는가라는 인과적 추론에 대한 논의가 이루어질 수 있게 된다.

여기서 강조해 두고 싶은 것은 어떠한 설명도 기술이라는 작업을 거치지 않고는 성립할 수 없다는 것이다. 기술을 통해서만 우리들은 자신이 설명하고 싶은 종속 변수를 파악할 수 있다. 그리고 종속 변수에 대한 독립 변수를 찾을 때에도 당연한 일이지만 그 독립 변수에 대한 기술이 필요하다. A씨의 성공을 가져온 원인은 그의 키라는 추론을 할 경우에 A씨의 키가 얼마나 큰지를 알 필요가 있다. 독립 변수로써 신장이 180㎝라는 기술이 이루어져야 하는 것이다.

기술은 추론인가?

그런데 이 기술이라고 하는 작업은 단순한 사실의 나열이 아니다. 이 작업은 추론이라는 성격을 띤다. 어떤 현상에 대해 원인을 찾는 것이 추론임은 쉽게 이해할 수 있을 것이다. 추론이란 알고 있는 것으로부터 아직 알지 못하는 것을 추측하는 것이다. 가지고 있는 정보로부터 원인을 추측하는 것이 바로 인과관계의 추론이다. 그렇다면 기술이란 무엇일까. A씨의 키를 조사해서 180㎝라고 하는 사실을 알았다고 하자. 이는 A씨에 대해 독립 변수로써 상정하고 있는 키를 관찰해서 기술한 것이다. 그런데 이 기술에 '추론'은 포함되어 있는 것일까.

상식적으로 생각할 때 이는 단순한 사실의 묘사이지 추론은 포함되어 있지 않은 것으로 여겨진다. 과연 그런 것일까. 엄밀하게 말하면 우리들이 알고 싶은 것은 A씨의 진정한 신장이지만 현재 알 수 있는 것은 A

씨의 키를 측정할 수 있는 어떤 기기를 사용해서 재본 결과 나온 수치가 180㎝라는 사실뿐이다. 그렇다면 우리들은 신장을 측정하는 어떤 기기에서 나온 결과를 가지고 진정한 키 크기를 추측하고 있는 셈이다.

기술적 추론과 오차

여기서 주목해야 할 것은 키를 재는 단순한 측정조차도 오차가 발생한다고 하는 것이다. 동일한 사람의 키를 잴 경우에도 조금 높게 나오거나 낮게 나오거나 하는 경우가 생긴다. 이러한 결과는 곤란한 문제이지만 해결책은 있다. 이 측정오차는 종(Bell)모양의 정규분포를 취하는 것이 알려져 있다(〈그림〉 4-1 참조). 수학뿐만 아니라 다양한 분야에서 다채로운 업적을 남긴 칼 F. 가우스(Carl Friedrich Gauß)가 이러한 사실을 발견했다. 하노버왕국으로부터 측량작업을 의뢰받은 가우스는 오차의 분포에 관심을 가지고 연구를 거듭한 끝에 이러한 사실을 발견했다고 전해진다. 플러스(+)든 마이너스(−)든 그렇게 큰 오차는 드물게 출현하며 작은 오차는 빈번하게 출현한다. 자세한 내용은 통계학 교과서를 참

〈그림 4-1〉 정규분포 그림

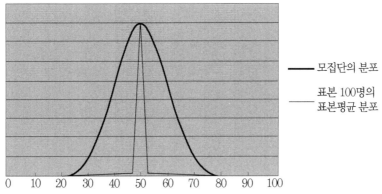

모집단의 분포

표본 100명의 표본평균 분포

모집단의 분포: 평균 50점, 표준편차 10점
100명으로 구성되는 표본의 표본평균 분포: 평균 50점, 표준편차 1점

고하기를 바라는데 어떤 크기 이상의 오차가 출현할 확률은 계산가능하다. 분포의 퍼진 정도를 나타내는 지표인 '표준편차'의 2배 이상의 오차가 출현할 확률은 약 5%라고 알려져 있다. 이를 통해 우리들은 측정결과가 어느 정도 확실한 것인가를 알 수 있게 된다.

키를 계측한 결과 '당신의 신장은 174㎝이다. 다만 플러스·마이너스 5㎜의 오차가 있다'라는 말을 들었다고 하자. 이는 174㎝를 중심으로 하여 5㎜ 높거나 낮은 범위에 당신의 진짜 키 크기가 95%의 확률로 존재한다(95%의 신뢰구간)는 의미이다.[2] 보다 정밀한 신장 측정기를 사용하면 플러스·마이너스 1㎜라고 말할 수 있는 가능성도 있다. 또한 99% 및 99.9%라는 신뢰구간을 이용하는 것도 물론 가능하다. 어쨌든 이 오차의 범위가 작아질수록 '효율적'인 추정이 가능하다. 다만 정밀한 신장 측정기를 사용한다 하더라도 측정시 신발을 벗도록 한다던가, 턱을 당기고 등을 펴도록 하는 등의 주의사항이 잘 지켜지지 않는다면 측정결과는 당연히 왜곡된다. 이를 측정의 '편향(Bias)'이라고 한다.[3] 따라서 어떻게 편향이 없는 효율적 추정을 할 것인가가 과제로 등장하게 된다.

여론을 알고 싶다

그렇다면 조금 더 복잡한 추측을 살펴보자. 정치학에서 여론은 중요한 분석대상이다. 국민들에게 수상(내각총리대신)은 어느 정도 평가받고 있을까. 키와는 달리 수상에 대한 평가를 알아보는 일이 확실히 추론에 해당한다는 느낌이 올 것이다. 신문사 및 통신사가 조사결과를 주기적으

---

2) 달리 표현하면 측정을 100번 시행한 그 가운데 95번은 174㎝를 중심으로 하여 5㎜ 높거나 낮은 범위 안에 그 측정값이 존재할 것이라고 말할 수 있다(역자주).

3) 통계학에서 편향(치우침)이란 모집단과 표본집단의 속성이 상이한 경우, 추정치가 어떤 이유로 과소 혹은 과대하게 측정되는 경우를 가리킨다. 심리학 등에서는 주로 인지적 함정(예: 확증편향)이라는 의미로 사용한다. 이 책에서는 문맥에 따라 편향 혹은 바이어스란 용어를 혼용함을 밝혀둔다(역자주).

로 보도한다. 보도에는 현 수상에 대한 지지가 어느 정도일 것이라는 조사 데이터의 결과가 포함된다. 지금 100점 만점으로 유권자 전원에게 물어보았을 때 평균 50점인 정규분포에 근접한 종모양의 분포가 이루어졌다고 하자(실제로는 1점 단위로 묻기 때문에 이산형 분포가 된다). 나아가 표준편차는 10점이라고 하자. 그러면 정규분포의 특성상 유권자의 약 95%가 평균점(50점) 플러스·마이너스 20점(표준편차의 2배) 사이에 해당하는 점수로 평가하고 있는 셈이 된다.

그런데 국민 모두에게 수상에 대한 평가를 묻는 것은 시간도 돈도 막대하게 든다. 일정수의 사람을 뽑아서 그 사람들(표본집단, Sample)을 대상으로 조사하는 것이 보다 현실적이다. 이 표본 데이터를 실마리로 국민 전체(모집단, Population)의 평가가 어떤지를 추측한다. 이는 통계학에서 추론통계(Inferential Statistics)라고 불리는 것이다. 신문사 및 텔레비전 방송국의 여론조사도 이 방법을 사용하고 있다. 그런데 여기서 잠깐 소수의 표본을 대상으로 조사를 해서 평가의 평균점 등을 계산하고 다시 이를 근거로 국민 전체의 평가치를 추정하는 방식에 대해 생각해 보자.

어떻게 하면 수상에 대한 국민전체의 평균 평가점수를 올바르게 추정할 수 있을까. 여기서 중요한 것은 표본의 크기, 즉 몇 명이 평가를 하였는가이다. 이때 표본으로부터 계산된 표본평균값은 어디에 존재할까. 모집단의 평균값을 중심으로 하면서, 모집단의 표준편차를 표본수의 평방근으로 나눈 값을 표준편차로 하는 정규분포상에 위치함을 우리는 알고 있다. 조금 복잡한 얘기라서 구체적인 예를 들어 생각해 보자.

먼저 국민들 가운데 1명을 골라서 그 사람(A씨)에게 평가 점수를 물어본다. 이 경우 A씨의 평가점수는 모집단 즉 국민 전체의 평균평가점수인 50점을 중심으로 모집단의 표준편차(10점)를 표본의 수(1)의 평방근, 즉

1로 나눈 수치(10점)를 표준편차로 하는 정규분포 속에 어느 한 평가점수가 된다. 즉 이 경우 표본의 평균점수(즉 한 사람밖에 없기 때문에 A씨의 평가점수가 된다)는 모집단의 정규분포상에 어딘가라고 말할 수 있을 뿐이다.

그렇다면 100명을 표본으로 뽑은 경우는 어떨까. 그 경우 100명의 평균점을 다시 평균한 값, 즉 표본평균값은 모집단의 표준편차(10점)를 표본수 100의 평방근인 10으로 나눈 값(1점)을 표준편차로 하는 정규분포를 이룬다. 즉 평균점수 50점, 표준편차 1점의 정규분포가 된다(〈그림 4-1〉). 그림을 보면 알 수 있듯이, 훨씬 좁은 범위에 분포하게 된다. 표본수를 1만 명으로 늘리면 표준편차를 0.1점으로 하는 앞의 사례보다 훨씬 좁은 범위의 정규분포가 될 것이다.[4]

물론 모집단인 국민들 사이에 수상에 대한 평가가 평균점수 50점의 종모양으로 분포하고 있는 경우는 실제로는 일어나기 힘든 일이다. 낮은 점수를 주는 사람이 많다거나 높은 점수를 부여하는 사람이 압도적으로 많다거나 하여 평균점수의 분포는 종모양의 분포와는 거리가 먼 분포를 보이는 것이 보통이다. 그러나 정규분포를 따르지 않는 모집단으로부터 표본을 추출한 경우에도 표본수를 늘리게 되면 표본집단들의 평균값은 앞서 살펴본 것과 같이 모집단의 평균값을 포함한 좁은 범위에 수렴된다고 하는 성질을 가지고 있다(중심극한의 정리).

그런데 모집단의 평균값(예컨대 국민의 수상에 대한 평가의 평균점수) 및 표준편차가 사전에 알려져 있는 경우는 드물다. 따라서 표본집단의 표본평균값과 표본의 표준편차값을 사용하여 모집단의 모평균과 모표준편차를 추정하게 되는데 이것이 추론통계의 세계이다. 그리고 표본의

---

4) 표본의 크기를 크게 하면 할수록 표본집단 평균들의 표준편차인 표준오차는 작아지고 상대적으로 신뢰구간은 좁아져서 보다 정밀한 추정이 가능하다(역자주).

표준편차를 이용해서 추정한 모집단의 표준편차를 '표준오차(Standard Error: SE)'라고 한다.

이상과 같은 논의는 조사에 있어서 표본수를 늘리면 늘릴수록 정확한, 즉 효율적인 추측이 가능하다는 것을 명확히 보여준다.

표본의 편향(Sample Bias) — 100명에게 물었다!?

원자력발전소 재가동이나 소비세율 인상 문제를 방송국의 와이드쇼 등에서 언급할 경우 여론 소개의 일환으로 길가는 시민을 대상으로 인터뷰를 하는 경우가 많다. 그러나 앞서 살펴본 바와 같이 특정한 몇 명을 대상으로 한 인터뷰를 통해 국민여론을 안다는 것은 별 의미가 없다. 그래서인지 리포터가 길가는 사람 100명을 대상으로 찬반 스티커를 화이트보드에 붙이도록 하고 그 결과를 보여주는 경우가 있다.

가령 '수상의 평가, 100명에게 물었습니다'라는 와이드쇼 코너에서 수상에 대한 점수평가를 길거리에서 실시한 결과 평균 40점이라고 해보자. 이 결과를 어느 정도 신뢰할 수 있을까. 100명에게 물었기 때문에 꽤 정확한 추정치라고 판단해도 좋을까. 유감스럽지만 전혀 그렇지 않다. 100명이 무작위로 선발되지 않았기 때문이다. 리포터가 저녁에 신바시역앞에서 조사한 경우와 일요일 낮에 시부야에서 조사한 경우 응답하는 사람이 크게 달라질 것이다.[5] 그래서 이 조사에서 얻어진 100명의 의견을 국민 전체의 평균적 의견이라고 간주할 수는 없다. 국민들의 수상에 대한 평가를 알기 위해서는 그 판단재료인 표본이 국민 전체의 다양한 특성, 예를 들어, 남녀비율, 연령, 직업구성 등을 제대로 반영할 필요가 있다. 이렇듯 왜곡이 없는 표본을 뽑기 위해서는 국민 전체라는 모집단으

---

5) 같은 도쿄 내에 위치하지만 신바시(新橋)는 직장인들이 붐비는 곳인데 반해 시부야(渋谷)는 젊은이들이 붐비는 장소이다(역자주).

로부터 추첨방식으로 조사대상자를 선발하는 등 무작위 추출(Random Sampling)에 의해 조사대상자를 선발해야 한다.[6] 이런 종류의 왜곡 즉, '편향(Bias)'을 피하는 일이 기술에 있어서는 대단히 중요하다.

조사대상이 왜곡되어 있어서 판단을 그르친 예로써 자주 인용되는 것이 1936년의 미국 대통령선거이다. 민주당의 프랭클린 루즈벨트(Franklin D. Roosevelt)와 공화당의 알프레드 랜던(Alfred M. Landon)이 맞붙은 선거에서 230만 명을 표본조사한 결과를 바탕으로 잡지『리터러리 다이제스트』는 랜던 후보가 승리할 것을 예상했다. 그러나 결과는 루즈벨트의 승리였다. 예측이 실패한 원인 중 하나는 동잡지의 조사가 전화조사였다는 것이었다. 당시에는 아직 전화보급율이 낮았고 또한 전화가 있는 가정은 유복한 편이었기 때문에 표본에 치우침(편향)이 발생한 것이다. 같은 선거에서 훨씬 적은 표본이었지만 인구구성을 정확하게 반영한 무작위 추출법을 이용하여 갤럽은 루즈벨트의 승리를 예측하였다. 표본의 대표성이 중요하다는 것을 말해주는 대표적인 사례라고 할 수 있다.

질적 연구의 기술적 추론과 편향

무작위 추출이 가능한 정량적 연구와는 달리 사례연구와 같은 질적 연구에서는 어떻게 치우침없이 정확하게 기술할 수 있을 것인가에 대한 진지한 고민과 편향을 최소화하고자 하는 노력이 더욱 중요하다. 1장에서 살펴본 것과 같이 어째서 일본에서는 제대로 된 파시즘이 존재하지 못했는가라는 마루야마 마사오의 의문은, 나치 전범인 아이히만이 일본의 전범과 마찬가지로 소심하고 전전긍긍하는 모습을 보였다고 하는 아렌트

---

6) 실제로 전국민을 대상으로 추첨을 시행하기에는 막대한 시간과 비용이 들기 때문에 모집단의 특성(인구, 지역, 성별 등)을 인구비례별로 할당하는 방식으로 표본을 구성하는 것이 일반적이다(역자주).

의 묘사가 맞다고 한다면 마루야마의 문제설정 전제부터 다시 생각해볼 필요성이 생긴다.

퍼트남은 이탈리아 각 주정부의 업적을 측정하기 위해서 단일 지표가 아니라 복수의 지표를 가능한 한 골고루 사용하였다. 그리고 이들 지표가 서로 같은 경향을 나타내는 것(즉, 높은 상관관계를 나타내는 것)을 주의 깊게 확인한 후, 이들을 종합하여 조작화를 시도하였다. 왜곡이 없는 기술을 하고자 하였기 때문이다. 어떤 나라가 보편주의적 복지국가로써 기술이 가능한지 아닌지는 연금제도, 의료보험제도, 실업보험제도 등에 대해서 시민이라면 직업과 소득에 관계없이 복지정책의 혜택을 누릴 수 있는지 여부를 보고 판단하여야 한다. 어떤 국가가 보편주의적 복지국가라고 하는 기술적인 '가설'을 채택한 경우에 그 가설이 올바른지를 관찰할 수 있는 '관찰가능한 함의(Observable Implication)'를 가능한 한 많이 상정하고 실제로 그것들이 관찰가능한지 여부를 확인하는 것이 필요하다.

또한, 어떤 국가의 정책결정 과정상의 특징을 구체적인 법안이 어떻게 입안·결정되었는지를 봄으로써 기술하려고 하는 경우 그 법안이 해당 국가의 입법이라고 하는 '관찰대상 전체' 가운데 어떤 위치에 있는 것인가에 대해서 충분한 지식이 필요할 것이다. 그 법안을 둘러싼 정책과정이 특수한 사례에 국한되는 것이 아니라 전형적인 특징에 해당하는 것이라면 그 나라의 정책과정에 대해서 타당한 기술적 추론이라고 말할 수 있을 것이다. 그러나 어떤 정책과정이 그 나라의 전형적인 것이라고 판단하기 어려운 경우도 있다. 그런 경우 약간의 궁리를 하면 기술적 추론을 보다 설득력 있게 전개할 수 있다.

예컨대 오오타케 히데오(大嶽秀夫)는 1960년대부터 1990년대 초기에 발생한 결함차량 문제에 대해 사례분석을 실시하였다(大嶽, 1979). 분석에서는 압도적인 영향력 자원을 가지며 경제관청과도 이해관계를 공유했던 자동차 제조사라고 하더라도 결함차 문제의 쟁점화를 막는 정치적 영향력 행사가 불가능했던 사정이 잘 묘사되어 있다. 이 사례는 당시 통설이었던 일본의 정치과정이 통치엘리트에 의해 지배되고 있다고 하는 것에 대한 반증(反證)이다. 더구나 대기업과 경제관청이 일치단결하여 육성하고자 하였던 자동차산업을 둘러싼 정책과정과 같이 엘리트 지배가 가장 잘 관찰될 법한 사례에서 조차 엘리트 지배를 뒤집는 다원적 정치과정이 이루어지고 있음을 보여줌으로써 일본정치·정책과정의 다원주의적 성격을 기술한 선구적 연구에 해당한다고 할 수 있다.[7]

기술적 추론의 어려움 ― 불평등을 측정한다

지금까지는 기술적 추론을 할 때 발생하는 편향에 대해서 검토하였다. 그러나 편향의 문제를 극복한다고 하더라도 기술적 추론에는 여러 가지 어려움이 남아 있다. 이하에서는 계량적인 방법으로 일본사회의 소득격차에 대한 기술적 추론을 시도한 사례를 소재로 이 점에 대해 살펴보기로 한다.

일본은 과거 '1억 총 중류사회'라고 불리며 대단히 평등한 사회라고 여겨졌던 시기가 있었다. 그러나 1990년대 이후 중산층 붕괴가 일어나면서 격차확대가 큰 사회문제로 대두하게 되었다. 그렇다면 이러한 변화를 객관적인 잣대를 이용해서 측정하려면 어떻게 하면 좋을까. 거리에 노숙자가 어느 정도 늘었는가? 기초생활수급자의 증가? 여러 가지 방안이 있을 것이다. 그러나 노숙자수의 역사적 변화를 정확히 파악하기는 어렵다. 기초생활수급자수는 파악이 가능하지만 인정기준이 시대별로 변화하여 왔기 때문에 정확한 척도라고 하기는 어렵다.

---

7) 일본의 정치·정책과정에 대해서는 '관료형 포괄형 다원주의'(猪口孝), '정형화된 다원주의'(村松岐夫 & Klauss) 등과 같이 이익집단 간의 경쟁이 존재하기는 하지만 관민 협조적인 혹은 정부주도적인 이익투입이 이루어짐에 주목하는 논의가 있다(역자주).

자주 사용되는 지표로 지니계수가 있다. 지금 100만 엔을 100명에게 분배한다고 가정해 보자. 가장 평등한 분배는 전원이 1만 원을 받는 경우일 것이다. 가장 불평등한 분배는 한 사람이 100만 엔을 독점하는 것이다. 이를 양극단으로 하여 다양한 분배방식이 있을 수 있다. 다양한 분배방식을 평등도라는 관점에서 측정하는 척도를 만드는 것이 목적이다.

가장 분배액이 낮은 사람부터 높은 사람까지 일렬로 줄을 세우는 상황을 가정해 보자. 그리고 가장 낮은 사람의 금액, 가장 낮은 사람보다 2번째로 낮은 사람과 가장 낮은 사람의 합계 금액, 앞의 두 사람과 세 번째로 낮은 사람의 합계 금액을 순서대로 계산해 나간다. 그리고 그 합계 금액을 수직축으로 하고 합산한 사람의 인원수를 수평축으로 하여 그래프를 만든다. 이렇게 작성된 것이 로렌츠 곡선이라고 불리는 것이다(〈그림 4-2〉). 완전히 평등한 경우 곡선은 우상향의 대각선(y=x)이 된다. 이에 대해 한 사람이 100만 엔을 독점하는 경우 100명째까지 그대로 이어지는 수평적인 직선(x=100)이 된다.

〈그림 4-2〉 로렌츠 곡선

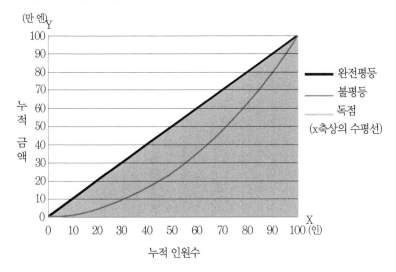

이 두 가지 경우를 양극단으로 하여 그 중간에 속하는 분배방식은 그림에서 보는 것처럼 활처럼 휘어진 곡선으로 나타나게 된다. 이렇게 그래프로 나타내면 어떠한 형태로 분배가 이루어지고 있는지 시각적으로 확인할 수 있다. 그렇지만 여전히 측정도구로써 사용하기 곤란한 점이 있다. 그래서 이를 수치로 나타내고자 하는 것이 지니계수이다. 지니계수는 그림에서 회색의 삼각형 면적(y=x, y=0, x=100에 포함된 면적)을 1이라고 할 때 우상향의 대각선과 곡선 사이의 면적이 얼마나 되는가를 계산한 것이다.

그 결과 지니계수는 전원이 1만 엔씩 나누는 가장 평등한 분배시는 0이 되고 한 사람이 100만 엔을 독점하는 경우는 1이 된다. 지니계수가 0에 가까울수록 평등하고 1에 가까울수록 불평등함을 나타낸다. 이로써 분배의 불평등성을 객관적으로 그리고 알기 쉽게 지표화 할 수 있다.[8]

일본의 불평등

이 잣대를 이용해서 일본사회의 불평등 정도의 변화를 나타낸 것이 〈그림 4-3〉이다. 윗부분 2개의 꺾은선 그래프는 후생노동성의 '소득 재분배 조사' 데이터를 이용한 것이다. 이 데이터는 무작위 추출을 이용한 것으로 표본추출의 편향은 없다고 볼 수 있다. 여기서는 세대소득의 평등도가 나타나 있다. 세금 및 사회보장급부 이전의 소득을 먼저 검토해보자(맨 윗쪽의 꺾은선 그래프). 일관되게 지니계수가 상승하고 있음을 알 수 있다. 역시 일본의 불평등도는 심화되고 있으며 격차사회로 변화고 있다고 말 할 수 있다.

이 조사결과는 일본이 격차사회로 변화하고 있다고 경종을 울리고자

---

8) 2010년 기준으로 경제협력개발기구(OECD)가 조사한 각국의 가처분 소득기준 지니계수는 한국이 0.31로 OECD평균 수준이었고 일본(2009년 기준)은 0.34였다(황인학, 2014. [인포그래픽 한국경제 100] 프리이코노믹스. p. 85)(역자주).

<〈그림 4-3〉 각종 조사에 의한 세대소득의 지니계수

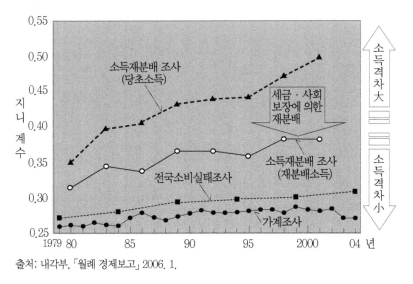

출처: 내각부, 「월례 경제보고」 2006. 1.

하는 사람들에 의해 자주 인용된다. 그러나 이러한 해석에는 약간의 주의가 필요하다. 이를 최초로 지적한 것은 경제학자 오오타케 후미오(大竹文雄)이다(大竹, 2005b). 먼저 데이터가 개인소득이 아니라 세대소득이라는 점에 문제가 있다. 지금 아버지와 아들(어머니와 딸이라도 무방하다)이 소득주체가 되는 4인 가족 세대를 기본으로 하고 이러한 세대 둘로 구성되는 사회를 상정해 보자.

두 세대 모두 아버지가 600만 엔, 아들이 200만 엔을 벌고 있으면 세대소득은 800만 엔이다. 세대소득은 두 세대가 같기 때문에 완전히 평등하다고 할 수 있으며 지니계수는 0이 된다. 그런데 올해 들어 아들의 벌이가 좋아져서 300만 엔이 되면서 독립하여 별도의 세대를 구성하게 되었다고 하자. 그렇게 되면 이 사회에는 네 세대가 출현하게 된다. 세대소득 600만 엔이 두 세대, 세대소득 300만 엔이 두 세대이다. 이 새로운 상황에서는 세대소득에 격차가 발생한 것으로 해석된다. 그러나 실제 개인

소득은 오히려 평등해졌다고 보는 것이 타당하다(아들의 소득이 300만 엔이 되면서 아버지 소득과의 격차가 줄어들었다).

이러한 일이 벌어지는 것은 손쉽게 이용가능한 세대소득을 이용하였기 때문이다. 개개인의 소득상황이 변화하지 않더라도 세대가 분리되면 지니계수가 상승한다. 그렇다면 일본은 어떨까. 실은 전후 세대규모는 지속적으로 축소되었고 세대수는 늘어났다. 앞서 살펴본 지니계수의 변화에는 이러한 세대규모의 변화가 반영되어 있기 때문에 불평등도 측정에 왜곡이 발생하고 있다.

또 하나 곤란한 문제가 있다. 고령화의 영향이다. 한번 상상해 보자. 대학 졸업 1년 후 다시 만나서 소득을 비교해 보았다고 하자. 당연히 높은 연봉을 받고 있는 사람과 그렇지 못한 사람이 있어서 격차가 나타날 것이다. 그러나 30년 후에 다시 같은 멤버가 모여서 소득을 비교해 보았다고 하자. 그 경우 격차는 젊었을 때 보다 훨씬 커졌을 것이다. 대성공을 거둔 동급생도 있을 것이지만 이렇다 할 업적을 내세우기 어려운 사람도 있을 것이다(〈그림 4-4〉). 이러한 격차가 없다면 누구도 노력하지 않게 되어 사회는 정체된다. 어쨌든 사회가 고령화되어 가면 경제구조가 동일하더라도 소득격차는 확대된다. 일본은 고령화가 급속히 진행되어 온 결과 격차확대가 초래된 면이 있다.

세대수 증가와 고령화의 영향을 제외하면 지니계수는 그다지 상승하지는 않았다고 볼 수 있다. 다만 젊은 세대에서 격차가 커지고 있는 것은 사실이다. 특히, 정규직과 비정규직 간의 소득격차가 확대되고 있다. 세대규모 및 고령화의 영향을 배제함으로써 비로소 이 새로운 격차가 명확하게 나타나게 된다. 위 사례는 지니계수처럼 객관적인 잣대를 이용해서 기술적 추론을 하는 경우 그 데이터 사용에 세심한 주의가 필요함을 잘 보여준다.

〈그림 4-4〉세대주 연령계급별 세대수입의 지니계수

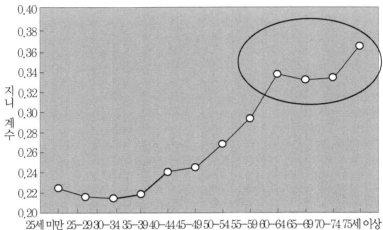

출처: 내각부, 「월례 경제보고」 2006. 1.

질적 연구의 기술적 추론 방법

계량분석처럼 객관적인 잣대를 이용한 기술적 추론의 경우에도 실제로는 무엇을 측정하고 있는가, 그 측정대상의 특징이 무엇인가 등을 신중하게 검토해야만 한다는 것을 앞의 예는 보여주고 있다. 이 점은 질적연구방법을 사용하는 경우에도 당연히 중요하다.

일본경제를 관료가 주도하는가 아닌가를 둘러싸고 오랜 논쟁이 있었다. 예를 들어, 미국의 정치학자인 찰머스 존슨(Chalmers Johnson)은 일본경제 발전과 산업정책과의 관계에 대한 연구를 통해 관료가 일본경제의 나아갈 방향을 결정해 왔다고 주장했다(Johnson, 1982). 그는 제2차세계대전 이전부터 고도성장기까지 일본의 산업정책을 폭넓게 검토한후 일본을 관료주도 경제 체제라고 결론지었다. 그러나 이러한 주장에대해 리처드 사무엘스(Richard J. Samuels)는 산업정책의 집행과정을 보다 상세하게 검증하여 관료주도가 아니라 산업계와 관료 간에 '상호주의적 동의(Reciprocal Consent)'관계가 관찰됨을 밝히며 관료주도적 경제라는 견해를 부정하였다(Samuels, 1987).

존슨은 통상산업성이 입안한 다양한 산업정책의 내용에 주목하여 통산산업성이 폭넓게 산업에 대한 규제와 개입을 하였다고 간주하였다. 그러나 사무엘스는 통산성이 규제와 개입권한을 가지고 있는 경우라 하더라도 실제로 그 권한을 행사할 수 있는 것은 산업계가 그 같은 정책에 동의한 경우에 한정된다는 것을 산업정책의 집행과정을 구체적으로 분석하여 밝혀냈다. 일본경제는 존슨이 묘사하는 것처럼 관료주도적이 아니라는 것이다. 이후 일본경제를 관료주도라고 보는 단순한 견해는 설득력을 잃게 되었다.

질적연구의 기술에 있어서는 정량적 연구의 무작위 추출에 필적하는 독자적인 신중함이 요구된다. 즉, 연구대상에 '흠뻑 빠져' 가급적 많은 관찰 가능한 함의를 확인하는 작업이 중요하다.

기술 그리고 특수성론의 위험성

그런데 연구대상에 깊이 몰입하여 연구를 계속하는 과정에서 그 대상이 극히 특수한 것이라는 생각에 사로잡히기도 한다.

연구대상에 몰입한 나머지 주위가 보이지 않게 된 것이다. 일본에서 정치와 돈의 문제를 파고드는 연구 중에 불투명한 자금모금이 많다는 것을 알게 되었다고 하자. 그리고 일본정치의 난맥상에 이 문제가 뿌리 깊게 자리잡고 있음을 인식하게 되고 일본이 특별히 문제가 심각하다고 의문을 느끼게 된다. 그러나 정치와 돈의 문제는 미국을 비롯한 많은 민주주의 국가도 마찬가지이다. 우리들은 종종 부정확한 믿음에 의거해서 사실인식을 하는 경우가 적지 않다.

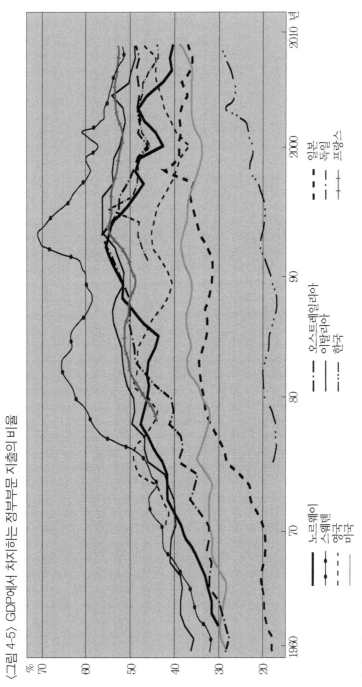

〈그림 4-5〉 GDP에서 차지하는 정부부문 지출의 비율

출처: 曾我, 2013: 327.

예를 들어, 정부규모에 대해서 생각해 보자. 1980년대 나카소네 야스히로(中宗根康弘)정권의 행정개혁에서부터 2009년 탄생한 민주당정권에 이르기까지 정부규모를 축소하여 '작은 정부'를 추진해야만 한다는 주장이 빈번히 제기되어 왔다. 예산의 낭비 및 행정의 비효율이 매스컴에 자주 보도되었고 공무원수 및 예산의 삭감이 해결책으로 제시되었다. 이러한 보도를 접하게 되면 일반 국민들은 일본의 정부규모가 크다고 생각하기 쉽다. 그러나 일본의 정부규모를 다른 선진국과 비교해 보면 압도적으로 작다. 이러한 사실은 GDP에서 점하는 정부지출 규모(〈그림 4-5〉) 및 전체 고용자수에서 차지하는 정부부문 고용자의 비율(〈그림 4-6〉)로 간단히 확인이 가능하다.

정확한 기술을 위해서는 단순히 대상을 심층적으로 조사하는 것만이 아니라 그 대상이 다른 대상과 비교하여 어떠한 특징을 가지고 있는가도 조사할 필요가 있다. 과연 자신이 보고 있는 현상이 다른 것과 어떻게

〈그림 4-6〉 전고용자수에서 차지하는 정부부문 고용자 비율

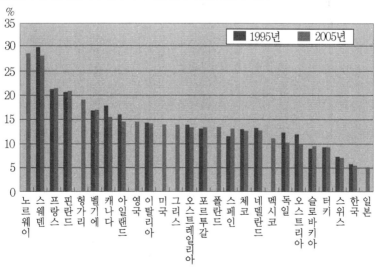

출처: 曾我, 2013: 331.

차별화 되는 것일까. 일본 정부규모를 크다고 말할 수 있는 것일까. 만일 그렇지 않다면 일본의 정부규모는 선진국 가운데 어떤 수준에 해당하는 것일까. 나아가 선진국의 정부규모는 어떻게 분포하고 있는 것일까. 이러한 질문을 거쳐서 비로소 선진국 간의 정부규모 차이를 가져온 요인이 무엇일까라는 인과관계에 관한 질문이 가능하다. 다음 장에서는 기술적 추론의 연장선상에서 '차이'를 발견하는 방법에 대해서 생각해 보기로 하자.

칼럼 ② 실험실 실험과 기술적 추론―세상에는 못된 귀신뿐?[*]

2002년 대니얼 카너먼(Daniel Kahneman)과 버넌 스미스(Vernon Smith)는 행동경제학·실험경제학을 발전시킨 공로로 노벨경제학상을 수상하였다. 이후 경제학에 실험을 도입한 연구에 대한 관심이 높아지고 있다. 기존의 경제학에서는 자기효용을 극대화하는 '경제인'이 전제되어 있었는데 반해 실험실 실험의 결과는 인간은 효용극대화만을 추구하는 것이 아니라 이타적으로 행동하는 경우도 많다는 것을 보여주고 있다. 여기서는 인간을 경제인으로 묘사하는 기존의 경제학에 대해 그와 다른 인간상이 전제되어야 함을 주장하고 있다. 그러한 존재로써 인간을 실험이라고 하는 방법을 이용해서 기술적으로 추론하였다고 말할 수 있다.

이러한 실험은 종종 대학 등의 실험실에 피실험자를 모집하여 이루어진다. 그러나 피실험자가 무작위로 선발된 일반국민을 대표하는 표본인 것은 아니다. 실험실에서 얻은 이러한 지식이 과연 현실세계에서도 동일하게 관찰될 것인가. 베스트셀러인 『대단히 위험한 경제학(Super Freakonomics)』[**]에서 소개된 바와 같이 존 리스트(John A. List) 등은 실험실 밖에서 현장실험(Field Experiment)[***]을 시도하고 실험실에서 얻은 지식에 대해 의구심을 나타내고 있다(Levitt & Dubner, 2009; Harrison & List, 2004: 1009-1055). 여기서도 표본의 왜곡 문제가 존재함을 알아챌 수 있을 것이다.

---

[*] 세상에는 못된 귀신만 있는건 아니다(渡る世間に鬼はない), 즉 친절한 사람도 있다는 속담을 뒤집어서 제목으로 사용한 일본 장수 TV드라마명. 복잡한 인간관계로 인해 고민하는 내용이다(역자주).

[**] 우리말 번역본은 다음과 같다. 스티븐 레빗·스티븐 더브너/ 안진환 역, 2009, 『슈퍼 괴짜경제학―세상의 이면을 파헤치는 괴짜 천재의 실전경제학』, 웅진지식하우스(역자주).

[***] 연구자의 의도대로 잘 통제되고 조건이 조성되는 공간이 아닌 상황 즉, 오염 변수의 통제가 어렵지만 피험자들이 자연스럽게 행동하고 있는 현장에서 실시하는 실험이다(역자주).

5장
공변관계의 탐구
차이를 안다는 것은 어떤 것일까

인과관계에 대한 의문은 종종 변화에 대한 의문에서 출발한다. 최근 3개월 동안 영어실력이 늘었다는 느낌이 들었다. TOEFL 점수도 20점 올랐다. 할리우드 영화 DVD를 빌려서 매일밤 자막없이 영어를 청취한게 효과를 보았다고 생각한다. 여기서는 영어성적 향상이라고 하는 현상에 대해 그 원인을 추측하고 있다. 영어성적 '변화'를 초래한 요인을 찾는 과정에서 매일밤 미국영화를 본 것과 같은 최근에 일어난 '변화'를 원인이라고 생각하는 것이다. 1장에서 언급한 바와 같이 독립 변수 값의 변화(영화를 본 것)와 종속 변수 값의 변화(TOEFL 점수 상승)가 동시에 생겼다는 것, 즉 공변관계의 인식이 이 인과관계 추론의 기초가 된다.

이렇듯 공변관계의 관찰은 동일한 관찰대상에 대해(이 경우 동일한 사람의 영화감상시간과 영어 성적) 이루어지는 경우도 있으며 상이한 관찰대상 간에 이루어지는 경우도 있다. 키가 큰 집단과 낮은 집단 각각의 연평균 소득에 차이가 있는지 여부를 살펴보는 것은 후자에 속한다.

변화를 둘러싼 의문

공변관계 관찰은 차이를 안다고 하는 작업을 바탕으로 성립한다. 그리고 많은 경우 인과관계에 대한 추론은 종속 변수의 변화 및 차이(예컨대 영어성적의 상승, 연평균 소득의 차이)가 무엇에 의해 발생하였는가를 생각하는 것에서부터 출발한다.

'1억 총 중류 사회'라고 불리었던 일본에서 격차가 확대된 것은 왜일까. '물과 안전은 공짜'라고 여겨질 정도로 안전하다고 여겨졌던 일본사회에서 최근 치안이 악화되고 있는 것은 왜일까. 기성 정당에 염증을 느끼는 무당파층이 늘어난 것은 왜일까. 여러 가지 의문이 보도매체에 자주 등장한다. 이러한 의문은 관찰된 '중요한' 변화의 원인을 찾으려고 하는 것이다. 그러나 이러한 의문이 전제로 하는 '변화'가 과연 실제로 발생한 것일까. 4장에서 본 바와 같이 일본에서의 격차확대는 실제로 그렇게 간단히 측정할 수 있는 것이 아니었다. 인과관계를 추론할 때는 그 전제가 되는 변화 및 차이의 존재 그 자체를 신중하게 확인할 필요가 있다.

학력저하 논쟁

'요즘 젊은 애들이란…'. 이 표현은 고대 이집트에도 있었다고 한다. '요즘 대학생은…'이라는 말도 예전부터 되풀이되어 온 상투적인 말이다. 최근 들어 자주 지적되고 있는 대학생의 학력저하 문제도 이러한 표현유형의 일종이라고 할 수 있다.

『분수를 못하는 대학생』(岡部ほか編, 1999)이라는 책이 나와서 화제를 불러일으킨 적이 있다. 1999년의 일이다. 당시 학력저하 문제에 경종을 울렸던 가리야 다케히코(苅谷剛彦) 동경대학 교수는 신문 인터뷰에서 이 책을 인용하면서 "어떤 사립대학의 경제학부에서는 학생 5명 중 1명꼴로 초등학교 산수문제도 풀지 못한다는 조사결과 보고가 있습니다. 학생의 학력저하는 명확합니다"(読売新聞, 1999年 4月 2日 夕刊) 라고 발언했다.

이는 꽤 충격적인 사태이다. 최근에는 구구단도 위험하다는 이야기마저 들린다. 참 답답한 지경인데 이 문제에 대해서 조금 더 상세하게 살펴보자. 여기서 문제가 된 사칙연산이 어떤 것이었는지는 〈표 5-1〉에서 알 수 있다(岡部ほか編, 1999: 251). 독자들도 시험 삼아 계산해 보기 바란다.

〈표 5-1〉 대학생들을 괴롭히는 사칙연산?

문제 1 $\dfrac{7}{8} - \dfrac{4}{5}$

문제 2 $\dfrac{1}{6} \div \dfrac{7}{5}$

문제 3 $\dfrac{8}{9} - \dfrac{1}{5} - \dfrac{2}{3}$

문제 4 $3 \times \{5 + (4-1) \times 2\} - 5 \times (6 - 4 \div 2)$

문제 5 $2 \div 0.25$

출처: 岡部ほか編, 1999: 251.

대학생이 이 정도의 문제를 풀지 못한다면 분명 문제가 없지는 않다. 앞서 언급한 책에 의하면 어느 사립대학에서 수학을 입시과목으로 선택하지 않은 학생들 중에 5문제 모두 정답을 맞힌 학생은 78.3%였다고 한다. 5문제 가운데 가장 정답률이 낮았던 문제는 4번으로 85.5%였다. 그런데 이러한 결과를 어떻게 생각하여야 할까. 이런 간단한 계산문제도 풀지 못한 학생이 20%나 있다니 학력저하가 심각하다고 보아야 할까.

이에 대해 가미나가 마사히로(神永正博)는 흥미로운 지적을 하고 있다. 가미나가는 '분수를 못하는 대학생'이라는 제목으로부터 받는 인상과 실제 상황은 크게 다르다고 주장한다. 80%의 학생이 5개 문제를 다 맞혔다는 사실을 잘 생각해 볼 필요가 있다고 하면서 다음과 같이 논의를 전개한다.

> 5개 문제가 독립사건이라고 하면 문제 4를 제외한 나머지 4개 문제 1,
> 2, 3, 5의 평균정답률은 0.783÷0.855의 네 제곱근으로 0.978이 된다.[1]
> 즉 약 98%의 정답률이다. 이는 그렇게 나쁜 결과일까. 100명이라면 2명
> 정도가 틀렸다는 것이 아닐까(神永, 2008: 2; 市川, 2002: 52).

문제 4는 좀 복잡한 계산이기 때문에 오답률이 높을 수 밖에 없다. 그
외에 4개 문제는 한 문제당 100명 중 2명이 틀린 답을 했다고 한다면(즉,
정답률 98%) 4문제 모두 정답을 맞힌 비율은 약 90% 정도가 된다.[2] 아무
리 간단한 계산이라도 100명 중 2명 정도는 부주의한 실수를 한다는 것
은 있을 법한 이야기이다. 이렇게 생각하면 대학생의 학력저하가 그리
심하다고 말할 수는 없을 것 같다는 생각이 든다.

여기서 좀 더 생각해 보았으면 하는 것이 또 하나 있다. 대학생의 학력
저하 논의에는 현 대학생들의 계산능력 저하가 지적되고 있지만 변화에
대한 논의가 빠져있다는 것이다. 지금의 대학생들이 이 정도 계산도 못
한다고 비난하지만 30년 전의 대학생들은 어떠했는지에 대한 증거는 아
무것도 제시되지 못하고 있다. 옛날의 대학생이라면 당연히 정답을 맞혔
을 것이라는 막연한 전제가 있을 뿐이다. 이 전제는 사실일지도 혹은 거
짓일지도 모른다. 어쩌면 그 옛날 이집트 시절부터 되풀이되어 온 '요즘
젊은 애들이란…'과 같은 유형의 비판에 불과한 이야기일지도 모른다.

그리고 '대학생의 학력'이라고 할 때 '대학생'의 성격도 크게 변화하였
다. 1970년에 대학진학률은 17.1%(남녀 전체)에 불과했지만 2012년에
는 50.8%로 증가하였다(學校基本調査). 그 결과 과거라면 대학에 진학

---

1) $\sqrt[4]{0.915789} = 0.9782$(역자주).
2) $0.9782^4 = 0.91561$(역자주).

하지 않았을 사람도(그 가운데는 학력부족이 원인이 아닌 사람도 포함된다) 지금은 대학에 진학하고 있다. 그렇다면 현재 대학생들의 평균학력이 떨어지고 있다고 하더라도 별로 이상하지 않다고 볼 수 있다. 곰곰이 생각해 보면 더욱더 '대학생의 학력' 저하가 무엇을 의미하는지 불분명하다.

물론 학력저하 논쟁 가운데 '변화'에 주목하는 논의도 있다. 2004년에 2개의 국제적 학력조사 결과가 발표되어 큰 관심을 불러일으켰다. 당시 아사히신문에 실린 '국제조사에서 일본 청소년의 학력저하 뚜렷'이라는 제목의 기사를 살펴보자.

> 이달 연이어 발표된 국제학력조사 결과 일본 아동들의 학력저하 현상이 명확히 드러났다. 15세 학생들을 대상으로 한 경제협력개발기구(OECD) 조사에서 독해력은 지난번 조사의 8위에서 14위로, 수학적 카테고리(응용력)는 1위에서 6위로 떨어졌다. 국제교육도달도 평가학회(IEA) 조사 이과 과목에서 중학생의 경우 4위에서 6위로, 초등학생은 2위에서 3위로 하락하였다(朝日新聞, 2004年 12月 18日).

여기서는 앞서 살펴본 대학생 학력에 관한 논의와 달리 '변화' 즉 학력저하에 초점이 맞추어져 있다. 그러나 가미나가는 이 데이터에 대해서도 신중한 검토가 필요하다고 지적한다. 먼저 OECD조사와 IEA조사 결과를 표로 정리해 보자(〈표 5-2〉, 〈표 5-3〉).

초·중학생의 학력을 조사한 IEA의 조사는 학력저하 정도가 낮게 나타나고 있기는 하지만 OECD조사와 마찬가지로 '학력저하' 경향을 보인다고 해석할 수도 있다. 그런데 여기서 주목해야 할 것은 순위이다. 가미나가는 조사에 참여한 국가수가 연도에 따라 다르다는 점에 주의를 촉구한다. 예를 들어, 수영대회에서 10명 중 3위와 1,000명 중 3위와는 그 의미가 확연히 다르다. 각 조사에 참여한 국가수와 그 가운데 일본이 상위

몇 %에 해당하는가를 볼 필요가 있다는 것이다. 그것을 알 수 있는 것이 〈표 5-4〉, 〈표 5-5〉이다.

이 표들을 보면 수학적 리터러시는 지속적으로 하락하고 있지만 초등학생, 중학생의 산수 · 수학 학력은 상승하고 있다. 처음에 받은 인상과는 다름을 알 수 있다. 앞의 장과 연관지어 말하면 '학력저하'라는 변화가 정확한 기술에 바탕을 둔 것인지의 여부가 문제인 것이다.

〈표 5-2〉 OECD '학력도달도 조사'(PISA 2000, 2003, 2006) 결과

평가항목	2000년	2003년	2006년
독해력(Reading Literacy)	8위	14위	15위
수학(Mathematics Literacy)	1위	6위	10위
과학(Science Literacy)	2위	2위	6위

출처: 神永, 2008: 25.

〈표 5-3〉 IEA '국제수학 · 이과교육 동향조사' (TIMSS) 결과

학년	과목	1999년	2003년
초등 4년	이과	2위	3위
	산수	3위	3위
중학 2년	이과	4위	6위
	수학	5위	5위

출처: 神永, 2008: 26.

〈표 5-4〉 비율로 본 경우의 성적변화(PISA 2000, 2003, 2006)

평가항목	2000년	2003년	2006년
독해력	8위/32(=25%)	14위/41(=34.1%)	15위/57(=26.3%)
수학	1위/32(=3.1%)	6위/41(=14.6%)	10위/57(=17.5%)
과학	2위/32(=6.3%)	2위/41(=4.9%)	6위/57(=10.5%)

출처: 神永, 2008: 25.

〈표 5-5〉 TIMSS 1999, 2003 결과

학년	과목	1999년	2003년	순위
초등 4년	이과 산수	2위/33(=6%) 3위/33(=10%)	3위/46(=6.5%) 3위/46(=6.5%)	↓ ↑
중학 2년	이과 수학	4위/33(=12%) 5위/33(=15%)	6위/46(=13%) 5위/46(=10.9%)	↓ ↑

출처: 神永, 2008: 26.

초능력을 의심한다

그렇다면 관찰대상이 변화하거나 혹은 다른 관찰대상과 차이가 있다거나 하는 것을 우리들은 어떻게 확인할 수 있을까. 초능력의 예를 생각해 보자(佐藤 1968, 제1장 참조). 세상에는 초능력을 가지고 있다고 자칭하는 사람들이 많다. 당신의 미래를 예언해준다는 사람, 자신이 만든 행운을 가져오는 항아리를 팔려는 사람, 손의 힘을 사용하지 않고 숟가락을 구부려 보이는 사람 등등. 그들은 보통사람들과는 다른 특수한 능력을 가지고 있다고 주장한다.

지금 필자도 그런 사람들 중 1명으로 염력(念力)으로 물건을 움직일 수 있는 힘을 가지고 있다고 주장한다고 가정해 보자. 당신은 이 사실을 믿을 수 있을까. 대개는 믿지 않을 것이다. 그래서 필자는 당신에게 "지금 아무런 장치도 하지 않은 동전이 1,000개 있습니다. 이것을 바닥에 넓게 던져 주십시오. 그 동안 저는 동전의 앞면이 나오도록 염력을 사용하겠습니다"라고 말하고 실제로 상대방에게 동전을 던지도록 한다.

그 결과 1,000개 중 542개의 동전은 앞면이 나왔다. 당신이라면 필자의 초능력을 믿어 줄 것인가. 강의에서 이렇게 질문을 하면 대부분의 학생은 믿지 않는다고 말한다. 이유를 물어보면 542개는 적다고 한다. 그러면 몇 개의 동전이 나오면 믿을 수 있냐고 하니 '최저 700개', '아니 900

개' 등 다양한 답이 나온다. 700개라고 대답한 학생에게 699개는 안되느냐고 물어보면 고민에 빠진다. 의심 많은 학생은 1,000개 전부 앞면이 아니면 믿지 않겠다고 한다. 그런 학생에게는 거꾸로 1,000개 전부 앞면이라도 우연일지도 모르지 않냐고 하면 입을 다물어 버린다. 이렇듯 논의가 혼란스러운 것은 어떤 증거를 가지고 초능력이 존재한다는 것을 입증한다는 것이 쉽지 않은 일이기 때문이다.

귀무가설이라는 사고방식

초능력이 있는지 없는지를 검증하고 싶어도 몇 개의 동전에서 앞면이 나오면 초능력이 있다고 판단해도 좋은지를 정하는 것은 어렵다. 그래서 귀무가설(Null Hypothesis, 영가설)을 이용한 검증방법이 고안되었다.

지금까지는 '필자에게 초능력이 있다'는 가설을 실증해 보이려고 했다. 그러나 어떤 증거가 있어서(즉, 몇 개의 동전에서 앞면이 나오면) 가설이 증명되었다고 간주할 수 있는지를 결정하는 것은 쉽지 않다. 그렇기 때문에 발상의 전환이 필요하다. 지금 '필자에게 초능력이 없다'는 가설을 세워보자. 이를 귀무가설이라고 한다. 그리고 동전 던지기를 해 본 결과 542개의 앞면이 나왔다고 하자. 초능력이 없는데, 즉 귀무가설이 옳은데도 불구하고 우연히 이러한 결과가 나올 확률은 어느 정도일까. 아무런 속임수 없이 동전을 던져서 앞면이 나올 확률은 0.5이다. 1,000개를 던지면 앞면이 나올 갯수의 기대치는 500개이다. 그렇다면 542개의 앞면이 나올 확률은 얼마일까.

1,000개의 동전 앞면과 뒷면의 모든 가능한 조합의 수는 2의 1,000제곱이다. 1,000개의 동전 가운데 앞면이 r회 나올 경우의 수는 $_{1000}C_r$이다. 542회 나올 확률에서부터 1,000개가 나올 경우까지를 모두 더하면, 즉 r이 542부터 1,000까지의 경우의 수를 합계하기 때문에 Σ를 붙여서

r=542부터 1,000까지를 지정한다. 542개 이상의 앞면이 나올 경우의 수를 모든 경우의 수로 나누면 542회 이상 앞면이 나올 확률이 계산 가능하다. 수식으로 표시하면 다음과 같다.

$$(\sum_{r=542}^{1000} 1000Cr) \div 2^{1000}$$

계산은 조금 복잡하지만 그 결과는 1% 이하가 된다.

이렇게 드문 경우가 발생했다는 것은 거꾸로 말하자면 '초능력이 없다'고 설정한 가설이 틀린 것은 아닐까. 이 결과에서는 초능력이 없다고 설정한 가설, 즉 귀무가설이 옳다고 보기는 어렵다. 뒤집어 이야기하면 1%의 유의수준에서 '초능력은 없다'고 말하기는 어렵다는 결론을 내리게 된다. 일반적으론 '1%의 유의수준에서 초능력은 있다'는 표현방식이 사용된다. 좀처럼 결론이 나지 않았던 초능력 논쟁은 이렇듯 가설검증 방식을 통해 판단을 내릴 수 있게 된다. 통상 사회과학의 세계에서는 5% 이하의 유의수준이라면(실제로 그러한 일이 발생할 확률이 5% 이하라면) 귀무가설이 부정되었다고 간주한다. 다만, 이 기준은 절대적인 것은 아니다.[3] 최근에는 통계프로그램을 이용해서 유의확률을 쉽게 계산할 수 있기 때문에 유의확률 자체를 확인하는 것도 가능하다.

볼링실력 겨루기

그런데 앞의 예에서 1,000개의 동전을 던졌을 때 앞면이 일정 개수 이상 나올 확률이 계산가능하였고 542개의 앞면이 나올 확률은 1% 이하라는 것을 바탕으로 귀무가설을 검증하였다. 그러나 사회에서 실제로 일

---

3) 사회과학계에서는 일반적으로 10%, 5%, 1% 유의수준을 사용한다(역자주).

어나는 사건은 동전 던지기와 달리 그것이 발생할 확률을 그리 간단하게 계산할 수 없는 경우가 대부분이다.

지금 A와 B가 볼링실력을 겨룬다고 하자. 최초의 게임에서 얻은 점수는 A가 140점, B가 155점이었다. B는 "내 실력이 낫지"라며 A에게 자랑한다. 이에 A는 한번만으로는 알 수 없으니 10게임으로 승부를 내보자고 한다. 그 결과 A는 평균 145점, B는 평균 152점이었다. 과연 두 사람 간에 볼링실력의 차이가 있다고 말할 수 있을까. 앞서 초능력 사례와 마찬가지로 몇 점이나 차이가 나야 실력차가 있다고 말할 수 있을까.

여기서도 귀무가설의 사고방식을 따라보기로 하자. 여기서의 귀무가설은 'A와 B 간의 볼링실력 차이는 없다'이다. 만약 실력차가 없다면 두 사람의 평균 점수차는 0이 될 터이다. 그러나 시합의 결과 평균 7점의 차이가 있었다. 지금까지는 동전 던지기 이야기와 같은 수순이다. 그러나 동전던지기와는 달리 여기서는 볼링점수 출현 확률을 알 수 없다. 차이가 없음에도 불구하고 평균점수에서 B와 7점차가 나올 확률을 모른다면 이 귀무가설을 기각할지 채택할지 판단이 서지 않는다.

다행스러운 것은 이러한 상황에서 양자 간의 실력 차이가 없음에도 불구하고 평균점수의 차가 일정한 값을 취할 확률에 대한 계산이 일정한 전제조건 하에서(두 사람 점수분포가 정규분포를 따른다는 가정) 가능하다. 자세한 것은 통계학 교과서를 참고하기 바라지만 앞서 7점 차이는 두 사람 점수 차이의 표준편차(여기서는 10게임 시합결과로부터 양자의 실력을 추측하는 것이기 때문에 정확하게는 표준오차이다)보다도 얼마나 큰 것인지(이를 t값이라고 한다)를 보면 그 확률을 계산할 수 있다. B군의 실력이 더 좋은 것을 확인하려는 것인지 아니면 양자 간에 실력차이가 있는지 여부를 확인하려는 것인지에 따라 검증 방법이 달라지기는 하지만(단측검정과 양측검정) 기본적으로는 동일한 사고방식으로 검토하는 것이다. 그 확률이 5% 이하라면 귀무가설을 기각하고 일단은 양자의 실력차이가 있다는 결론을 내리게 된다.

집단 간의 차이

그러나 정치학연구에서는 앞서와 같이 대응하는 한 쌍의 차이를 검증하는 일은 별로 없을 것이다. 오히려 두 개의 이질적인 집단 간의 차이가 있는지 여부를 검토하는 쪽이 일반적이다. 예를 들어, 국제관계론의 '민주평화론(Democratic Peace Theory)'에서는 민주주의 국가는 비민주주의 국가에 비해 전쟁이라는 수단을 강구할 가능성이 더 낮다고 주장한다. 이 주장의 진위를 알아보기 위해서는 민주주의 국가와 비민주주의 국가라고 하는 두 집단 간의 차이가 유의미할 정도[4]로 큰 것인지 여부를 검증할 필요가 있다.

투표행위의 연구에서도 최근 주목받는 '무당파'층에 대해 그들이 지지정당을 가지고 있는 유권자들과 비교하여 유의미하게 다른 속성을 가지고 있는지 여부를 살펴보는 것이 무당파층을 이해하는 데 중요하다. 이를 위해서는 두 집단 간에 소득, 학력, 정치참여 방식 등 다양한 요소에 차이가 있는지를 조사하여야 한다. 이하에서는 와세다대학GLOPE(열린 정치경제제도의 구축)가 실시한 2006년도 여론조사 결과를 이용해서 지지정당이 있는 사람들과 없는 사람들(무당파) 간의 정치참여 방식 차이를 알아보기로 한다. 〈표 5-6〉은 선거시에 투표, 선거운동 참여, 자치회 활동에 과거 한번이라도 관여한 사람의 비율을 지지정당이 있다고 응답한 사람과 지지정당이 없다고 응답한 사람으로 나누어 조사한 결과이다. 무당파층은 모든 활동이 지지정당이 있다고 응답한 사람에 비해 낮게 조

---

4) 논문이나 조사보고서에서는 '통계적으로 유의한 차이(Statistically Significant Difference)'라는 표현을 사용한다(역자주).

사되었다. 그리고 그 비율의 차이는 0.1% 수준에서 유의하다(카이스퀘어 검정). 즉 두 집단 간의 차이가 없다고하는 귀무가설은 기각되었다.

〈표 5-6〉 지지정당이 있는 사람과 무당파층 간의 정치참여 방식 차이

	투표	선거운동 참여	자치회 활동
무당파	91.3	14.1	51.4
지지정당 있음	95.0	31.3	63.5

주: n=1398
데이터 출처: 와세다대학 GLOPE, 2006년 여론조사.

이처럼 집단 간의 차이를 조사하는 경우에도 두 집단 간에 차이가 없다고 하는 귀무가설을 세워서 검정이 이루어지게 된다.

상관관계

그런데 공변관계는 두 집단 간에 유의한 차이가 있는지 여부만을 확인하는 것에 그치지 않는다. 이미 살펴본 신장 프리미엄에서는 신장과 소득 간의 공변관계에 주목한 바 있다. 35세 남성중 키 175cm 이상과 그 미만인 사람으로 나누어 평균연봉의 차이가 있는지 여부에 대해 공변관계를 조사하는 것도 가능하다. 하지만 그 경우 키도 연봉도 연속해서 변화하는 변량이라고 간주할 수 있다.[5] 이런 경우에는 두 변수 간의 상관관계 여부를 검토하여 공변관계의 존재 유무를 조사하는 것이 일반적이다.

양자 간의 공변관계가 있으며 한 변수가 커질수록 다른 변수도 커진다면 상관을 나타내는 척도인 상관계수도 정(+)의 값을 가지게 된다. 거꾸로 한 변수가 커질수록 다른 변수가 작아지는 경우 부(−)의 값을 가진다.

---

5) 변수는 질적 변수(범주형 변수)와 양적 변수로 구분되며 양적 변수는 다시 이산형 변수와 연속형 변수로 나뉜다. 이산형 변수는 두 값 사이의 유한한 개수의 값이 존재하며 연속형 변수는 무한한 개수의 값이 존재한다(역자주).

그리고 양자의 공변관계가 강할수록 절대치가 커진다. 키에 의해 소득이 정해진다면 즉, 어떤 신장을 갖는 모든 사람이 동일한 소득이 되는 경우 상관관계의 절대치는 1이 된다. 전혀 관계가 없다면 0이 된다. 〈그림 5-1〉에서 여러 가지 상관관계에 대해 이미지를 파악하기 바란다.

〈그림 5-1〉 산포도로 나타낸 상관계수의 이미지

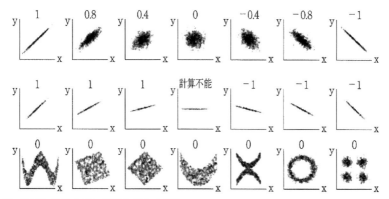

주: 산포도 상의 수치는 상관관계를 나타냄
출처: http://ja.wikipedia.org/wiki/%E3%83%95%E3%82%A1%E3%82%A4%E3%83%AB:Correlation_examples2.svg

다만, 여기서 유의확률이 문제가 된다. 양자는 실제로 아무런 관계가 없는(귀무가설)데도 불구하고 우연히 그러한 상관이 발생할 확률을 계산할 수 있는데 이것이 유의확률이다. 그런데 유의확률이 충분히 작다는 것이 공변관계가 강하다는 것을 의미하는 것은 아니라는 점에 유의하기 바란다.

앞서 여론조사 데이터를 이용해서 상관관계를 살펴보았다. 사람들의 정치에 대한 만족도는 일반적으로 경제상황에 대한 평가와 밀접한 관련이 있다. 그런데 2012년 미국대통령 선거에서 오바마 대통령은 7%대라고 하는 높은 실업률에도 불구하고 재선에 성공하였다. 이러한 예외도 있지만 과거의 데이터를 보면 선거직전 실업률이 결과에 큰 영향을 미쳐 왔다는 것은 널리 알려진 사실이다.

GLOPE조사에서는 정치에 대한 만족도, 경기동향에 대한 인식, 생활에 대한 만족도에 대해 '매우 좋음'부터 '매우 나쁨'까지 5단계 척도로 설문을 구성하였다. 두 문항 간의 공변관계를 파악하기 위해서 상관관계(피어슨 순위상관관계)를 계산한 결과는 〈표 5-7〉과 같다. 정치에 대한 만족도와 경기상황에 대한 인식 간의 상관계수는 0.411이며 이 계수는 0.1% 수준에서 유의하다. 즉 경기가 좋다고 생각하는 사람일수록 정치에 대한 만족도가 높다고 하는 공변관계가 확인되었다. 생활에 대한 만족도도 마찬가지로 정치에 대한 만족도와의 사이에 공변관계에 있지만 그 관계의 강도(0.247)는 경기에 대한 인식만큼은 아니다. 자신의 가계상태보다도 사회 전체의 경제상황에 의해 정치에 대한 만족도가 결정되는 것일지도 모른다. 정치학에서는 자신의 가계상태를 중시하는 것을 개인적 경제상황에 따른(Pocketbook) 평가, 사회 전체의 경제상황을 중시하는 것을 국가적 경제상황까지 고려한(Sociotropic) 평가로 구분하고 있다. 이처럼 공변관계를 살펴보면 여러 가지 재미있는 발견이 가능하다. 이것이야 말로 연구를 통해서만 얻을 수 있는 큰 재미라고 할 수 있다.

〈표 5-7〉 정치 만족도, 경기동향에 대한 인식, 생활 만족도

			경기 상황	생활 만족도
피어슨 순위상관 계수	정치 만족도	상관계수 유의확률(양측) N	0.411 0.000 1333	0.247 0.000 1343
	경기 상황	상관계수 유의확률(양측) N		0.297 0.000 1344

데이터 출처: 와세다대학 GLOPE, 2006년 여론조사.

그리고 공변관계의 확인은 인과관계를 추론하는 데 있어서 첫걸음이라고 할 수 있다. 이 장에서는 이러한 공변관계의 확인에 신중한 검토와 나름의 절차가 필요하다는 것을 살펴보았다. 그런데 공변관계의 확인이 타당하게 이루어졌다고 하더라도 그것만으로 인과관계의 존재를 주장할 수 있을까. 인과관계를 주장하기 위해서는 반드시 거쳐야만 할 관문들이 있다. 다음 장에서 그러한 관문에 대해서 검토해 보자.

이 장에서는 초능력의 존재를 적극적으로 입증하는 것은 어렵기 때문에 '초능력이 없다'라는 귀무가설을 전제로 하여 증거가 그 가설을 5%(혹은 그 이하) 수준에서 반증할 수 있을 때 초능력이 없다고 말할 수는 없다. 즉 초능력은 있을 것이라고 추론하게 됨을 설명하였다. 언뜻 답답하게도 보이는 이런 방식을 취하는 것은 과학철학의 세계에서 이야기되는 '귀납의 정당화'문제와 관련된다.

지금 페트병에 들어있는 녹차를 반쯤 마신 상태라고 하자. 그런데 병에 남아있는 액체는 무엇일까. 당신은 당연히 녹차라고 대답할 것이다. 그렇지만 어떻게 그렇게 확신할 수 있을까. 조금 전 마신 부분이 녹차였기 때문에? 페트병에 든 녹차를 지금까지 몇 번이나 마셨고 언제나 마지막 한 방울까지 녹차였기에? 나머지 절반의 액체가 녹차의 색깔을 하고 있어서? 이러한 답은 모두 귀납적 추론에 바탕을 두고 있다. 즉 지금까지의 경험에 기초하여 이제부터 마실 남은 액체도 녹차일 것이라고 추론하고 있는 것이다.

그런데 이러한 귀납적 추론은 어떻게 올바른 것이라고 말할 수 있을까. 이것이 귀납의 정당화문제이며 철학자 데이비드 흄(David Hume)이 제기한 것으로도 유명하다. 이 귀납적 추론의 특징은 연역적 추론과 비교함으로써 명확해진다. 연역적 추론이란 전제가 올바르다면 결론도 반드시 올바르게 된다는 추론이다. 예를 들어, 삼각형의 내각의 합이 180도라는 전제를 두게 되면 사각형의 내각의 합은 몇도인지 알 수 있을까. 사각형은 두 개의 삼각형으로 구성되는데 내각의 합은 180도의 2배인 360도가 된다고 추론할 수 있다. 이처럼 연역적 추론은 전제가 진리라면 결론도 계속해서 진리라는 (진리 보전적인)성격을 가지고 있다. 바꾸어 말하면 연역적 추론에서는 전제에서 결론을 도출할 때 정보량은 증가하지 않는다.

그러나 귀납적 추론은 전제가 올바르다고 해서 반드시 결론도 올바르다고 할 수 없다. 페트병에 들어있는 반쯤 남은 녹색의 액체는 어떤 이유로 위스키일지도 모른다. 귀납적 추론에서는 전제에 포함된 정보 이상의 새로운 정보가 결론에 추가된다. 그리고 이 새로운 정보가 진실이라는 보증은 없다. 이것은 과학적 연구에 큰 의미를 갖는다. 즉, 어떤 가설이 실험 및 관찰을 바탕으로 지지받는다 하더라도 그것이 그 가설이 올바르다는 근거가 되지 못한다는 것이

되기 때문이다. 나팔꽃잎에 햇볕을 쪼이지 않게 하면 전분이 생기지 않는다는 가설을 실험으로 확인하였다 하더라도 다른 나팔꽃에서도 동일한 메커니즘이 작동할 것이라는 결론이 정당화될 수는 없다.

이 점을 심각하게 생각한 사람이 철학자 칼 포퍼(Karl Popper)이다. 포퍼는 정당화가 불가능한 귀납적 추론을 과학에 적용해서는 안 된다고 생각했다. 과학의 세계에서 확실히 말할 수 있는 것은 가설이 반증되었는지 혹은 반증되지 않았는지 뿐이라는 것이다(반증주의). 실험에 의해 가설이 반증되었다(혹은 반증되지 않았다)라는 결론에는 가설이 지지받았기 때문에 앞으로도 가설은 올바르다고 하는 결론을 내리는 경우와 달리 새로운 정보가 추가되지 않는다. 즉 반증에는 귀납적 추론이 포함되지 않는다. 포퍼는 과학적 연구에서는 가설의 반증만이 가능하고 가설의 적극적 확증(즉, 가설이 올바르다고 말하는 것)은 불가능하다고 결론짓는다. '초능력이 없다고는 할 수 없다'라는 언명은 가능해도(귀무가설의 반증) 이것은 '초능력이 있다'는 것(가설의 입증)을 의미하지는 않는다는 것이다.*

귀무가설을 이용한 가설검정은 포퍼의 이러한 논의를 바탕으로 하면서 마지막 부분인 '초능력이 없다고는 말할 수 없다'를 '초능력이 있다'라는 언명으로 대체하고 있다고도 할 수 있다. 과학의 세계에서 이 '대체'를 전혀 인정하지 않는다면 비행기를 날게 하는 것도 스마트폰으로 인터넷 게임을 하는 것도 불가능하였을 것이다.

또한 포퍼 자신은 가설이 입증 혹은 실증된다(Verify 혹은 Validate)라는 말을 사용하지 않았지만 그것과 구별해서 가설이 반증되지 않았을 경우에 Corroborate라는 표현을 사용하였다. 일본어에서는 이를 확증(確證)이라고 번역한다. 이런 점에서 포퍼 자신도 대체의 필요성을 인정하고 있다고 생각된다. 흥미가 있는 사람은 이 칼럼을 참고하여 도다야마 가즈히사(戸田山和久)의 『과학철학의 모험: 사이언스의 목적과 방법을 찾는다(科学哲学の冒険—サイエンスの目的と方法をさぐる)』를 읽어보기 바란다.

---

* 포퍼의 입장에 따르면 어떤 가설의 참을 입증(Verification)하는 검증작업은 불가능하다. 다만, 가설에 대한 검정(檢正, Test)을 통해 귀무가설이 기각될 때 당초 주장이 옳을 수 있다는 개연성을 보여주는 것은 가능하다고 보는 입장이다(역자주).

6장
원인의 시간적 선행
인과관계의 방향을 묻는다

'바람이 불면 통장수가 돈을 번다'

제목에 쓰여 있는 속담(風が吹いたら桶屋がもうかる)을 사전에서 찾아보면 '무언가 일이 벌어지면 돌고 돌아서 의외의 곳에 영향이 미치는 것을 비유한 것'이라고 되어 있다. 이 이야기는 짓펜샤 잇쿠(十返舎一九)의 '東海道中膝栗毛'에 등장하는 것으로 만담(落語)으로도 유명하다. 다만 거기서는 통장수가 아니라 상자가게 주인이 돈을 버는 것으로 되어 있다.

무라마츠 도모미(村松友視)의 현대어 번역을 소개하면 이하와 같다(村松友視의 東海道中膝栗毛). 도카이도(東海道)[1]를 여행하던 야지(弥次)씨와 키타(喜多)씨가 칸바라의 여관에서 순례자가 겪은 체험담을 듣는 설정이다.

> '내가 에도에서 어떤 해 겪은 일인데 초여름에서 가을까지 요란한 강풍
> 이 불었던 적이 있었거든. 그런데 그 바람을 이용해서 돈을 벌 수 있는
> 기막힌 생각이 떠올랐단 말이지.'
> '바람 부는게 무슨 수로 돈벌이가 된다는 게야…'

---

1) 에도(江戸, 도쿄의 옛 이름)에서 교토(京都)에 이르는 해안선을 낀 옛길(역자주).

'먼저 상자가게를 시작했지. 온갖 종류의 상자를 팔려는 아이디어였지.'

'당최 무슨 얘기인지 잘 모르겠는데, 바람이 불었기 때문에 상자가게를 해서 돈을 번다는게.'

'바람이 불면 모래먼지가 날리지.'

'그야 그렇지.'

'모래먼지가 날리면 그게 사람들 눈에 들어가잖아.'

'그야 그렇지.'

'그러면 눈이 나빠지는 사람이 부지기수로 생기지 않겠어.'

'그야 뭐.'

'눈이 나빠져서 앞이 보이지 않게 되면 어쩔 수 없이 샤미센(三味線)이라도 배우려고 할 수밖에. 그러면 샤미센 가게가 번창하게 되는데 샤미센 공명판 가죽을 만들려면 고양이가 필요하잖아. 근처 고양이들이 희생되야 하는데 그렇게 되면 기뻐하는 것은 쥐야, 쥐가 여기 저기 날뛰게 될거라구.'

'음, 이야기 앞뒤가 맞는 것 같기는 한데.'

'쥐가 날뛰면 세상에 있는 상자란 상자는 모두 갉아먹을 거구. 그래서 상자를 팔면 날게 돋친 듯이 팔리지 않을까 하고.'

'아 그래서 잘 팔렸나.'

'아니 그게 하나도 안 팔렸어.'(村松 2001, 87-88)

여기서는 바람이 분다는 것을 출발점으로 한 인과의 연쇄를 이야기 하고 있다. 당시 눈이 보이지 않는 사람은 샤미센을 들고 길거리에서 연주하며 생계를 유지하는 일이 많았다. 또한 현재는 고양이 가죽은 비싸기 때문에 샤미센의 공명판으로 개의 가죽을 사용하는 경우가 많다. 이렇듯 현재의 시점에서 보면 이 이야기의 인과관계를 구성하는 전제조건이 달라진 부분이 적지 않다. 그렇지만 그것은 일단 차치하고 이야기의 핵심을 추려보면 자기 나름대로 설정한 인과연쇄를 믿고 인생의 승부수를 던졌던 주인공이 결국 사업에 실패해서 순례길에 나서게 되었다는 것이다.

이 이야기를 소재로 확률에 대해서 알기 쉽게 설명한 마루야마 다케오(丸山健夫)는 '바람이 불면 통장수가 돈을 번다'가 상정하고 있는 인과관계의 연쇄반응을 〈그림 6-1〉에 보듯이 8개 현상과 7개 단계로 정리했다(丸山, 2006). 그렇다면 이 장사가 성공할 확률은 어느 정도일까. 마루야마는 각 단계가 각각 성립할 확률을 잘 보아서 50%로 가정했다. 이 경우 이 모든 단계가 성립하려면 1/2의 7승이 되며 이를 계산하면 0.0078125가 된다. 0.8%센트에 미치지 못한다. 이 결과를 고려하면 주인공은 속세를 버리고 순례길에 나설 수밖에 없었을 것이다(丸山, 2006: 24).

〈그림 6-1〉 상자가게가 번창하게 되기까지의 7단계

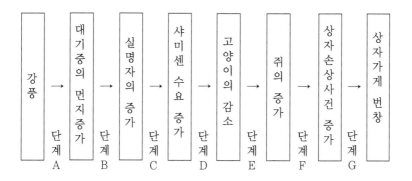

그런데 여기서 제시된 인과연쇄에 대해 주목하였으면 하는 점이 있다. 여기서는 원인이라는 사태가 발생하고 그 다음에 결과가 생긴다고 하는 시간의 선후관계가 명확하게 제시되어 있다. 원인은 결과 이전에 발생하는 것으로 상정하고 있다. 이와 같은 원인의 결과에 대한 시간적 선행이 이 장의 주제이다.

이렇게 말하면 그런 것쯤은 당연한 게 아니냐는 반응이 나올 것이다. '그러고 보면 최근에 쥐가 늘어서 상자를 갉아먹는 일이 많네', '그거 참 곤란하네. 분명 다음 달에는 강풍이 불거야'라는 대화는 앞서 살펴본 인과관계의 논리와는 맞지 않는다. 다만 쥐가 상자를 갉아먹는 것으로 강풍은 불지 않는다는 것을 말하고자 하는 것은 아니다. '복잡계의 논리'에서 자주 인용되는 것처럼 '브라질에서 나비의 날갯짓이 북경에서 태풍을 불러온다'는 '나비효과(Butterfly Effect)'를 인정한다면 쥐들도 돌풍을 일으킬 수 있을지 모른다. 그렇지만 북경에서 돌풍이 일어나면 시간을 거슬러 올라가 브라질에서 나비가 날갯짓을 한다고 하는 인과관계는 생각할 수 없다. 시간의 선후관계가 거꾸로 되어 있다는 것이 문제인 것이다. 이렇게 되면 야지(弥次)씨도 '음, 이야기 앞뒤가 맞는 것 같기는 한데'라고 말하지는 않을 것이다.

우리들 주위에서는 의외로 원인의 시간적 선행이라고 하는 조건을 무시한 논의가 적잖이 일어난다.

저출산이 초래된 원인은?

일본에서 급속히 진행되고 있는 저출산 경향은 큰 사회문제이다. 〈그림 6-2〉는 1947년부터 2010년까지의 합계특수출생률 그래프이다. 합계특수출생률이라는 것은 한 사람의 여성이 평생 낳는 자녀수를 말한다. 구체적으로는 당해년도 15세 이상에서 49세까지 여성들의 연령별 출생률을 합계한 것이다. 즉, 그 해의 연령별 출생률로 한 사람의 여성이 평생 몇 명의 자녀를 출산하는가를 나타낸다.

〈그림 6-2〉에서 보듯이 제2차 세계대전 직후 한 사람의 여성이 4명 이상의 자녀를 출산하는 것이 보통이었다. 그러나 이후 자녀수는 감소 경향을 나타내었다. 매스컴이 저출산 문제를 대대적으로 보도하기 시작

<그림 6-2> 합계특수출생률(1947~2010년)

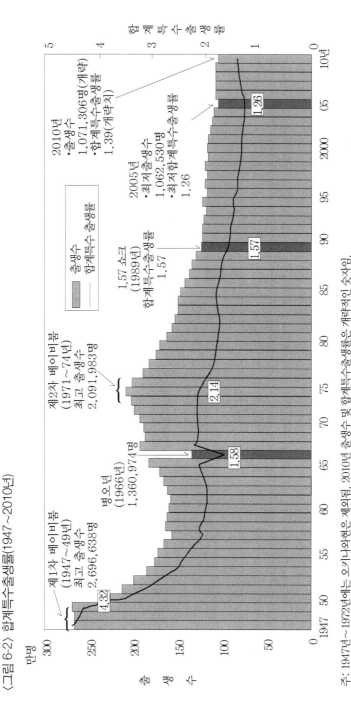

주: 1947년~1972년에는 오키나와현은 제외됨. 2010년 출생수 및 합계특수출생률은 개략적인 숫자임.
  '조사대상 연령의 여성이 1년간 낳은 자녀수'를 f(x), '조사대상 연령의 여성수'를 g(x)'라고 할 때 그 해의 합계특수출생률은 $\sum_{x=15}^{49} \frac{f(x)}{g(x)}$ 이다.
출처: 内閣府, 「子供・子育て白書「平成23年版」」(http://www.www8.cao.go.jp/youth/whitepaper/h23honpenpdf/index_pdf.html).

한 것은 1989년이었다. 이 해 합계특수출생률은 1966년의 1.58을 처음으로 밑돌았으며 관계자들 사이에서 '1.57 쇼크'라고 불리게 되었다. 그림에서 보듯이 1966년에는 갑자기 출생률이 급감하였는데 그 다음해에는 예년 수준을 회복하였다. 1966년이라는 해는 병오년에 해당한다. 병오년에 태어난 (말띠) 여자아이는 기가 세고 남편의 수명을 줄인다고 하는 미신이 널리 퍼져 있었기에 출산을 미룬 사람들이 많아서 출산률이 급감하였었다고 한다. 그런 의미에서 이 해는 이상 저출산의 해였다고 할 수 있다.

그러나 1989년에는 병오년이 아님에도 불구하고 이상 저출산의 해였던 1966년의 출생률 이하가 되었다는 점에서 '1.57 쇼크'가 된 것이다. 게다가 이후에도 출생률 저하경향은 지속되고 있다.[2]

그렇다면 저출산은 왜 문제가 되는 것일까. 저출산은 고령화와 맞물려서 경제성장을 낮추고 사회복지제도의 지속가능성을 위태롭게 하는 등 여러 가지 폐해를 초래할 우려가 크기 때문이다. 정부차원에서 저출산대책이 강구되는 것도 어쩌면 당연한 일이라고 할 것이다.

저출산 대책

2003년에는 '저출산 사회대책 기본법'이 제정되었다. 동법률은 '급속한 저출산의 진행은 평균수명 연장에 의한 고령인구의 증가와 함께 우리나라 인구구조의 불균형을 초래하여 21세기 국민생활에 심대한 영향을 미치고 있다. 실로 우리들은 유사 이래 미증유의 사태에 직면하고 있다'는 인식하에 '차세대 사회의 주역인 어린이를 안심하고 낳고 기를 수 있는 환경을 정비하여 몸과 마음이 건강한 아이들을 육성하고, 자녀를 낳

---

2) 2016년도 한국의 합계출산율은 1.17명, 2015년도 일본의 합계특수출생률은 1.46명 이었다(역자주).

고 기르는 국민들이 자부심과 기쁨을 느낄 수 있는 사회를 실현하여, 저출산의 진행을 막는 것이 지금 우리들에게 절실히 요청되고 있다'(前文)고 밝히고 있다. 이러한 흐름에서 등장한 것이 '남녀 공동참여 사회의 실현'이다.

동법률에서는 '남녀 공동참여 사회의 실현'을 위한 구체적인 대책으로써 '국가 및 지방공공단체는 자녀를 낳고 키우는 자가 충실한 직업생활을 영위하면서 풍요로운 가정생활을 향수할 수 있도록 육아휴직제도 등 출산자 및 보육자의 계속고용을 도모하도록 하는 제도의 충실화, 노동시간의 단축 촉진, 재취업 촉진, 정보통신네트워크를 이용한 다양한 취업기회 확보, 기타 필요한 고용환경의 정비를 위한 시책을 강구한다'(제1조)는 내용이다. 고용환경을 정비해서 일하는 여성이 안심하고 자녀를 가질 수 있는 사회를 만들자는 취지이다.

정책제안과 인과관계

저출산 대책으로써 이러한 정책이 도입된 배경에는 인과관계에 관한 추론이 존재한다. 이 저출산 대책이 등장한 시기를 전후해서 여성의 사회진출과 출생률 간의 관계에 주목하는 연구가 많이 발표되었다. 아카가와 마나부(赤川學)의 『아이들이 줄어들어서 뭐가 문제야(子どもが減って何が惡いか!)』라는 논쟁적인 책에 소개되어 있는 것처럼 예컨대 인구학자인 아토 마고토(阿藤誠)의 『현대 인구학(現代人口学)』에서는 OECD 각국의 데이터를 이용해서 여성노동력 비율과 출생률 간에 상관관계가 있음을 보여주었다(〈그림 6-3〉).

또한 일본 국내에 대해서도 마찬가지 경향이 존재함을 아카가와는 지적하고 있다. 예를 들어, 가네코 이사무(金子勇)는 1999년 데이터를 이용해서 여성 노동력비율과 합계특수출생률 간에 정(正)의 상관관계가 있음

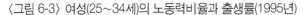
〈그림 6-3〉 여성(25~34세)의 노동력비율과 출생률(1995년)

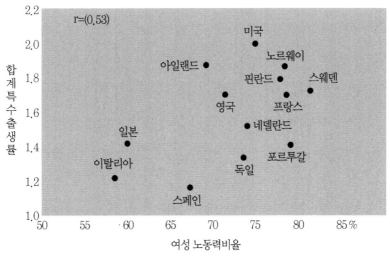

주: 여성의 노동력 비율은 OECD, Labour Force Statistics, 1996, 출생률은 Council of
   Europe, Recent Demographic Development in Europe, 1997.
출처: 阿藤, 2000: 202.

을 확인하고 여성이 일하는 비중이 높은 경우에 저출산 현상이 나타나지
않는다고 주장하였다(金子, 2000: 274; 赤川, 2004: 39). 이러한 관찰은
여성의 사회진출을 촉진하면 출생률이 높아진다고 하는 인과적 추론의
근거로 사용되었으며 남녀 공동참여 사회의 실현이 저출산 대책으로써
효과가 있다는 주장을 뒷받침하는 역할을 하였다.

그러나 아카가와는 이와 같은 인과적 추론이 표본추출의 편향과 함께
타 변수의 통제 등 여러 가지 문제점을 내포하고 있다고 지적한다. 이 장
의 주제와 관련해서는 인과관계의 방향에 대한 아카가와의 지적이 중요
하다. 앞서의 데이터에서 나타나 있는 것은 여성 노동력비율과 출생률
간의 상관관계, 즉 공변관계의 존재이다. 그러나 양자 가운데 어느 쪽이
원인이고 어느 쪽이 결과인지를 바로 알수는 없다. 자녀가 태어나면 그
양육비를 벌기 위해 여성이 일하러 나가는 것일지도 모른다. 공변관계가

있다는 것만으로 바로 인과관계가 존재한다고 주장할 수는 없다. 상관관계와 인과관계를 명확히 구별해야 한다는 점에 대해서 여러 논자들이 거듭 주의를 촉구하고 있는 것은 바로 이 때문이다.

통계데이터의 유혹

이 점에 대해서 데이터를 이용해서 좀 더 자세히 알아보기로 하자. 인터넷상에서 독립행정법인 통계센터가 관리·운영하고 있는 '정부통계종합창구(e-Stat)'라는 사이트가 있다(https://www.e-stat.go.jp/SG1/estat/eStatTopPortal.do). 다양한 데이터를 손쉽게 다운로드 할 수 있어서 대단히 편리하다. 도도부현별로 몇 개의 데이터를 추출하여 출생률과의 관련성을 살펴보자.

우선 2008년 각 도도부현의 출생률과 여성노동력 비율을 산포도로 나타낸 것이 〈그림 6-4〉이다. 양자 간에는 0.360의 유의한 정의 상관이 있다(유의수준 5%). 이미 살펴 본 바와 같은 공변관계가 2008년 도도부현별 데이터에서도 확인되었다고 할 수 있다. 여기에 몇 개의 변수를 추가하여 출생률과의 상관관계를 계산한 결과는 〈표 6-1〉과 같다.

〈표 6-1〉 각 변수와 출생률 간의 상관관계(2008년)

		주택면적	형법범죄 인지건수	평균기온	여성노동력 비율 인구비
출생률	Pearson 상관계수	0.363	−0.443	0.444	0.360
	유의확률(양측)	0.012	0.002	0.002	0.013

이 결과는 매우 흥미롭다. 우선 주택면적과 출생률은 유의한 상관관계를 나타낸다. 넓은 집에 살면 아이를 낳기 쉬운 것일까. 형법범 인지건수(경찰등 수사기관에 의해 인지된 형법범죄의 수)는 반대로 부의 상관관

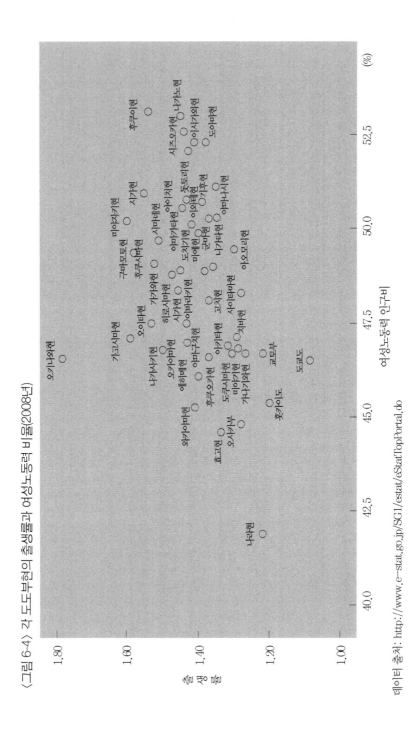

<그림 6-4> 각 도도부현의 출생률과 여성노동력 비율(2008년)

데이터 출처: http://www.e-stat.go.jp/SG1/estat/eStatTopPortal.do

계를 나타낸다. 치안이 나쁘면 자녀를 안심하고 가지기 어렵다는 생각도 든다. 평균기온은 정의 상관관계인데 역시 따뜻한 곳에 살면 개방적이 되어서 아이를 가지기 쉬울지도 모른다. 인과관계를 여러모로 추론가능할 것 같은 분석결과로 보인다.

그러나 여기서 보다 신중한 검토가 필요하다. 주택면적을 생각해 보자. 이 데이터는 주택면적이 넓을수록 출생률이 높아진다고 하는 인과관계를 나타내고 있는 듯이 보인다. 실제로 1999년 12월 17일에 저출산대책추진 관계 각료회의에서 결정된 '저출산 대책추진 기본방침'에서는 자녀보육을 지원하기 위한 양질의 주택, 거주환경의 정비가 포함되어 있었으며 구체적으로는 '여유 있는 주생활 실현으로 자녀보육이 용이한 환경을 정비하기 위해 양질의 가족형 임대주택 공급을 확대하는 등 육아세대를 위해 여유 공간을 갖춘 주택확보를 지원한다'는 내용이었다.

그러나 아카가와가 지적하는 것처럼 자녀가 태어나서 집이 좁아졌기 때문에 넓은 집으로 이사한 것은 아닐까. 만일 그렇다면 앞서의 정책은 인과관계의 오해에 근거한 실제 효과를 기대하기 어려운 정책이 될 것이다.

인과관계를 생각할 때 상정하고 있는 독립 변수가 종속 변수에 시간적으로 선행하고 있는지 여부를 검토해 보는 일은 당연한 듯이 생각되지만 실제로는 간과하기 쉽다.

실험과 관찰

독립 변수의 시간적 선행이라는 조건을 해결하는 최선의 방법은 실험이다. 1장에서 살펴본 광합성 실험을 상기해 보자. 거기서는 나팔꽃잎의 절반을 빛이 통과하지 못하도록 알루미늄 호일로 감쌌다. 그리고 햇빛 아래 몇 시간 동안 두고나서 나팔꽃잎에 녹말이 생겼는지 여부를 조사했다. 태양광이라는 독립 변수와 전분생성이라고 하는 종속 변수의 확인에 앞서 실험 처리(Treatment)가 이루어진 것이다.

그러나 관찰에 바탕을 둔 인과관계의 추론에서는 시간적 선행을 인위적으로 조작하는 것은 불가능하다. 앞서 살펴본 출생률과 주택면적 간 관계에서 우리들이 관찰한 것은 평균주택 면적이 큰 현은 출생률이 높은 경향이 있다는 사실이다. 만약 실험이 가능하다면 무작위로 추출한 커플 집단을 넓은 집과 좁은 집에 살게 하고 양 집단 간에 자녀수의 차이가 생기는지 여부를 확인하면 된다. 그렇지만 이 실험을 실제로 실행하기는 어렵다. 결국 우리들은 관찰에 바탕을 두고 상관관계를 확인하여 그로부터 인과적 추론을 전개할 수 밖에 없다. 물론 독립 변수에 대해서는 종속 변수의 데이터보다도 이전 시기 데이터를 사용하는 등의 궁리는 가능하다. 그렇지만 이 경우에도 인과관계의 방향이 어떻게 되는지를 완벽하게 판단하는 것은 실험과 달리 곤란하다. 예를 들어, t년도 주거면적과 t+1년도의 출생률 간의 상관관계를 파악했다고 하자. 그렇지만 t+1년도 출생률이 높았던 곳은 t년도에도 출생률이 높아서 t년도 주거면적이 출생률의 영향을 받았을 가능성을 부정하기 어렵다(칼럼 ④ 참조).

내생성(內生性)

평균기온이 높은 곳에서 출생률이 높다고 하는 상관관계 그리고 치안이 좋은 곳에서 출생률이 높다고 하는 상관관계에 대해서는 주택면적과는 달리 인과관계의 방향을 확정하기 쉬울 것이다. 아이들이 많이 태어나는 곳은 기온이 높아진다거나 치안이 좋아진다거나 하는 인과관계는 논리적으로 성립하기 어렵다. 이러한 경우 상관관계가 실제로 인과관계에 해당하는지 여부를 검토하기 위한 다음 단계로 진행할 수 있는데 이에 대해서는 다음 장에서 본격적으로 검토한다.

그렇다면 평균기온 및 범죄발생률과 달리 역의 인과관계가 의심스러운 주거면적의 특징은 어디에서 기인하는 것일까. 3개 변수의 데이터는 모두 2008년의 것이다. 평균기온 및 범죄발생률도 출생률에 시간적으로 선행하는 것이 아니었다. 주거면적과의 차이점이라고 하면 논리적으로 생각해 볼 때 종속 변수로 상정된 '출생률'이 독립 변수로 상정된 '평균기온' 및 '범죄발생률'에 영향을 미칠 가능성은 없다고 할 수 있는데 반해 '주거면적'에 영향을 미칠 가능성은 있다는 것이다.

이 문제는 통계학에서 내생성(Endogeneity)의 문제라고 불린다.[3] 내생성은 독립 변수가 부분적으로라도 종속 변수의 영향을 받는 경우 발생한다(King, Keohane and Verba, 1994: Chapter 5). 구체적인 사례를 통해서 살펴보자.

비즈니스 서적은 신뢰할만한가?

매년 치열해지는 취업전선. 취업에 성공하기 위해서는 목표로 하는 기업에 대한 분석이 필수적이다. 첫 직장에서 정년까지 일한다고 하는 것이 흔치 않게 되었다고는 하지만 자기가 근무하는 회사가 가능하면 계속 발전하는 우량회사였으면 하는 마음은 여전할 것이다. 그래서 많은 학생들이 서점의 비즈니스 코너에서 참고가 될 만한 책들을 열심히 찾고 있다. 어떤 기업이 성공하는지에 대해 관심을 갖는 것은 실제로 기업을 경영하는 사람 혹은 벤처기업을 세우려는 사람은 물론이려니와 기업에 투자하려고 생각하는 사람들도 마찬가지이다. 이 때문에 매년 많은 관련 서적이 쏟아지고 있다.

그 가운데서도 가장 오랫동안 팔리고 있는 책 중에 하나가 제임스

---

3) 7장에서 다루는 회귀분석에서 독립 변수와 오차항 간의 상관관계가 있는 경우 그 변수를 내생변수라고 한다. 이 경우 최소자승법에 의한 회귀분석을 실시하면 그 추정 결과에 왜곡이 발생한다.

C. 콜린스(James C. Collins)와 제리 포라스(Jerry Porras)가 1994년에 출간한 『비전 기업(Built to Last: Successful Habits of Visionary Companies)』이다.[4] 이후 『비전 기업 4』까지 4권이나 출판되었는데 모두 잘 팔리고 있다. 부러울 따름이다.

첫 작품의 내용을 살펴보자. 저자들은 이 책이 '미래에 걸쳐 번영하는 조직을 만들기 위한 설계도면'(Collins & Porras, 1994: xxxiv; Rosenzweig, 2007)으로써 '이 책을 읽으면 누구라도 걸출한 조직 만들기의 선도자 역할을 할 수 있다. 여기에 제시된 기업들의 교훈은 모든 계층의 관리자들이 배우고 응용할 수 있다'고 하면서 '당신도 배우고 실천할 수 있다. 그리고 비전 기업을 만들 수 있다'(Collins & Porras, 1994: 21; Rosenzweig, 2007: 96)고 주장한다. 대단히 자신감 넘치는 저자들이다. 그런데 경영학자 필 로젠츠바이크(Phil Rozenzweig)는 『왜 비즈니스 서적은 오류투성이인가』라는 자극적인 제목의 자신의 저서를 통해 이 책에 큰 문제가 있다고 지적한다.[5] 이하에서는 그 비판을 소개한다.

과연 『비전 기업』에서는 어떤 비결을 제시하고 있는 것일까. 주요 사항을 살펴보자(Rosenzweig, 2007: 96).

○ 회사의 의사결정과 행동을 도출하는 기본이념을 갖는다
○ 강력한 기업문화를 구축한다
○ 종업원의 의욕과 장점을 이끌어낼 수 있는 대담한 목표를 정한다─
  소위 'BHAG(사운을 건 대담한 목표)'[6]

---

4) 우리말 번역서는 다음과 같다. 짐 콜린스·제리 포라스/워튼포럼 역, 2002, 『성공하는 기업들의 8가지 습관』, 김영사(역자주).

5) 우리말 번역서는 다음과 같다. 필 로젠츠바이크/이주형 역, 2007, 『헤일로 이펙트(후광효과)? 기업의 성공을 가로막는 9가지 망상』, 스마트비즈니스(역자주).

6) 크고(Big) 대담하며(Hairy) 도전적인(Audacious) 목표(Goal)의 머리글자를 모은 것이다(역자주).

○ 인재를 육성하고 사원에게 자발적 향상심을 갖도록 한다

○ 실험정신과 리스크를 두려워하지 않는 태도를 함양한다

○ 탁월한 기업이 되려고 치열하게 노력한다

실은 이러한 비결은 1982년에 나온 미국 컨설턴트 회사인 맥킨지사의 토마스 피터스와 로버트 워터맨(Thomas Peters & Robert Waterman)의 『엑설런트 컴퍼니: 초우량기업의 조건(In Search of Excellence)』이 제시하고 있는 것과 거의 유사하다.[7] 거기에서는 '사람'을 통한 생산성 향상, 가치관에 기반을 둔 실천, 행동의 중시, 회사의 중심이 되는 가치의 철저한 확산, 그 가치관하에서 종업원의 자주성 존중 등과 같은 초우량기업이 실천해야 하는 원칙이 천명되어 있다(Rosenzweig, 2007: 85-88).

위에서 살펴본 비결 혹은 원칙들은 꽤 설득력이 있는 충고이다. 그런데 이러한 비결 혹은 원칙들은 어떻게 도출된 것일까. 로젠츠바이크가 비판하는 핵심은 바로 이 점이다. 실제로 『엑설런트 컴퍼니』의 내용은 데이터를 적당히 날조해서 집필된 것임이 저자의 고백을 통해 드러난 바 있다(Peters, 2001: 81, 144). 따라서 이 책은 아예 논쟁의 대상도 못된다. 하지만 지금도 팔리고 있는 『비전 기업』은 다르다. 회사 연감 및 자서전을 포함한 서적자료와 함께 논문, 기업간행물, 비디오까지 섭렵하고 『포춘』지 등의 잡지와 『월스트리트 저널』과 같은 신문기사는 물론 하버드대학 및 스텐포드 대학의 경영대학원 교재에 포함된 사례연구에 이르기까지 방대한 데이터를 활용하고 있다.

이 정도 노력을 들인 책이라면 괜찮을 것이라고 생각하기 쉽지만 로젠츠바이크는 바로 이 방법이 큰 문제라고 본다. 그는 이상화된 인물이나 사건을 둘러싼 '후광효과'(Halo Effect)에 주목한다. 저자들은 조사대

---

7) 우리말 번역서는 다음과 같다. 톰 피터스 · 로버트 워터맨/이동현 역, 2005, 『초우량 기업의 조건: 기업 경영을 지배하는 불변의 원칙 8가지』, 더난출판사(역자주).

상인 우량기업을 엄격한 조건에 따라서 선택하였다. 그 기준은 ① 업계에서 탁월한 기업 ② 양식있는 경영자 및 기업간부들 사이에서 존경받는 기업 ③ 사회에 큰 영향을 미치는 기업 ④ 최고경영책임자(CEO)의 세대교체가 이루어지는 기업 ⑤ 초기 주력제품 및 서비스의 라이프사이클을 넘어서 번영하고 있는 기업 ⑥ 1950년대 이전에 설립되어 현재도 성공하고 있는 기업이다. 이 조건을 충족시킬 수 있는 것은 시대를 초월해서 발전을 거듭하는 탄탄한 우량기업일 것이다. 이러한 초우량기업에서 실천되고 있는 것이라면 어떤 것이라도 멋지게 보일 것이다. 그렇지만 아우라가 너무 눈부셔서 정확한 사실관계의 파악이 불가능하게 된다. 로젠츠바이크의 주장을 들어보자

> 철저한 조사를 하였다고 말하면서도 콜린스와 포라스는 기본적인 문제를 간과하고 있다. 기본적인 문제는 말할 것도 없이 후광효과이다. 수집한 데이터의 대부분이 잡지나 신문 혹은 기업 간행물에서 얻은 것으로 후광효과에 의해 왜곡되었을 우려가 크다. 또한 경영자를 인터뷰하고 경험에 비추어 성공의 이유를 설명해 달라고 요구하였는데 이 또한 후광효과에 의해 영향받기 쉬운 방법이다. 데이터에 후광효과가 포함되어 있다면 그런 데이터를 아무리 모아도 의미가 없다. 성공한 기업을 선정하고 자기평가나 신문잡지의 기사를 바탕으로 그 비결을 찾으면 멋진 기업문화, 흔들림 없는 가치관, 탁월한 기업이고자 하는 굳은 의지와 같은 정답을 도출하게 될 것이다. 만약 그렇지 않다는 대답이 나온다면 그 편이 오히려 놀라운 일이다. (중략) 업적으로부터 독립적인 데이터를 수집하여 후광효과를 배제하지 않는 한 높은 성과를 가져온 진정한 요인을 설명해 내는 일은 불가능하다(Rosenzweig, 2007: 97).

이는 바로 '내생성'의 문제라고 할 수 있다. 비결을 지켰기 때문에 성공한 것이 아니라 성공하였기 때문에 그것이 비결로 비춰졌다는 역의 인과

관계에 불과하다. 그렇기 때문에 로젠츠바이크는 업적으로부터 독립적인 데이터를 바탕으로 원인을 찾아볼 필요가 있다고 주장한다. 그는 탁월하다거나 비전이 정립되어 있다고 열거된 기업 상당수가 예상과 달리 책이 출간된 10년 후에 업적이 곤두박질 친 것은 이와 같은 분석상의 결함에서 유래한 것이라고 지적한다. 성공의 비결도 초우량기업도 그렇게 간단하게는 발견할 수 없다.

유감스럽게도 유사한 종류의 비즈니스 서적이 여전히 흔하게 눈에 띤다. 예를 들어, 나카자와 다카오(中澤孝夫)는 일본기업의 현장을 방문하여 '강한 기업'의 비결을 밝혀내는 내용의 서적을 다수 출간하였다(中澤, 2008). 미시경제 분야의 전문가로서 그의 공들인 취재는 정평이 나있다. 그러나 조사방법은 성공한 기업만을 대상으로 한 대면조사가 중심이다. 더구나 『비전 기업』과는 달리 대상기업 선정에 관한 방법론적 자각도 체계적인 분석노력도 거의 찾아볼 수 없다. 『비전 기업』에서는 성공한 기업과 동종 업계에서 성공하지 못한 기업과의 체계적 비교가 시도되었다. 이는 9장에서 논의할 차이법에 해당하는 것이다. 나카자와의 최근작인 『대단한 제조업(すごい製造業)』(전형적으로는 3장)에서는 그러한 사회과학적 분석틀이 부재하며 단순히 견문록이 나열되어 있을 뿐이라고 평가할 수 밖에 없다. 취업활동을 하는 학생들은 성공사례만 잔뜩 늘어놓는 이런 종류의 비즈니스 서적이 아니라 로젠츠바이크의 멋진 책을 꼭 한번 읽어보도록 권하고 싶다.

선거운동의 효과

내생성이 야기하는 문제에 대해서 또 한 가지 예를 살펴보자. 2012년에 자민당 간사장에 취임한 이시바 시게루(石破繁)는 자민당 기관지 『자유민생』(第2528號)에서 선거에 강한 자민당을 어떻게 만들것인가라는 질문에 대해 이하와 같이 답하고 있다.

> 소선거구제든 중선거구제든 선거의 기본은 똑같다. 나는 '발걸음을 한 집의 수 만큼 표가 나온다. 악수를 한 손의 수만큼 표가 나온다'는 말에 전적으로 공감한다. 매일 300~400세대를 방문하는 것은 당연하고 내 경험으로는 600가구 정도 방문도 가능하다고 생각한다. 중요한 것은 반드시 유권자의 시선보다 밑쪽에서 손을 잡고 머리를 숙여 인사를 하는 것이다. 회사를 방문할 때도 반드시 종업원 한 사람 한 사람과 만나고, 모임에 초청받으면 그 단체 및 기업이 직면하고 있는 과제를 확실하게 언급해야 한다. 시·정·촌 등 지방자치단체를 방문할 때도 마찬가지다. 투표일에 자신의 이름을 기입하도록 하는 것이 얼마나 힘든 일인가를 인식해야만 한다(https://www.jimin.jp/activity/colum/118837.html).[8]

'발걸음을 한 집의 수 만큼 표가 나온다. 악수를 한 손의 수만큼 표가 나온다'는 것은 다나카 가쿠에이(田中角榮) 전 수상의 말로 제자격인 오자와 이치로(小澤一郎)도 똑같이 말하고 있다. 이러한 방식은 때때로 '집문턱 드나들기(どぶ板)' 선거라고 힐난받으며 일본선거의 바람직하지 못한 특징 중 하나로 지적되기도 한다. 오바마(Barack Obama)와 롬니(Mitt Romney)가 치열하게 경쟁했던 2012년 미국대통령 선거에서도 지상전(Ground Operation)이라고 불리는 투표동원이 각 선거구에서 벌어졌다(Wall Street Journal, October 8, 2012). 이 과정에서 유권자에게 음식을 제공한 후 투표소로 직행하게 하거나 차량으로 투표소까지 이송해 주는 선거운동이 벌어졌다. 일본의 신문에서는 이러한 행태를 '집문턱 드나들기(どぶ板)' 선거운동이라고 보도했다(日本經濟新聞 2012年 11월 6日).

---

8) 유권자가 후보자의 이름 또는 정당명을 직접 기표용지에 기입하는 투표 방식을 '자서식(自書式) 투표방식'이라고 하는데 일본에서는 참의원선거에 도입하고 있다(역자주).

민주주의 체제하에서 정치가에게 선거승리는 최대 관심사이다. '원숭이는 나무에서 떨어져도 원숭이일 뿐이지만 정치가는 선거에서 떨어지면 사람 취급도 못받는다'는 말을 만든 이는 제2차 세계대전 이전부터 보수정치가로 활약하면서 자민당 부총재를 역임했던 오노 반보쿠(大野伴睦)이지만 당선이 정치인의 지상명령인 것은 동양과 서양이 마찬가지다 (Fenno, 1978). 당선을 위해 '집문턱 드나들기' 선거운동도 불사하는 것은 어찌보면 당연한 일일 것이다.

그러면 여기서 일본 중의원 선거에서(소선거구제) 이러한 선거전술이 얼마나 효과가 있는지를 검증해보기로 하자. 여기서 독립 변수는 '집문턱 드나들기' 선거운동을 어느 정도 하는가이며 종속 변수는 득표율이 된다. 이시바 간사장은 둘 간의 관계가 유의한 정의 상관관계이며 동시에 인과관계이기도 하다고 주장한다. 그렇다면 각 후보자가 선거구 유권자의 몇 퍼센트와 악수를 했는가로 '집문턱 드나들기' 선거운동을 조작화하여 이것이 득표율에 어느 정도 기여했는지를 검토해 보기로 하자. 그러나 여기서 문제가 발생한다. 이시바 간사장을 비롯한 여러 정치가들이 믿는바와 같이 '집문턱 드나들기' 선거운동이 득표율 제고로 이어질 수도 있을 것이라고 짐작해 볼 수는 있다. 하지만 당초부터 당선이 유력한 후보자는 '집문턱 드나들기' 선거운동과 같은 열정적인 선거운동을 하지 않더라도 높은 득표율을 얻을 수 있다. 반면에 고전하고 있는 후보자일수록 '집문턱 드나들기' 선거운동에 열심이겠지만 득표율이 그 노력만큼 상승하기는 어렵다.

여기서도 내생성이 문제이다. 종속 변수로 상정된 '득표율'이 거꾸로 독립 변수인 '집문턱 드나들기' 선거에 영향을 미친다. 득표율이 높을 것으로 예상되는 후보자는 그다지 '집문턱 드나들기'를 하지 않고 득표율이 낮을 것으로 예상되는 후보자일수록 '집문턱 드나들기' 선거운동에 적극적으로 나선다. 그 결과 '집문턱 드나들기' 선거운동을 소홀히 한 후보자 중에도 득표율이 높은 사람이 나오게 되어 '집문턱 드나들기' 선거운동의 효과를 전체적으로 파악할 경우 과소평가가 이루어지게 된다. 수치상의 결과만을 믿고 이시바 간사장의 충고를 무시하는 후보자는 분명 쓴맛을 보게 될 것이다. 이러한 경우에는 후보자가 당초 가지고 있는 선거 잠재력이라는 변수를 고려하지 않았기 때문에 문제가 발생하였다고 볼 수 있다(변수무시 편향). 다음 장에서는 이러한 문제를 어떻게 해결할지에 대해서 고찰해 보기로 한다.

칼럼 ④ 기권하면 손해를 보는 것은 젊은층? —시계열 데이터에 주의

이 책에서도 언급한 바와 같이 지금은 인터넷을 통해서 다양한 데이터를 손쉽게 입수할 수 있게 되었다. 잘못된 정보나 신뢰성이 떨어지는 데이터도 많기 때문에 데이터 사용시에 정보의 출처를 확인하는 등 주의가 필요하지만 편리한 시대가 된 것만은 틀림없다. 한편 통계 소프트웨어도 이용하기 쉬워져서 그 은혜를 필자도 톡톡히 누리고 있다. 세미나수업에서도 계량분석을 활용하여 연구하는 학생이 많다. 그러나 손쉽게 분석할 수 있게 된 만큼 충분한 주의를 기울이지 않은채 분석이 이루어질 우려도 크다는 점을 이 장에서 설명하였다. 여기서는 그러한 예를 하나 더 살펴보자.

젊은층의 투표율이 매년 낮아지고 있다. 한편으로는 국채라는 국가의 빚이 매년 늘어나고 있다. 국채는 기본적으로 미래세대가 부담을 짊어지게 된다. 청년층이 열심히 정치에 참여하지 않기 때문에 정치가는 젊은 세대가 짊어질 부담을 마음 편히 늘려온 것이 아닐까. 그와 같은 주장이 모리카와 도모노리(森川友義)의 저서『젊은 세대는 투표하지 않은 탓에 4,000만 엔이나 손해를 보고 있다!?(若者は, 選挙に行かないせいで, 四〇〇〇万円も損してる!?)』에 포함되어 있다. 재미있는 가설이다.

실제로 이 가설을 검증한 분석이 2012년 7월 12일 도호쿠대학 웹사이트에 '젊은세대는 1%의 투표기권으로 약 13만 5천 엔이 손해!?'라는 제목으로 게재되었다. 이 언론 보도문은 학부 세미나의 연구결과 발표내용을 소개한 것이었다. 거기서는 젊은층의 투표율이 내려가면 젊은 세대 1인당 신규국채발행액이 올라가며 젊은층과 고령층 간에 1인당 사회보장 급부 차이가 확대된다는 것이었다. 다음 7장에서 설명하는 다중회귀분석을 이용한 분석이었다. 이렇게 손해를 보다니 큰일이라는 생각이 든다.

그러나 이 주장의 근거가 되었던 데이터분석에 문제가 있다. 투표율, 국채발행액, 사회보장급부의 연도별 시계열 데이터를 사용하고 있는데 이들 데이터는 모두 시간과 함께 일정한 방향으로 움직이는 경향을 띤다. 이 때문에 용이하게 상관관계가 관찰된다. 그러나 이들 변수 간의 공변관계에는 허위상관관

계가 포함되어 있을 가능성이 높다(계열상관). 이 분석에 대해서 구체적인 검증을 실시한 이다 타케시(飯田健)의 '도호쿠대학 언론공표에 대한 의문과 재분석'(飯田, 2010)에서는 실제로 그러한 인과관계가 발견되지 않았다. 시계열 데이터를 사용한 분석을 할 때는 주의가 필요하다는 것을 잘 보여주고 있다.* 상세한 것은 통계학 교과서를 찾아보기 바란다.

다만 여기서 또 하나 지적해 두고 싶은 점이 있다. 이 인과관계의 모델자체에 대한 것이다. 앞서의 예는 젊은세대 한 사람(혹은 1%)이 투표에 가지 않음으로써 일정 금액의 손해를 본다는 모형을 설정하여 분석이 이루어지고 있다. 뒤집어 이야기 하면 1% 투표율이 상승할 때마다 1인당 13만 5천 엔 득을 보는 직선적 모형인 셈이다. 그러나 당신의 한 표로 선거 당락이 뒤바뀌는 경우는 거의 있을 수 없다(北山·久米·眞淵, 2009). 정치가가 젊은세대의 이익을 진지하게 고려하려고 생각하는 때는 일정 정도까지 젊은층의 투표율이 상승한 이후일 것이다. 그렇다고 한다면 이러한 단순한 직선적 인과관계를 상정하는 것은 문제이다. 정치의 세계에서 이익을 현실화하는 데는 집단적 행위가 필요하다는 것을 이해하는 것이야말로 정치현상을 이해하는 첫걸음이다.

---

* 시계열회귀분석에서 자기상관관계(t기의 오차항과 t−1기의 오차항 간의 상관관계가 존재하는 경우) 회귀식의 결정계수가 실제보다 높게 나타날 가능성이 높다(역자주).

7장

타변수의 통제
그것이 진짜 원인일까?

아침밥은 먹었다?

아침을 굶는 아이들이 늘고 있다. 2012년판 『식육(食育)백서』
(http://www8.cao.go.jp/syokuiku/data/whitepaper/2012/
book/index.html)에서는 '아이들이 건강하게 자라기 위해서는 적절한
운동, 균형 잡힌 식사, 충분한 휴식과 수면이 중요하다. 그러나 몸을 많
이 움직이고 잘 먹고 잘 잔다는 성장기 아동에게 필수불가결한 기초 생
활습관이 요즘 제대로 지켜지지 않고 있다. 이는 학습의욕의 부진, 체력
및 기력저하의 주요 원인이다'라고 지적하고 있다. 그리고 이와 같은 불
규칙한 생활습관의 전형적인 양상으로써 아침밥을 먹지 않는 아동이 증
가한다는 점을 들고 있다. 문부과학성의 2010년 『전국학력 및 학습상
황조사』에 따르면 아침을 굶는 초 · 중학생의 비율은 초등학교 6학년의
경우 11%, 중학교 3학년의 경우는 16%에 이르고 있다. 그리고 동조사
에서는 〈그림 7-1〉에서 보듯이 아침밥을 먹느냐 아니냐가 학습성과의
차이로도 이어지고 있다. 적어도 시험 전에는 아침밥을 먹어 두는 편이
좋을성 싶다.

<그림 7-1> 조식섭취와 학력조사의 평균정답률 간의 관계

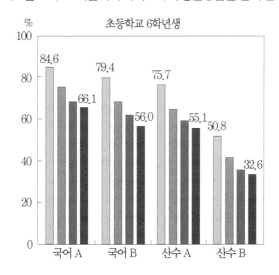

초등학교 6학년생

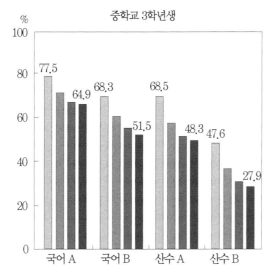

중학교 3학년생

■ 매일 먹음 ■ 먹고 있는 편임 ■ 거의 먹지 않음 ■ 전혀 먹지 않음

자료: 文部科學省, 「全國學力 · 學習狀況調査」, 平成22年度.
출처: 內閣府홈페이지: http://www8.cao.go.jp/syokuiku/data/whitepater/2012/book/
html/sh02_02_01.html

비행과 아침밥

내각부가 실시한『제4회 비행원인에 관한 종합 조사연구』(2010年 3月)에서는 조식섭취 여부와 비행 간에 관련이 있음이 시사되어 있어 더욱 흥미롭다. 이는 전국 공립 초·중·고교생과 공립 대학생, 그리고 선도처분을 받은 소년, 소년감별소에 입소한 소년을 대상으로 한 대규모 조사였다. 조사결과를 보면 비행을 저지르는 소년들은 아침을 먹지 않고 있는 경향이 뚜렷하다(〈그림 7-2〉). 더욱 더 아침은 먹는 편이 좋겠다는 생각이 든다.

〈그림 7-2〉 조식의 빈도

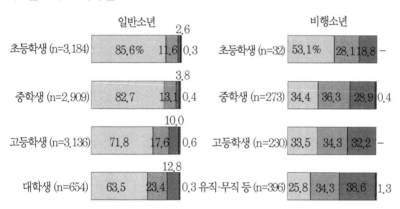

■ 매일 먹음 ■ 먹고 있는 편임 ■ 거의 먹지 않음 ■ 무응답/무효

출처:http://www8.cao.go.jp/youth/kenkyu/hikou4/html/html/2-1-3.html#2-1-3-3

2005년부터 국민의 건전한 심신 및 풍요로운 인간성 육성을 위해 식생활에 관한 기본이념을 밝히고 국가 및 지방공공단체 등의 책무를 명확히 하는 것을 목적으로 하는 식생활기본법이 시행되었다. 내각부 조사는 동법률에 근거를 둔 것이다. 또한 같은 해 미래를 짊어질 아이들 및 그 보

호자, 일본경제의 근간인 성인들을 대상으로 '식생활'에 대한 계몽활동 및 지식보급활동을 추진하고 건강한 사회기반 만들기에 기여함을 목적으로 하는 NPO법인 일본식육(食育)협회가 발족하였다.

이 협회 홈페이지상의 '식육강좌' 코너는 아침을 먹지 않는 아이들이 비행을 저지른다고 하는 인과관계에 대해서 구체적으로 서술하고 있다. 그 내용을 살펴보자(http://www.syokuiku-kyoukai.jp/lecture/04. html).

> 아침을 먹지 않으면 저혈당이 되어 체온이 내려가게 된다. 이에 따라 몸의 면역력도 약화되며 두뇌 활동이 둔화된다. 에너지를 보급하기 위해서는 간에서 글리코겐(Glycogen)을 혈당(Glucose, 포도당)으로 변화시키는 동시에, 근육에 있는 단백질을 분해해서 그 속의 아미노산을 당으로 변화시켜 뇌에 공급해야 한다. 이때 혈당을 높이고 뇌의 활동을 유지하기 위해서 체내에는 다양한 호르몬이 분비된다. 공격성, 흥분, 스트레스에 관여하는 아드레날린, 노르아드레날린, 부신피질 호르몬의 분비가 정신 상태에 미묘하게 영향을 미친다.

이와 같이 인과관계의 메커니즘을 설명하고 있다. 그리고 이 코너에서는 『이바라키현경(縣警)과 쓰쿠바대학의 공동조사 보고서』를 인용하여 비행청소년의 조식 섭취율이 낮다는 점을 소개하고 '아침을 먹지 않는 비행청소년은 전두엽 부분에서 뇌의 당질(포도당)대사가 저조하며 편식에 의한 저혈당과 비타민, 미네랄 결핍이 자제력 쇠퇴로 이어져 결과적으로 비행을 저지르기 쉽다'고 결론 내리고 있다.

인과추론의 검토

분명 공복시에 안절부절 못하고 거칠어지는 것은 누구나 경험해 보았을 것이다. 교수회의가 길어져서 배가 고파지면 논의가 까칠해지곤 한다. 앞서 소개한 생리적 메커니즘이 작용하는 것일지도 모르겠다. 그렇지만 보다 신중한 검토가 필요하다.

과연 인과관계는 앞서의 주장대로 이루어지는 것일까. 비행으로 선도처분된 소년들은 밤늦게까지 거리에서 시간을 보내는 경우가 태반일 것이다. 때문에 늦잠을 자느라 아침을 거르는 경우가 있을지 모른다. 이 경우 비행행위가 원인이 되어서 아침을 거른다고 하는 역의 인과관계가 성립한다. 6장에서 살펴본 '내생성'이 발생하고 있다고 말할 수 있다. 그렇다고 한다면 아무리 열심히 조식을 챙겨먹도록 하더라도 비행은 그다지 줄지 않을 것이다.

그런데 식육협회의 인과관계 설명의 문제점은 이것만이 아니다. 아침을 먹지 않는 아동과 매일 먹는 아동의 상황을 생각해보자. 아침을 먹지 않는 아동은 부모가 정성들여 준비한 맛있는 아침에 눈길도 주지 않고 나가버릴까. 그런 가정도 있을지 모른다. 하지만 애당초 그런 아침식사가 마련되지 못하는 가정도 있을 것이다. 가정환경이 아침을 먹는 아동과 먹지않는 아동 간에 상이할 가능성이 있다. 다시말해, 아침식사를 차려주는 가정환경과 그렇지 못한 가정환경의 차이가 비행에 영향을 주고 있을 지도 모른다. 만약 그렇다면 앞절에서 관찰한 아침밥과 비행 간의 공변관계, 상관관계는 허위의 상관관계일지도 모른다(〈그림 7-3〉).

〈그림 7-3〉 조식과 비행 간의 관계

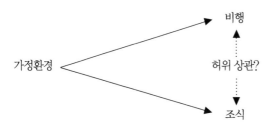

여기에는 관찰된 '아침 밥'과 '비행'의 관계에 다른 변수(제3의 변수)인 '가정환경'이 개입하고 있을 가능성이 크다. 변수무시 바이어스의 문제이다.

이 장의 과제는 그러한 다른 변수의 영향을 고려하면서 인과관계를 추론하는 것의 중요성에 대해 생각해 보는 것이다. 어떤 독립 변수가 종속 변수에 영향을 미치고 있다는 주장을 할 때, 다른 변수의 영향력을 배제한 다음에도 여전히 그러한 영향관계가 존재하는가를 확인할 필요가 있다는 것이다.

해결책으로서의 실험과 그 불완전성

1장에서 살펴본 광합성 실험의 예를 다시 한 번 상기해 보자. 그 실험에서는 같은 나팔꽃잎에 빛을 쪼이는 방법만을 달리하고 그 밖의 조건(타 변수)은 일정하게 하여 전분이 생기는지 여부를 검증하였다. 비행과 아침밥에 관한 연구와 비교하면 광합성 실험에서는 타 변수를 인위적으로 통제하고 있기에 인과관계로써 보다 엄밀하다는 점은 분명하다. 일란성 쌍둥이를 데려와서 한쪽에는 아침밥을 먹게하고 다른 한쪽은 못 먹게 한다. 그 밖의 조건은 같도록 해서 1년간 관찰한다고 하면 광합성실험과 유사한 정도의 타 변수 통제를 실시한 셈이 될 것이다. 그러나 여기에는 윤리적 문제가 야기된다. 뿐만 아니라 그러한 실험에는 인과추론의 방법에 관한 문제도 내포되어 있다. 통계학자 폴 W. 홀랜드(Paul W. Holland)가 '인과관계의 근본적 문제'라고 명명한 것이 바로 이 문제이다 (Holland, 1986: 945-960).

인과추론의 근본문제

이 근본문제를 이해하기 위해 인과관계의 의미에 대해서 다시 한 번 확인해두자. 우리들은 어떤 원인에 의해 일정한 결과가 발생할 때 이를 인과관계라고 말한다. 보다 정확히 표현하면 다른 조건을 변화시키지 않으면서 독립 변수 값을 변화시켰을 때 종속 변수 값이 따라서 변화하는 경우가 인과효과가 발생한 경우다. 광합성 실험에서 이 인과효과를 손쉽게 확인할 수 있었다고 생각할지도 모르겠다. 그러나 곰곰히 생각해 보면 빛을 쪼인 부분과 그렇지 않은 부분 간에는 같은 나팔꽃잎이라고는 하지만 그 잎에 상이한 부분이 있기 마련이다. 쌍둥이라고 하더라도 서로 다른 인간이다. 엄밀하게 인과관계를 확인하기 위해서는 반사실적(Counterfactual) 추론과정을 거쳐야 한다. 이렇게 말하면 어렵게 들리겠지만 알기 쉽게 예를 들자면 우선 나팔꽃잎에 빛을 쪼여 전분의 생성을 확인하고 이후 타임머신을 타고 과거로 돌아가서 같은 잎에다가 이번에는 빛을 쪼이지 않고 전분이 생성되지 않음을 확인한다. 이렇게 하면 2장의 나팔꽃잎이 가질지 모를 이질적인 속성이 완전히 통제되어 독립 변수로써 빛의 유무만을 변화시킨 것이 될 수 있다. 아주 단순명쾌한 해결방안이지만 현실세계에서는 실현불가능하다.

킹, 코헤인과 버바는 '연구설계가 아무리 완벽하다 하더라도, 수집한 자료가 아무리 방대하다 하더라도, 관찰자가 제 아무리 예민한 감각을 지녔다 하더라도, 연구조교가 진정으로 근면성실하다 할지라도 그리고 아무리 많은 실험적 통제를 하였다 할지라도 확실하게 인과적 추론을 수행하는 것은 불가능하다'는 의미에서 이 문제가 '근본'적인 것(Fundamental Problem of Causal Inference)임을 논하고 있다(King, Keohane and Verba, 1994: 79).

근본문제의 '해결'방법

그렇다면 우리들은 여기에서 단념해야만 하는 것일까. 홀랜드는 이 문제를 해결하는 방법은 2가지라고 본다. 첫 번째는 과학적 해결이다. 앞서 나팔꽃을 이용한 광합성 실험의 방법론에 대해 실제로 이의를 제기하기는 어려울 것이다. 그 이유는 우리들이 나팔꽃에 빛을 쪼이면 전분이 생성된다고 하는 것을 확인한 다음에 이 사실을 전제로 빛을 쪼이지 않는 경우 전분이 생기지 않는다고 하는 결과가 나온다면 이는 빛이 가지고 있는 인과효과를 확인한 것이라고 간주해도 무방하다라고 판단하였기 때문이다. 지금까지 축적된 과학적 지식에 기초하여 실험에 사용되는 나팔꽃잎의 비교대상 부분은 어떤 것이든지 간에 빛을 쪼이기만 하면 전분이 생기는 같은 성질의 것(단위동질성이 있다는 것)이라는 점을 인정함으로써 문제를 '해결'하는 방법으로 과학적 해결이라고 부른다.

또 하나의 방법은 통계적 해결이다. 이는 무작위 할당(Random Assignment) 실험을 상정한다. 앞서 아침밥과 비행의 사례에서는 2명을 대상으로 1명에게는 아침밥을 먹게 하고 다른 1명에게는 먹지 않게 한 후 두 사람의 행동을 관찰한다고 하는 실험을 생각해 보았다. 그러나 설령 쌍둥이라고 하더라도 두 사람 간에는 아침밥을 먹는가의 여부라는 독립 변수 이외에 여전히 차이점이 있다. 아침밥의 영향만을 고찰한다는 것은 불가능하다. 그래서 전국의 중학교 3학년생 가운데 추첨으로 각각 100명씩 선발하여 A, B집단을 만든다. 그리고 한쪽 집단에는 아침밥을 먹게 하고 다른 집단은 먹지 않게 하여 행동을 관찰한다. 이 경우 A와 B는 서로 다른 집단이기 때문에 인과추론의 근본문제를 완전하게 해결할 수는 없다. 다만 이 두 집단은 무작위로 뽑혔기 때문에 성별, 신장, 성격과 같은 다양한 속성이 평균적으로 유사하다고 기대할 수 있다. 요컨대 A도 B도 일본의 중학교 3학년생이라는 모집단의 성격을 반영한 유사한 표본일 가능성이 높다. 그 결과 이 실험설계에서는 아침밥이라고 하는 독립 변수 이외의 타 변수가 통제되어 있다고 간주할 수 있다는 것이다.

소비자는 자유무역을 선호한다?

앞서 예는 가상의 실험 예이지만 무작위 할당실험의 이미지를 이해하는 데 도움이 되었을 것이다. 이하에서는 실제 사례를 대상으로 필자와 캘리포니아대학 샌디에고캠퍼스의 나오이 메구미(直井惠)가 행한 실험을 소개하기로 한다. 일반적으로 무역 자유화는 해외로부터 값싼 상품이 유입되어 국내산업이 피해를 받기 때문에 반대여론이 거세다. 예외 없는 관세철폐를 목표로 하는 TPP(Trans-Pacific Strategic Economic Partnership, 환태평양경제동반자협정)에 대해서도 값싼 농산물의 유입을 우려하는 농가가 강력하게 반대하고 있다. 수입품과 경쟁하는 산업에 종사하는 사람들도 자신의 고용 및 수입에 대한 악영향을 우려하여 반대 입장을 취한다. 그러나 무역자유화로 값싼 상품을 구입할 수 있다면 소비자의 입장에서는 반가운 일이라고 할 수 있다.

그런데 많은 사람들은 고용과 수입을 걱정하는 생산자인 동시에 소비자이기도 하다. 이 양면성 때문에 자신을 소비자로써 인식하는 경우 수입증가에 찬성하고 생산자로써 인식하는 경우에는 반대할 것으로 예상할 수 있다. 여기서 우리들은 2008년 12월초에 20세부터 65세까지의 사람들을 대상으로 인터넷을 이용한 실험조사를 실시하여 이 가설을 검증하였다. 조사의 모두에서 소비자로써의 의식을 환기시키는 슈퍼마켓 등의 사진을 보여준 응답자집단(소비자의식 집단), 생산자로써의 의식을 환기시키는 공장 등의 사진을 보여준 응답자집단(생산자의식 집단), 그리고 아무것도 보여주지 않은 집단(통제 집단) 각 400명을 대상으로 자유무역에 관한 설문에 응답토록 하였다. 생산자로써의 자극을 부여받은 경우와 소비자로써의 자극을 부여받은 경우에 사람들의 자유무역에 대한 태도가 어떻게 영향을 받는가를 알아보기 위한 실험설계이다. 여기서 각 집단은 무작위로 배정하여 각 집단별 평균 속성을 가능한 한 유사하도록 하였다.[1]

설문내용은 '최근 외국으로부터 수입이 증가하고 있습니다. 이에 대한 당신의 의견은 무엇입니까'라는 것이었다. 응답결과 바람직하지 않다고 하는 보호주의적 응답비율은 소비자의식 집단이 통제 집단에 비해 13% 적으며 이러한 차이는 통계적으로 유의미하였다. 이에 반해 생산자의식 집단의 보호주의적 응답은 아무 자극도 부여받지 않은 경우보다도 4% 많은데 불과하였으며 이러한 차이는 통계적으로 유의미한 차이가 아니었다. 소비자의식은 자유무역에 대한 지지를 높인다고 하는 결과가 확인되었다고 할 수 있다(〈그림 7-4〉).

〈그림 7-4〉 수입증가를 바람직하지 않다고 응답한 비율

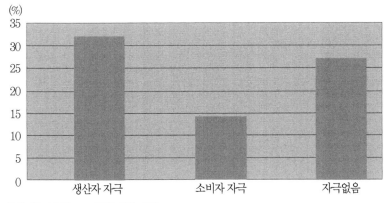

출처: Naoi & Kume, 2011: 771-795.

1) 다만 여기서 무작위 추출의 모집단은 인터넷 조사회사 프리서치(당시)에 등록되어 있는 응답자이다. 이러한 의미에서 별도의 편향이 있을 수 있다. 상세하게는 Naoi & Kume(2011)을 참조.

이 실험에서 독립 변수인 소비자 자극, 생산자 자극 이외의 변수는 3개의 집단 간에 동일하다고 간주할 수 있다. 따라서 종속 변수인 자유무역에 대한 태도의 집단 간 차이는 독립 변수에 의해서만 야기되었다고 추론할 수 있다. 나아가 이 실험설계에서는 자극을 부여한 후 자유무역에 대한 태도를 파악하고 있다. 앞 장에서 살펴본 독립 변수의 시간적 선행이라고 하는 조건도 충족시키고 있다.

자연실험

그러나 인위적인 무작위 추출 이후 서로 다른 '처리(Treatment)'를 실시한 실험이 언제나 가능한 것은 아니다. 이러한 문제점 때문에 최근 주목을 받고 있는 것이 자연실험이다. 우연히 출현한 실험적 상황을 이용해서 인과적 추론을 시도하려는 방법이다.

예를 들어, 학교교육에 있어서 학급 인원수가 적을수록 교육효과가 높다고 하는 가설을 검토하고 싶다고 하자. 생도수가 20명 이하의 학급과 40명의 학급을 무작위로 100개씩 뽑아서 학력 테스트 결과를 비교하는 방법으로 가설검증을 시도한다고 해보자. 그런데 소인원수 학급은 지방의 과소지역에 많고 대인원수 학급은 시지역에 많다고 하는 지역특성이 종속 변수인 성적에 영향을 미칠지 모른다. 학급 규모 이외의 타 변수가 통제되지 못하고 있는 것이다.

여기서 이 문제를 해결하는 연구설계를 고안해 볼 수 있다. 앙그리스트와 피슈케가 『Journal of Economic Perspective』지에서 소개한 예를 살펴보자(Argrist & Pischke, 2010: 3-30; Angrist & Lavy, 1999: 533-575). 이스라엘에서는 한 학급이 40명을 넘지 못하도록 법률로 규제하고 있다. 어떤 학급에서 정원을 한 사람이라도 넘게 되면 20명의 학급과 21명의 학급으로 분할된다. 이처럼 이스라엘에서는 소인원 학급과

대인원 학급이 우연에 의해 만들어지기 때문에 대인원 학급과 소인원 학급 간 속성에서 평균적으로 눈에 띄는 차이는 없다. 마치 무작위로 대인원 학급과 소인원 학급을 구성한 것과 같은 상황이 생겨난 것이다. 차이는 학급의 규모뿐이다. 이것은 자연이 만들어준 이상적인 실험상황이다. 그들은 대소 학급의 평균성적을 서로 비교해서 학급규모에 따라 성적에 유의미한 차이가 있음을 성공적으로 입증하였다.

관찰과 타변수의 통제

그러나 자신의 연구주제에 적합한 자연실험을 가능하게 하는 상황이 그리 손쉽게 발견되지는 않는다. 그럼에도 불구하고 우리들은 인과추론을 시도하려 한다. 이 경우 어떤 방법이 있을까. 관찰결과로부터 추론을 할 수밖에 없을 가능성이 높다. 앞서 소개한 데이터에서는 아침밥을 먹는가 아닌가에 따라 비행을 저지르는지 여부 간에 공변관계가 관찰되었다. 그러나 앞서 언급한 바와 같이 아침밥을 먹는가 여부는 가정환경의 영향을 받을 가능성이 있으며 허위상관관계일지도 모른다. 그렇다면 가정환경의 영향을 통제해서 아침밥 섭취의 영향만을 고찰하는 방법은 없는 것일까.

어떤 방법으로든 가정환경이 동일한 표본을 추출하여 그 가운데 아침밥을 먹는 집단과 먹지 않는 집단 간의 비행 발생률을 비교할 수 있다면 가정환경이라는 타 변수를 통제한 것이 된다. 가정환경을 어떻게 조작화하는가는 어려운 문제이지만 예를 들어, 도시락을 가지고 오는 집단과 그렇지 않은 집단에 주목하는 방법이 있을지도 모른다. 평균적으로 볼 때 도시락을 싸주는 가정이 아이들에게 좋은 가정환경이라고 간주할 수 있을 것이다. 도시락을 싸주는 양호한 가정환경의 학생들만을 대상으로 조사하여 아침밥 섭취 여부에 따라 비행 발생률에 차이가 발생한다면 아침밥 섭취가 독립 변수라는 결론은 진실에 가깝다고 볼 수 있을 것이다.

다중회귀분석

인과관계에 대한 추론을 통계적으로 세련된 방법으로 시도하는 것이 다중회귀분석(Multiple Regression Analysis)이다. 2011년에 와세다대학 고등연구소 프로젝트에서 필자도 참여하여 실시한 인터넷 여론조사 사례를 검토해 보자(早稲田大学現代日本社会システム研究所[河野勝代表] http://www.cjs-waseda.jp/).

이 조사에서는 무역자유화를 추진하는 TPP에 대한 찬반을 5단계 척도로 묻고 있다. 여기서 TPP에 대한 태도를 결정하는 요인을 찾아보기로 하자. 여러 가지 요인이 있을 것이다. 남녀 간에 자유무역에 대한 태도가 상이한 것은 다른 여러 연구에서도 규명되어 있다. 자유무역의 이점을 이해하기 위해서는 일정정도 지식이 필요하기 때문에 학력도 영향을 미칠지 모른다. 마찬가지로 인생경험이 쌓이면 자유무역의 편익에 대한 이해도가 높아질 수 있기 때문에 연령도 영향을 미칠지 모른다. TPP에 대한 태도(여기서는 찬성=1부터 반대=5까지의 5단계 척도)가 성별(남성=1, 여성=2), 연령, 학력(중졸 이하=1, 고졸=2, 전문학교·단기대학졸=3, 대졸 이상=4)의 각각에 의해서 어느 정도 영향을 받는가를 추정하는 다중회귀분석을 시도한다. 오차는 3개의 독립 변수이외의 요인에 의해 초래되는 부분이다. 수식으로 표현하면 이하와 같다.

TPP에 대한 태도 = a × 성별 + b × 연령 + c × 학력 + 상수 + 오차

자세한 것은 이 부분에 대한 통계학 서적을 참조하기 바라는데 다중회귀분석에서는 a, b, c의 값을 추정할 수 있으며 이를 통해 성별, 학력, 연

령이 어느 정도로 TPP에 대한 태도에 영향을 미치는지를 판단할 수 있게 된다. 실제 분석결과는 〈표 7-1〉과 같다.

〈표 7-1〉 TPP에 대한 태도(성별, 연령, 학력에 따른 영향)

	표준화되지 않은 계수		표준화된 계수	t값	유의확률
	B	표준오차	β		
(정수)	3.413	0.173		19.693	0.000
성별	0.271	0.049	0.102	5.481	0.000
연령	−0.018	0.002	−0.182	−9.821	0.000
학력	−0.076	0.030	−0.048	−2.562	0.010

주: 여기서는 종속 변수를 편의상 연속변수로 간주하여 OLS 직선회귀분석을 실시하였다. 이 분석과 〈표 7-2〉의 분석 모두 1% 수준에서 유의하였는데 조정된 R^2값은 각각 0.047, 0.058로 모두 작다. 본래 종속 변수는 서열변수여서 서열형 로지스틱 회귀 (ordinal logistic regression) 분석이 바람직하다. 다만, 이 데이터를 서열형 로지스틱 회귀모형으로 분석하여도 결과는 동일하다. 그리고 OLS회귀분석을 실시할 경우 추정오차 분산의 안정성(homoscedasticity) 등 일정한 전제조건을 충족시켜야 함에 유의할 필요가 있다. 자세한 내용은 통계학교과서를 참조하기 바라며 여기서는 다중회귀분석의 이미지를 파악하는 것에 주안점을 두었다.
데이터 출처: 早稻田大學現代社會システム/河野勝代表 http://www.cjs-waseda.jp/

이 결과는 다른 조건이 동일할때 연령이 1년 증가하면 TPP에 대한 태도가 찬성방향으로 0.018점 이동하고 학력이 1구분 높아지면 역시 TPP에 대한 태도가 찬성방향으로 0.076점 이동한다는 것을 나타낸다. 성별은 여성쪽이 0.271점 TPP에 반대하는 방향으로 이동하는 것으로 나타났다(표준화되지 않은 계수 B). 이 계수로부터 TPP에 대한 태도는 남성과 여성 간에 0.271점밖에 차이가 나지 않지만 20세인 사람과 60세인 사람 간에는 40살의 연령차이가 있어서 찬반태도의 차이를 계산해 보면 40× (−0.018)로 −0.72점 차이가 있다는 것을 알 수 있다. 3개 독립 변수 간의 상대적인 영향력을 손쉽게 비교하려면 종속 변수와 독립 변수를 평균 0, 분산 1로 표준화하여 계산한 계수인 표준화 계수 β(베타)를 보는 방법도 있다. 그렇게 보면 연령이 −0.182로 계수의 절대치가 가장 높기 때문에 독립 변수 가운데 최대의 영향을 미치는 요인임을 알 수 있다. 이러한 결과는 각각 5%의 수준에서 유의하다(유의확률이 모두 0.05 이하이다).

최근 남녀 진학률의 차이가 좁혀지고 있기는 하지만 이번 조사는 전연령층을 대상으로 한 것이기 때문에 평균적으로 남성이 여성보다 학력이 높을 것이다. 그렇다고 한다면 성별의 영향은 학력의 영향을 포함하고 있다는 의구심이 든다. 그런데 이 다중회귀모형에서는 이미 학력이라고 하는 독립 변수가 포함되어 있다. 따라서 여기서의 결과는 학력이라고 하는 변수를 통제한 상태에서 성별을 영향력을 추정한 셈이 된다. 이 점에 대해 좀더 살펴보자.

지금 학력이 높을수록 TPP를 지지한다고 하는 결론을 얻었다. 그러나 학력이 높은 사람은 소득도 높은 경향이 있다. 그렇다면 소득이 높은 사람이 TPP를 지지하고 있을 경우 학력은 허위의 상관관계일 가능성이 생긴다. 앞서 다중회귀모형에 소득(200만 엔 미만부터 1400만 엔 이상까지의 8단계)을 덧붙여서 다시 한 번 분석해 보기로 하자. 그 결과는 〈표 7-2〉와 같다.

〈표 7-2〉 TPP에 대한 태도(성별, 연령, 학력, 소득에 따른 영향)

	표준화되지 않은 계수		표준화된 계수	t값	유의확률
	B	표준오차	β		
(정수)	3.495	0.183		19.118	0.000
성별	0.287	0.052	0.107	5.536	0.000
연령	−0.016	0.002	−0.163	−8.290	0.000
학력	−0.045	0.032	−0.028	−1.410	0.159
소득	−0.085	0.014	−0.114	−5.854	0.000

데이터 출처: 早稻田大學現代社會システム/河野勝代表 http://www.cjs-waseda.jp/

표준화계수 β를 보면 학력의 영향은 −0.028로 매우 작다. 그뿐만이 아니라 이 계수는 10%수준에서도 유의하지 않다. 즉, 소득이라는 타 변수를 통제하면 독립 변수인 학력의 영향은 사라진다는 것이며 TPP에 대한 태도에서 학력은 허위의 상관관계라고 판단할 수 있다. 이처럼 관찰데이터를 이용해서 인과관계를 추론할 때 다중회귀분석이 타 변수를 통제하는 데 매우 유용한 방법이 된다.

이 장에서는 인과관계를 추론하는 데 중요한 조건인 타 변수통제에 대해 설명하였다. 앞서 검토한 무작위할당실험, 자연실험, 다중회귀분석은 이러한 문제를 해결하는데 유용한 방법이지만 모두 다수의 관찰을 전제로 하는 계량분석(Large N형 연구) 방법에 속한다. 역사연구 및 사례연구와 같은 질적연구(Small N형 연구)에서는 어떻게 이 문제를 극복할 수 있을까. 그에 대해서는 9장 및 10장에서 검토해 보기로 한다.

칼럼 ⑤ 반증할 수 없다?

지금까지 인과관계를 추론하는 데 있어서 실험이 가장 바람직한 방법이라는 점을 설명하였다. 그렇지만 실제로는 실험이라 하더라도 곤란한 문제를 안고 있다. 지금 이 책에서 소개한 나팔꽃잎을 이용한 광합성 실험을 교생실습의 일환으로 수업 중에 실시하였다고 하자. 학생들은 빛을 쪼였던 잎A와 쪼이지 않은 잎B를 떼어내어 요오드 용액에 담그고 나서 'A와 B 간에 색이 다르다'라고 의기양양하게 선언하는 것이 실험의 클라이맥스일 것이다. 그런데 막상 실험결과 두 잎의 색이 다르지 않았다고 하자. 이제 어떻게 수업을 진행하면 좋을까.

실험에 의해 광합성 이론은 반증되었다. 그렇다고 시험볼 때 광합성 이론은 잘못이라는 답을 쓰라고 말하기는 어렵다. 대개는 빛을 잘 쪼이게 하지 못하였다거나 요오드액이 너무 오래되어 변질되었다거나 하는 설명을 학생들에게 하게 된다. 그런데 이렇게 하는 것은 반증가능성이라는 원칙에 비추어볼 때 문제가 아닐까. 도대체 어떤 증거가 나오면 광합성 가설이 잘못된 것이라고 학생들에게 가르칠 작정인가? 여기서는 실험에서 예상과 다른 결과가 나와도 검증대상인 주요 가설을 부정하지 않고 주변의 보조가설(잎을 담근 액체가 요오드액이다 등)을 부정한 것이다. 주요 가설은 결과로써 반증되지 않는 구조가 형성된 것이다. 하기사 일본 내의 초등학교에서 차례로 광합성 가설이 반증되어서는 곤란한 것도 사실이다(伊勢田, 2003).

또한, 이러한 논의로부터 '과학적인 분석에는 근거가 없으며 세상에 진실도 없다. 모든 것이 사회적으로 결정되는 것에 불과하다'라는 극단적인 주장이 포스트모던 및 문화연구(Cultural Studies) 관련 연구자들에 의해 제기되기도 한다. 이러한 주장에 대한 흥미로운 비판서로써, 포스트모던 연구자들을 '웃음거리'로 만든 이하의 책을 읽어보기를 권한다. 앨런 소칼·장 브리크몽 저/이희재 역, 2014, 『지적사기 — 포스트모던 사상가들은 과학을 어떻게 남용했는가』, 한국경제신문.

8장
분석단위, 선택 편향, 관찰 유니버스[1]

앞 장까지는 인과관계 추론을 위한 방법론에 있어서 주의가 필요한 과제들을 고찰하였다. 이 장에서는 사회학의 명저들을 소재로 이러한 과제들에 대해 복습하면서 추가적인 과제에 대해서도 검토하기로 한다.

뒤르켐의 『자살론』

프랑스 사회학자인 에밀 뒤르켐(Émile Durkheim)은 『자살론』이라는 사회학의 고전을 집필하였다. 뒤르켐은 자살이 장래에 대한 비관 혹은 절망이라고 하는 개인의 심리학적 요인이나 유전, 혹은 기후·풍토라는 요인이 아니라 사회적 현상으로써 사회학적으로 이해하는 것이 중요하다고 주장하였다. 그리고 서로 다른 사회 간에 관찰되는 자살률의 차이에 주목하였다.

뒤르켐은 유럽에서 같은 기독교인이라고 하더라도 가톨릭신자가 개신교(프로테스탄트) 신자보다 자살률이 낮다는 점을 발견하였다. 뒤르켐은

---

1) 유니버스(universe)는 어떤 연구 분야에서 흥미의 대상이 되는 전체 조사대상 집단을 의미하는 것으로 특정 현상의 설명과 관련하여 정량적 분석방법의 적용을 통한 모형 수립을 목적으로 선정된 대상인 모집단(population)과 구별할 필요가 있다. 일반적으로 과학적 연구는 복잡한 현상을 보다 단순한 모형으로 치환하여 설명하는 것을 목표로 하는데 모형이 폭넓게 현상을 설명하기 위해서는 선택된 모집단이 해당 유니버스를 적절하게 대표할 수 있어야 한다. 그리고 연구 분야가 성숙되지 않은 초기단계에서는 모집단 설정이 그 해당연구 분야의 유니버스에 적합하지 않는 경우가 적지 않아 양자를 구별할 실익이 더 크다(역자주).

다양한 데이터를 활용해 이 점을 확인한다. 예를 들어, 스위스에는 독일인 계통의 주와 프랑스인 계통의 주가 있는데 주별로 종파도 다른 경향이 있어 4종류의 주를 유형화하여 자살률을 비교할 수 있다. 각 유형별 자살률 결과는 〈표 8-1〉과 같다.

〈표 8-1〉 가톨릭계와 개신교계의 자살률

	가톨릭계	개신교계
독일계 프랑스계	자살률 낮음 자살률 낮음	자살률 높음 자살률 높음

여기서는 독일인 계통 혹은 프랑스인 계통이라고 하는 민족의 차이는 자살률의 차이에 영향이 없고 종파의 차이가 자살률의 차이로 이어짐을 확인할 수 있다. 민족이라고 하는 타변수를 통제한 다음에도 종파와 자살률 간의 공변관계가 관찰된다는 것이다. 나아가 자살하고 나서 종파를 선택할 수는 없기에 독립 변수의 시간적 선행이라는 조건도 충족한다. 이러한 사실로부터 뒤르켐은 종파의 차이가 자살률의 차이를 가져오는 원인이라고 말할 수 있다고 생각했다.

뒤르켐은 이러한 인과관계가 성립하는 배경으로 신의 대리인인 교황을 정점으로 한 교회조직이 존재하는 가톨릭 쪽이 신과 개인의 직접적 관계를 강조하는 개신교에 비해서 신자들의 사회적 결합도가 높다는 점을 지적하였다. 여기서 상정되고 있는 것은 뒤르켐이 자기본위적 자살이라고 분류한 유형인데 사회에서 사람들 간의 결합이 약해지면 불안이 높아져 그 결과 자살이 증가한다고 보는 것이다. 추상적인 이론가설로서 사회적 결합의 정도가 독립 변수, 불안을 종속 변수라고 간주한 것이다.

가설의 검증

정말 모범사례라고 할 만한 인과적 추론이 이루어진 것이다. 다카네 마사아키(高根正昭)도 '자살론'의 예를 『창조의 방법학(創造の方法學)』의 3장 '이론과 경험의 연결- 구체적 증거를 수집한다'에서 소개하고 있다. 〈표 8-2〉는 다카네가 뒤르켐의 주장을 다시 정리한 것이다.

〈표 8-2〉 원인과 결과

	원인	결과	
일반적 개념 조작적 정의	사회적 결합(높음, 낮음) 종파(가톨릭, 개신교)	불안(낮음, 높음) 자살률(낮음, 높음)	이론의 차원 가설의 차원

그런데 이처럼 일반적 이론이 도출되면 이를 조작적 정의 수준에서 구체적인 가설로 바꾸어 그 진위여부를 확인할 수 있다. 3장에서 언급하였던 일반화·이론화가 가지는 중요성을 상기해 보기 바란다. 다카네는 이 점을 다음과 같이 언급하고 있다.

> 물론 하나의 가설이 일련의 데이터로 검증되었다할지라도 그 배후에 있
> 는 이론이 절대적 진리가 되는 것은 아니다. 그러나 가설은 검증이라고
> 하는 테스트에 낙제하는 것보다는 합격하는 편이 좋다는 것은 분명하
> 다. 가설이 경험적 데이터에 의해 입증될 때 그 배후에 있는 이론에 대한
> 신뢰성이 한층 높아질 것이기 때문이다(高根, 1979: 68).

다양한 가설의 검증을 통해 이론은 보다 확고한 것이 된다. 즉 이론의 견고성(Robustness)이 제고된다는 것이다. 다카네는 뒤르켐의 이론을 검증하기 위해서 상정가능한 종파와 자살률에 관한 3가지 가설을 다음과 같이 예시하고 있다.

'개신교 국가가 가톨릭 국가보다도 자살률이 높다', '독일에서 개신교도
가 많은 지역이 가톨릭교도가 많은 지역보다 자살률이 높다', '프랑스의
개신교 신자들이 가톨릭 신자들보다 자살률이 높다.'

다카네는 이러한 가설이 데이터를 바탕으로 실증된다면 이론의 신뢰
성이 한층 높아질 것이라고 보았다. 그렇다면 이 3가지 가설 간에 이론
을 검증하는 데 있어서 중요도의 차이는 있을까. 아니면 3가지 가설은
동등하게 중요한 것일까.

먼저 국가별 비교를 검토해 보자. 예컨대 가톨릭 국가인 이탈리아와
개신교 국가인 스웨덴을 비교해보자. 세계보건기구(WHO)의 데이터를
보면 10만 명당 자살자수(1999년)는 스웨덴이 13.8명인데 반해 이탈리
아는 7.1명이다(후생노동성 홈페이지, http://www.mhlw.go.jp/toukei/
saikin/hw/jinkou/tokusyu/suicide04/11.html).

그렇다면 가설이 예상대로이기 때문에 이론은 검증되었다고 말할 수
있을까. 여기서 고려해야 할 것은 뒤르켐이 『자살론』을 집필한 시대와
달리 사회가 세속화되어 종파의 차이가 반드시 사회적 결합도에 영향을
미치지 않을 가능성이 있다는 점 그리고 양국 간에 종교적 차이 이외의
많은 상이점이 존재한다는 점이다. 대표적인 차이점 가운데 하나가 기후
이다. 스웨덴은 고위도지역으로 겨울의 일조시간이 짧다. 춥고 어두운
날이 많은 스웨덴과 햇살이 넘쳐나는 이탈리아 간에는 자살률의 차이가
있을 수밖에 없을 것이다. 요리 및 음악을 비롯한 문화적 상황도 다를 것
이다. 국가별 사례비교에서는 타 변수에 대한 통제가 불충분하다.

그렇다면 독일의 지역 간 비교는 어떨까. 같은 나라 안이기 때문에 국
가별 비교 만큼의 차이는 없을지 모른다. 그럼에도 불구하고 지역 간에
도 차이가 적지 않다. 이렇게 생각하면 3번째 가설인 프랑스 내의 신자
간 비교쪽이 유망해 보인다. 예를 들어, 학력 및 소득이 동일한 수준의

사람으로서 종파가 다른 2개 집단에 주목하여 비교할 수 있을 것이다. 동일하게 파리에 거주하는 사람들을 대상으로 비교해도 좋을 것이다. 타 변수의 통제가 그 만큼 용이해질 것이기 때문이다.

1. 분석의 단위

그렇다면 어째서 3번째 가설이 타 변수를 통제하기가 쉽다는 것일까. 3가지 가설에서 관찰수준 혹은 분석의 단위가 이러한 차이를 가져온다. 첫 번째 가설에서는 분석단위는 국가이며 2번째 가설에서는 지역이다. 이에 대해 3번째 가설에서는 개인을 분석단위로 설정하고 있어서 표본 수가 많으며 개인의 다양한 속성에 주목할 수 있기에 타 변수의 통제도 보다 용이하다.

이와 같이 3번째 가설이 이론의 검증방법으로 최적이라고 볼 수 있다. 그렇지만 여기에서도 주의가 필요한데 이론차원에서 상정하였던 인과메 커니즘이 그것이다. 뒤르켐은 이론차원에서 독립 변수로써 종파가 아니 라 사회적 결합도를 상정하였다. 종파는 어디까지나 사회적 결합도라는 이론적 · 추상적 개념을 조작화하기 위한 수단으로써 사용된 것이다. 이 러한 관점에서 보면 3번째 가설의 문제점도 드러난다. 3번째 가설에서는 개개인의 종파를 관찰하였다. 그러나 어떤 사람이 가톨릭 신자라는 것과 그 사람이 교회조직 속에 긴밀한 인간관계를 구축하고 있다는 것과의 사 이에는 간극이 존재할 수 있다. 가톨릭 신자라고 응답한 사람이라고 하 더라도 대도시에서 혼자 살면서 교회생활과는 무관할지도 모른다. 오히 려 국가 및 지역이라고 하는 거시적 측면에 주목하는 첫 번째 혹은 2번째 가설쪽이 뒤르켐의 사회적 결합도라는 개념을 적절하게 조작화한 가설 로써 바람직한 것이 될 수 있다. '사회'가 분석 혹은 관찰의 단위로써 사용되었기 때문이다.

이론과 분석의 단위

이상의 고찰은 이론에 따라 바람직한 분석단위가 상이하다는 것을 나타내고 있다. 여기서 좀 더 고찰을 진행해 보자. 이하와 같이 4가지 가상적인 연구설계를 설정하기로 한다.

① 소인원수 학급이 학급의 단결력이 높다는 가설을 설정한다. 이를 검증하기 위해 국가표준인 한 학급 40명의 학급과 지방자치단체의 독자적 정책에 의한 20명~30명 규모 학급의 표본 각각 100개를 뽑아서 학교축제에 대한 학급참여도를 비교한다.

② 부모의 소득이 높을수록 자녀성적이 양호하다는 가설을 설정한다. 이를 검증하기 위해 부모의 평균 소득이 500만 엔 이상인 학급과 400만 엔 이하인 학급을 각각 100개씩 뽑아서 평균성적을 비교한다.

③ 고학력이 될수록 자녀를 적게 낳는다는 가설을 설정한다. 이를 검증하기 위해 도도부현별로 출생률과 대학 · 대학원졸업자 비율 간의 상관관계를 조사한다.

④ 정부에 의한 공공사업지출이 많을수록 여당에 대한 지지가 증가할 것이라는 가설을 설정한다. 이를 검증하기 위해 선거전년도 각 도도부현별 중앙정부에 의한 공공사업지출액과 선거에서의 여당득표율 간의 상관관계를 조사한다.

이상의 연구설계는 타 변수 통제의 문제 등 해결해야만 하는 과제가 있다. 일단 그 문제는 미루어두고 4개의 연구설계 가운데 유사한 것들을 묶어서 분류해 보자. 어떤 유형화가 가능할 것인지 각자 생각해 보기 바란다. 이러한 4개의 연구설계에서 연구관심은 제 각각이다. 그러나 인과관계가 작용할 것이라고 상정한 차원과 관찰하는 단위 차원에 주목하면 2개 그룹으로 나눌수 있을 것이다. ②와 ③에서 부모의 소득 혹은 교육수준이라고 하는 독립 변수는 개인차원에서 작용한다. 그러나 관찰은 학급 혹은 도도부현이라고 하는 집계된 차원에게 이루어진다. 이론차원과 관찰차원 간에 괴리가 있다. 이에 대해 ①과 ④에서는 학급 혹은 광역자치단체인 도도부현이라고 하는 단위에서 인과관계가 작용한다고 상정되고 동일한 차원에서 관찰이 이루어지고 있다. 여기서는 괴리가 발생하지 않는 것이다.

일반적으로 데이터를 모을 때에는 집단단위 데이터(집계데이터)의 수집이 더 용이하다. ③의 예를 생각해 보자. 이 가설의 함의를 엄밀히 생각해 보면, 여성은 고학력이 될수록 자녀를 낳지 않는 경향이 있다는 것이 된다. 그렇다고 한다면 예컨대 현재 50세의 여성을 대상으로 한 무작위 추출을 시행하고 지금까지 출산한 자녀수와 최종학력을 물어서 그 상관관계를 조사한다고 하는 개인차원에서 가설검증을 시도하는 편이 도도부현별로 집계한 데이터를 사용한 것보다 바람직하다. 그러나 이 방법을 실행하기에는 상당한 비용이 발생한다. 인터넷상에는 다행스럽게도 6장에서 소개한 '정부통계 종합창구(e-Stat)'라는 편리한 사이트가 개설되어 있어 도도부현별 통계가 이용가능하다. 거기에는 도도부현별 출생률, 대학·대학원 졸업자 비율이라는 데이터가 있다. 이를 이용해서 상관관계를 조사하는 것이 보통이다. 데이터의 이용가능성을 고려하면 어쩔 수 없는 측면이다. 조사의 첫 걸음이라고 생각하면 이러한 접근을 꺼려해야 하는 것만은 아닐 것이다.

그러나 이론차원과 관찰차원의 괴리가 생기는 연구설계를 하는 경우

생태학적 오류(Ecological Fallacy)[2] 문제에 대한 주의가 필요하다.

생태학적 오류

생태학적 오류에 대해 간단한 사례를 들어보자. 2012년에 학생 시절 잘했던 과목과 소득이 관련이 있다는 연구결과가 보도된 바 있다(読売新聞, 2012年 4月 11日). 대학입시에서 수학을 선택한 문과 출신자는 그 밖의 문과 출신자에 비해 소득이 높다는 것이다. 학력저하 논쟁에서도 활약하였던 니시무라 가즈오(西村和雄)가 중심이 되어 대졸 이상 11,399명을 표본으로 한 대규모 인터넷 조사연구 결과가 이러한 보도의 계기였다.

문부과학성의 '여유(ゆとり)교육'[3]을 비판하려는 의도도 있었기에 이 보고서에는 학업 당시 적용된 학습지도요령별 샘플을 세대 A(~1966년 3월생), 세대 B(1966년 4월생~1978년 3월생), 세대 C(1978년 4월생~)의 3개 집단으로 나누어 타 변수의 영향도 고려한 분석을 실시하였다. 여기서는 선호 과목별 소득을 나타내는 그래프를 중심으로 살펴보자(〈그림 8-1〉). 그래프를 보면 모든 세대에서 수학이 선호과목이었던 사람일수록 소득이 높다는 것을 알 수 있다.

이 책의 1장에서는 신장이 소득에 영향을 미칠지도 모른다는 키가 작은 사람들에게는 좀 송구스러운 연구를 소개했었다. 수학성적이 소득에 영향을 준다고 하는 연구결과는 수학을 싫어하는 사람일지라도 아직 만회할 여지가 있기에 좀 참고 끝까지 이야기를 들어보면 좋겠다.

---

2) 집단에 대한 조사결과를 개인의 개별특성에 결부시켜 유추함으로써 발생하는 오류이다 (역자주).

3) 일본은 2002년부터 초·중등 교육의 학습량을 대폭 줄여 기존의 주입식교육으로부터 탈피하여 사고력제고를 추구하는 이른바 '유토리 교육'을 도입하였으나 학생들의 사회 적응력 및 학력이 저하되었다는 비판이 지속적으로 제기되고 있다(역자주).

〈그림 8-1〉 좋아하는 과목별 평균소득

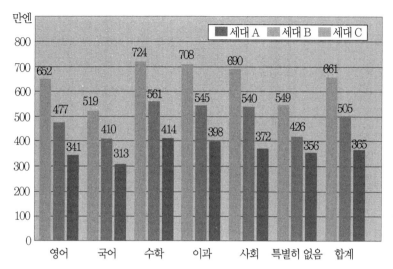

출처: 西村ほか, 2012: 13.

그렇지만 이제 더 이상 수학공부에 시간을 내기도 노력하기도 무리라고 생각하는 사람이 이 연구결과를 부정하는 데이터를 열심히 모았다고 한번 가정해 보자. 지금부터는 가상의 이야기이다. 여러 가지로 조사를 해서 대졸이면서 현재 40세 이상의 남성으로 구성되는 2개 집단에 대한 데이터가 수집되었다고 하자〈표 8-3〉).

〈표 8-3〉 집단차원으로 본 수학점수와 소득의 관계

	수학	소득
그룹 A	60점	640만 엔
그룹 B	70점	510만 엔

그룹 A의 수학 평균성적은 60점으로 B의 70점보다 낮다. 그러나 평균소득은 A쪽이 130만 엔이나 높다. 수학성적과 소득 간에는 상관관계는 없을 뿐만아니라 오히려 그 반대인 것은 아닐까. 이 결과를 근거로 책

상머리에서 수학공부를 하기보다 그 시간에 놀이 등 다양한 활동을 하는 편이 장래 소득이 높아진다고 해석해도 좋을까.

여기서는 집단차원의 데이터를 이용하여 상관관계를 확인하고 있다. 그러나 가설에서 상정한 인과관계는 말할 것도 없이 개인차원에서 발생하는 것이다. 따라서 데이터도 개인차원에서 확인할 필요가 있는데 그 결과 〈표 8-4〉와 같은 실태가 파악되었다.

〈표 8-4〉 개인차원에서 본 수학점수와 소득의 관계

	A 수학	A 소득		B 수학	B 소득
개인 1	100점	2,000만엔	개인 6	70점	510만엔
개인 2	50점	300만엔	개인 7	70점	510만엔
개인 3	50점	300만엔	개인 8	70점	510만엔
개인 4	50점	300만엔	개인 9	70점	510만엔
개인 5	50점	300만엔	개인 10	70점	510만엔

역시 수학성적과 소득은 상관관계가 있다는 것을 바로 알 수 있다. 물론 이는 가상의 데이터이다. 집단차원으로 본 경우와 개인차원에서 본 경우에 별 차이가 없는 경우도 당연히 있다. 그러나 가상사례에서 살펴본 것과 같은 집단차원과 개인차원 간의 괴리 즉, 생태학적 오류가 발생할 가능성을 자각할 필요가 있다. 실제 사례로써 유명한 것이 미국을 배경으로 한 '이민'과 '문맹률'의 관계이다. 1930년 미국에서 이민자 비율과 글자를 읽지 못하는 사람의 비율 간의 관계를 각 주별로 살펴본 결과 마이너스 0.526의 부의 상관관계를 나타내었다. 이민이 많은 주일수록 글자를 읽지 못하는 사람의 비율이 적다는 것으로 직관적으로도 이상하다고 느낄 수 있는 결과였다. 그런데 개인차원에서 상관관계를 분석해 보면

약하지만 0.118의 정의 상관관계로 나타났다. 역시 해외에서 태어나 미국으로 건너온 이민자는 평균적으로 교육정도가 낮고 문맹률도 높다는 것을 시사하는 결과이다(Robinson, 1950).

집계데이터 사용시 주의할 점

이와 관련하여 이론이 상정한 분석 · 관찰의 단위를 집계하여 관찰함으로써 생길 수 있는 또 하나의 문제점을 지적해 보고자 한다(Robinson, 1950).

필자는 요미우리신문사가 2012년 총선거에 입후보한 후보자를 대상으로 실시한 설문조사에 참여한 바 있다. 참고로 이는 실제사례이다. 조사에서는 경기, 고용대책, 국회의원수 삭감 등 선거제도개혁, 재정재건, 행정개혁, 소비세 등의 세제개혁, 동일본대지진의 복구 · 방재대책, 연금 · 의료제도 등의 사회보장개혁, 원자력발전등의 에너지 정책, 외교 · 안전보장, 농업문제, TPP, 지방자치, 헌법개정, 교육개혁, 정경유착 문제, 기타 총 16개 항목에 대해 선거에서 쟁점화 하고자 하는 문제를 선택하도록 하였다. 그 응답결과를 주성분분석이라고 하는 방법으로 분석한 결과, 응답유형으로부터 각 후보자를 특징짓는 몇 가지 득점화된 차원을 도출할 수 있었다. 가장 중요한 차원은 경기문제를 쟁점화하는가, 아니면 소비세 및 원자력 발전문제를 쟁점화하는가였으며 다음으로 중요한 차원은 행정개혁 및 지방자치라고 하는 통치기구의 문제를 쟁점화하고자 하는가 아니면 외교문제를 쟁점화하고자 하는가였다.

이 2가지 차원으로 구성되는 평면상에 민주당과 자민당의 각 후보자의 위치를 분포시킨 것이 〈그림 8-2〉이다. 어떤 인상을 받게 될까. 자민당 후보자는 소비세 및 원자력 발전문제를 피해서 경기를 쟁점화하려는 경

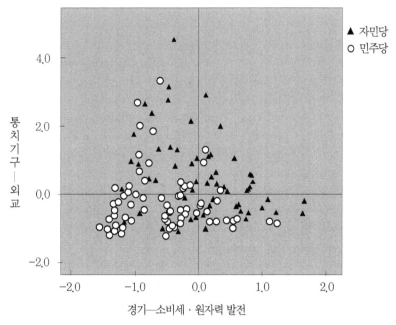

〈그림 8-2〉 선거에서 호소하고 싶은 문제

▲ 자민당
○ 민주당

통
치
기
구
ㅣ
외
교

경기ㅡ소비세 · 원자력 발전

데이터 출처: 요미우리 신문사 설문

향이 보인다. 민주당은 상당히 넓게 분포하고 있어서 거의 특징이 없는
듯이 보이지만 어쨌든 이 그래프에서 명확하게 양당 간의 차이를 엿볼
수 있을 것이다.

그래서 양당후보자의 이 두 차원과 관련된 득점을 평균해서(즉 집계해
서) 민주당과 자민당의 위치를 나타내 보았다(〈그림 8-3〉). 그림을 보면
민주당은 외교정책에서 실수를 해서 외교는 쟁점화하려고 하지 않으려
하고, 자민당은 소비세증세로 민주당과 협력을 하였기에 이 문제를 쟁점
화하지 않으려 한다고 해석할 수 있을 듯하다. 제각각이었던 후보자별
데이터를 집계함으로써 특징이 선명하게 드러나게 되었다. 그러나 실제
로 양당 간의 차이가 명확하게 드러나게 된 것은 집계를 실시하였기 때

문이다. 집계데이터만을 활용할 경우 본래 그다지 명확하지 않은 특징이
보다 명확하게 나타나는 효과가 발생하며 그 결과 잘못된 추론으로 이어
질 수도 있다. 여기서도 연구자는 분석의 단위를 어떻게 설정하고 있는
가에 대해 자각적일 필요가 있다.

〈그림 8-3〉 민주당과 자민당의 위치

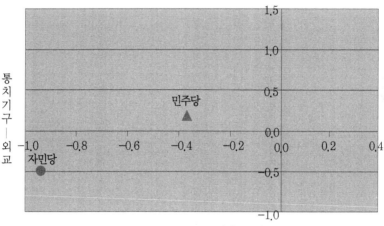

데이터 출처: 요미우리 신문사 설문

2. 선택 편향

분석 혹은 관찰단위를 어떻게 설정할 것인가는 검증하려는 이론과의
관계로 결정해야 한다는 것을 지적하였다. 그렇다면 관찰대상은 어떻게
선택해야 할까. 이는 사례를 어떻게 선정할 것인가라는 문제이다.

종속 변수에 따른 선택

소득과 수학성적의 이야기로 돌아가 보자. 수학성적이 소득에 영향을 준다고 하는 관계를 확인하기 위한 조사를 설계한다. 연수입 1,000만 엔 이상의 샐러리맨을 뽑아서 고교 시절 수학성적과 현재 소득을 파악하여 성적의 효과를 조사하기로 한다. 이 표본선정에 문제는 없을까. 우리들의 관심은 소득이 높은 사람의 속성에 있으므로 엘리트 샐러리맨만을 조사하는 것은 괜찮을 듯이 생각된다. 그러나 이러한 표본은 수학성적의 효과를 올바르게 측정할 수 없다. 킹, 코헤인과 버바(King, Keohane and Verba)의 『사회과학의 리서치 디자인(Designing Social Inquiry)』에서의 설명에 약간의 수정을 가하여 그 이유를 알아보기로 한다.

다시 가상의 데이터 사례를 생각해 보자. 지금 수직축은 연간소득(만엔), 수평축은 고교 시절 수학성적(1점에서 10점까지)인 산포도(〈그림 8-4〉)와 같은 데이터가 있다고 하자. 만약 수학성적만으로 소득이 완전히 결정된다고 한다면 개개 표본(한 사람 한 사람의 샐러리맨)을 나

〈그림 8-4〉 수학성적과 소득 간의 관계

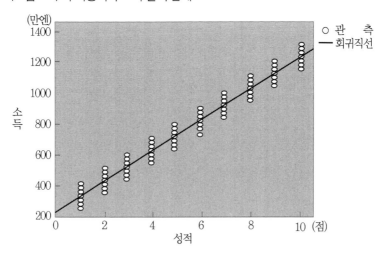

타내는 동그라미 표시는 모두 직선상에 위치할 것이다. 그러나 수학성적 이외에도 소득에 영향을 미치는 요인이 있기 때문에 같은 성적인 사람 간에도 소득에 일정 정도 차이가 생긴다. 같은 성적을 얻은 사람 간에 생기는 소득의 차이를 성적으로 결정되지 않는 부분(오차)으로 간주한다. 여기서는 대체로 성적이 1점 좋아지면 소득은 100만 엔 높아지는 관계가 성립함을 알 수 있다(OLS 회귀분석을 행하면 이 가상데이터에서는 소득= 99.99×성적+219.91+오차항이라는 회귀방정식으로 추정할 수 있다).

〈그림 8-5〉 수학성적과 소득 간의 관계(연수입 1,000만 엔 이상)

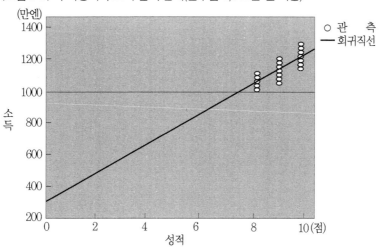

그렇다면 연수입 1,000만 엔 이상인 사람만을 표본으로 선정해 보자. 그 결과는 〈그림 8-5〉와 같다. 표본을 1,000만 엔 이상 버는 사람으로 한정하면 직선의 기울기는 조금 완만하게 됨을 알 수 있을 것이다. 계산해 보면 성적이 1점 좋아짐으로써 늘어나는 소득은 90만 엔이다(회귀식은 소득= 90.63×성적+310.63+오차항이 된다). 모든 표본으로 본 경우

에는 약 100만 엔이었으므로 표본을 한정한 결과 성적이 소득에 미치는 영향이 과소 추정되었다. 어떤 표본을 선택하는가에 따라 인과관계 추정에 편향(Bias)이 발생하는 것이다.

또한 독립 변수(여기서는 성적)를 바탕으로 표본을 선정하는 경우에는 이러한 바이어스는 발생하지 않는다. 이 점은 〈그림 8-6〉에서 직감적으로 이해할 수 있을 것이다(이러한 차이는 종속 변수인 소득이 1,000만 엔 이하인 경우를 제외할 때 성적에서 8점을 기록하면서도 1,000만 엔을 벌지 못하는 사람이 분석에서 제외됨으로써 발생한다. 성적이 6점 미만인 경우를 제외한 표본을 분석한 경우에는 이와 같은 결과는 발생하지 않는다).

〈그림 8-6〉 수학성적과 소득 간의 관계(성적 6점 이상)

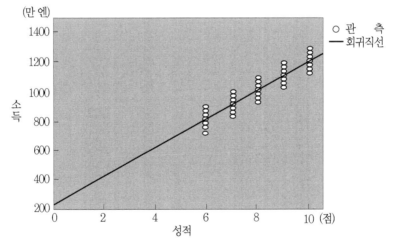

자의적 사례선택 편향

그런데 사례선택 편향은 이와 같은 기술적인(Technical) 이유만으로 발생하는 것이 아니다. 앞서 소개한 저출산문제 연구에 대해 방법론적으

로 중요한 지적을 하였던 아카가와 마나부(赤川學)의 논의로 되돌아 가
보자.

아카가와는 여성고용이 증가할수록 출산률도 증가한다고 하는 인과추
론에 기초하여 남녀공동참여사회 추진이 저출산대책으로써 제안되는데
대해 반론을 제기하였다(赤川, 2004: 10-11). 아카가와가 저서의 모두
에서 비판적 검토의 대상으로 삼았던 것은 앞서(〈그림 6-3〉) 검토하였
던 〈그림 8-7〉이다. OECD국가들에서 출생률과 여성의 노동력비율(몇
%의 여성이 고용상태인가) 간의 상관관계를 나타낸 그래프로 다양한 분
야에서 남녀공동참여사회 정책을 추진하기 위한 근거자료로 활용되고
있다.

그러나 OECD국가라고 하기에는 그래프상에 등장하는 국가 수는 그
다지 많지 않다. 아카가와는 그 외의 OECD국가들을 포함하여서도 상관

〈그림 8-7〉 여성(25~34세)의 노동력 비율과 출생률(1995년)

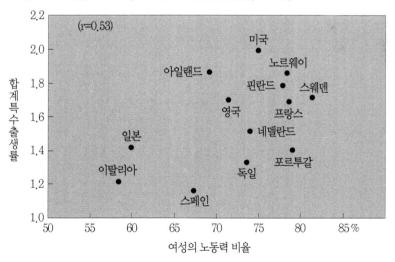

출처: 여성의 노동력 비율은 OECD, Labour Force Statistics, 1996, 출생률은 Council of
    Europe, Recent Demographic Development in Europe, 1997.

관계가 성립하는지를 확인해 보았다. 그 결과는 〈그림 8-8〉과 같다. 그림에서 알 수 있듯이 기존에 주장된 정의 상관관계는 소멸하였다. 〈그림 8-7〉은 자의적인 사례선택에 의해 잘못된 인과관계 추론이 이루어진 사례라는 것이다.

연구문제 설정이 야기하는 편향

이러한 자의적인 사례선택은 예외적인 문제라고 치더라도 그 밖에도 바이어스가 발생하는 경우가 있다. 방법론에 관심이 많은 정치학자 바바라 게디스(Barbara Geddes)는 동아시아 경제발전에 관한 연구를 소재로 해서 이러한 문제점을 날카롭게 지적하였다(Geddes, 2003). 동아시아 국가들은 1960년대부터 1990년대까지 약 30년간에 걸쳐서 평균 7% 전후의 높은 실질 GDP성장률을 유지하여 세계은행으로부터 '동아시아의 기적'이라고 불리었다(World Bank, 1993). 이후 경제성장은 동아시아를 넘어서 아시아 전역으로 확대되었는데 1980년대에는 동아시아의 성장이 어째서 가능했는지, 그리고 제2차 세계대전 후 자원도 풍부하고 성장추세에 있었던 남미(라틴 아메리카) 국가들을 동아시아 국가들이 경제발전에서 역전할 수 있었던 것은 무엇 때문인가라는 정치경제학적 의문이 많은 연구자들의 관심을 끌었다(Haggard, 1990).

그러한 의문에 대한 하나의 해답으로써 주목받은 것이 동아시아 국가들의 '노동억압'이다. 남미 국가들에서는 노동조합이 상대적으로 큰 영향력을 가지고 있었는데 반해 동아시아 국가들에서는 개발독재 체제하에서 임금인상이나 노동조건 개선을 요구하는 노동조합의 활동이 엄격하게 억제되었다는 것이다. 그 결과 경제성장 초기에 자본축적이 용이하였다는 설명이다. 이러한 연구의 근거자료로 사용된 것이 〈그림 8-9〉에 나타나 있는 데이터라고 게디스는 말한다. 수직축은 1인당 GDP 증가율,

〈그림 8-8〉 OECD 24개국 여성노동력비율과 출생률

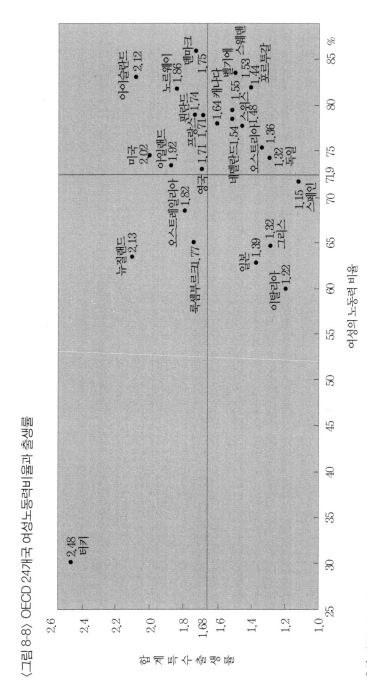

출처: 赤川, 2004: 16.

수평축은 노동에 대한 억압 정도이다. 노동에 대해 비교적 관용적이었던 필리핀 및 태국의 성장률은 낮고 반대로 강력하게 노동을 억압한 대만, 한국, 싱가포르는 고도성장을 이루었다는 것이다. 이러한 공변관계에서 '동아시아의 기적'을 이해하는 열쇠를 발견했다고 생각해도 그리 이상한 일은 아닐 것이다.

〈그림 8-9〉 아시아국가들의 '노동억압'

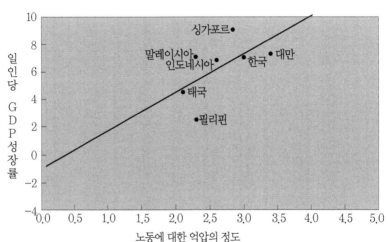

주: Slope coefficient (B)=2.73, R^2=0.36
출처: Geddes, 2003.

그렇지만 게디스는 여기에 주의가 필요하다고 한다. 확실히 〈그림 8-9〉에 나타나 있는 관찰 유니버스(대상군)에서는 이러한 관계가 성립한다. 그러나 노동억압이 경제성장을 가져온다는 것은 아시아를 넘어선 일반명제가 아닐까. 이 인과관계를 아시아에 한정해야 하는 이론적 근거는 없다. 즉 발전도상국 전체를 대상으로 관찰 유니버스를 넓혀도 좋을 터이다. 방법론적인 표현을 사용하면 아시아에서의 발견이 보다 넓은 문

〈그림 8-10〉 외적 타당성의 검토

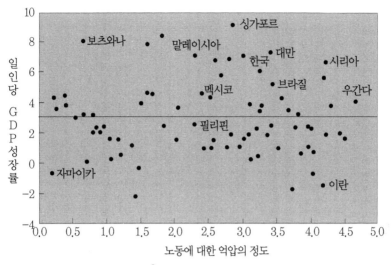

주: Slope coefficient (B)= −0.07, R^2=0.001
출처: Geddes, 2003.

맥에서 타당성을 획득할 수 있는가라는 '외적 타당성(External Validity)'
을 검토하려는 것이다. 이를 위해 게디스는 〈그림 8-10〉의 그래프를 작
성하였다. 이 그래프에서 아시아를 대상으로 발견된 공변관계는 소멸하
였다. 아시아만을 분석하였기에 인과추론에 바이어스가 발생하였을 가
능성이 높다는 것이 그녀의 비판이다.

3. 관찰 유니버스

사례선택에 의해 발생하는 바이어스를 피하기 위해서는 무작위 추출
이라는 해결책을 고려할 수 있다. 혹은 모든 사례를 분석대상으로 한다
고 하는 방법도 있을 것이다. 게디스가 발전도상국 전체를 분석한 것이

이에 해당한다. 그러나 이 방법이 언제나 옳다고는 할 수 없다. 이 문제에 대해서는 정치학에서 중요한 주제인 민주화를 소재로 생각해 보자.

민주화와 경제발전

세계는 민주화되고 있는 것일까? 인류에게 있어 중요한 질문이기도 하려니와 전통적으로 정치학자가 깊은 관심을 갖는 질문이다. 세계 각국의 민주화 정도를 알기 위해서 최근에 자주 사용되는 것이 국제 비정부조직(NGO)인 프리덤 하우스의 민주화지표이다. 이 지표는 시민적 자유와 정치적 권리 각각에 대해서 최상 1점에서부터 최하 7점까지의 점수를 부여하고 있다. 데이터는 1972년부터 매년 발표되어 오고 있다. 시험 삼아 1972년과 2003년의 세계 민주화정도를 비교해 보자. 시민적 자유는 4.24점(148개국)에서 3.30점(192개국)으로, 정치적 권리도 4.49점에서 3.37점으로 향상되고 있다. 이 평균의 차이는 통계적으로 유의미하다. 다행스럽게도 세계는 민주화의 흐름 속에 있는 듯하다. 바로 이 시기는 정치학자 새뮤얼 헌팅턴(Samuel P. Huntington)이 지적한 민주화의 제3의 물결이 일어난 시기이기도 하다(Huntington, 1991).[4] 다만 2003년 이후 민주화의 흐름에 역행하는 움직임도 눈에 띄기 시작하였다(Fukuyama, 2012).

그런데 민주화는 어떤 메커니즘으로 인해 진행되는 것일까. 이 인과관계에 관한 질문은 많은 정치학자들을 사로잡아 왔다. 그리고 이 책에서 지금까지 살펴본 바와 같이 인과관계의 추론은 공변관계의 발견에서부터 시작된다. 1959년 립셋(Seymour M. Lipset)의 연구를 필두로 민주화

---

4) 헌팅턴은 미국 독립과 프랑스 혁명 이후부터 제1차 세계대전 후의 전체주의 정권 등장까지의 시기를 제1의 민주화 물결로 보았다(1828~1926). 제2의 물결은 2차세계대전 이후 식민지국가의 독립과정(1943~1962)까지이고 제3의 물결은 1975년 포르투갈 민주화 운동부터 현재에 이르는 시기로 본다(역자주).

와 경제발전 간의 상관관계는 후속연구에서도 거듭 확인되었다(예컨대 Lipset, 1959; Barro, 1997; Przeworski et al., 2000). 립셋과 초기의 근대화론자들은 경제발전에 수반되는 교육수준의 향상, 경제적 평등의 진전, 도시화 등에 의해 국민의 정치참여 요구가 높아지며 이로 인해 민주화가 추진된다고 하는 인과관계를 추론하였다.

민주화와 허위상관관계

그러나 아담 쉐보르스키(Adam Przeworski) 등은 이러한 인과추론에 대해 치밀한 계량분석을 통해 비판함으로써 정치학계에 큰 충격을 주었다(Przeworski et al., 2000). 그들은 전제국가가 경제성장에 의해 민주화된다고 보는 것은 오류라는 것을 데이터를 통해 입증하였다. 경제성장은 민주화를 초래하는 독립 변수가 아니라는 것이다. 경제성장과 민주화 사이에 공변관계가 관찰되는 것은 허위상관관계(Spurious Correlation)에 불과하며 민주화는 경제발전과는 상관관계가 없고 (외재적인) 다양한 원인에 의해 초래되는 것이라는 주장이다. 다만 민주화된 국가가 그 이후에도 민주주의를 유지해 나아가는지는 경제발전도에 의해 결정된다고 본다. 풍요로운 민주주의 국가는 지속가능하지만 가난한 민주주의 국가는 손쉽게 전제주의 체제로 역행한다. 그 결과 마치 풍요로움이 민주화의 원인인 것처럼 보이는 것이라고 주장하였다. 그들의 연구는 비교정치학계의 민주화연구에 지각변동을 일으켰다(Boix & Stokes, 2003: 517-549).

이러한 주장에 대해서는 재비판도 있다. 설득력 있는 재비판은 보이스와 스톡스(Carles Boix & Susan C. Stokes)에 의한 것이다. 보이스는 자신의 저서에서 경제발전이 민주화를 가져온다고 하는 인과추론에 대해서 가장 중요한 것은 경제발전에 따른 소득의 평준화 및 자산의 유동화라고 서술하고 있기는 하지만 그럼에도 경제발전이 이러한 변화를 초래하는 데 매우 중요하다고 주장한다(Boix, 2003; Acemoglu & Robinson, 2006). 기존의 경제성장과 민주화 간의 인과관계 메커니즘을 보다 정교화했다고 평가할 수 있을 것이다. 지나치게 상세한 논의는 피하고자하는데 여기서는 간략하게나마 그의 주장을 살펴보기로 하자.

　전제주의 체제에서 지배자가 민주화 요구에 타협할지 여부는 민주화 이후 그들의 재산이 다수파 국민들에 의해 어느 정도 빼앗길지에 의해 결정된다. 빈부격차가 클수록 많은 것을 빼앗길까봐 더 두려워한다. 또한 부의 형태가 석유와 같이 반출곤란한 천연자원에서 유래하는 것이라면 국민들의 분배요구를 회피하기가 더욱 어렵다. 금융자산과 같이 국외이전이 용이한 형태라면 빼앗기는 것에 대해 대비책을 세울 여지가 있다. 그 경우 민주화 요구를 억압하는 비용을 치르기보다는 이를 받아들이고 타협책을 강구할 수도 있을 것이다. 경제발전이 진행되면 소득격차가 줄어들며 자산의 유동성도 높아질 것이기 때문에 경제발전은 결과적으로 민주화를 가져온다고 말할 수 있다고 주장한다. 보이스는 역시 경제성장이 민주화를 가져온다고 하는 인과경로를 주장한다고 볼 수 있다.

민주화와 사례선택

　보이스와 스톡스는 쉐보르스키 등이 본래 존재하는 경제발전과 민주화의 관계를 발견하지 못한 이유 중 하나가 사례선택 방법에 있었다고 주장한다. 쉐보르스키 등은 1950년 이후 데이터를 사용하고 있는데 이 시대에는 이미 민주화가 상당히 진전되었기에 이 시기를 출발점으로 한 분석으로는 본래 존재하는 인과관계를 발견할 수 없다고 지적한다. 보이스와 스톡스는 세계 각국 간에 경제발전 차이가 나타나기 시작한 1800년부터 현재까지의 데이터를 분석함으로써 경제발전과 민주화 간의 관계를 재차 입증하였다. 여기서는 앞서 살펴본 사례선택이 가지는 바이어스가 쟁점이 되고 있음을 눈치챌 수 있을 것이다. 민주화가 진행된 이후의 사례만을 관찰하는 데서 발생하는 바이어스를 지적하고 관찰 유니버스를 확대하여야 한다고 주장하는 것이다.

이론가설과 관찰 유니버스

그런데 앞서 언급한 게디스가 이 논쟁에 끼어든다. 그녀는 민주화연구의 포괄적인 문헌검토 끝에 같은 민주화라고 해도 이를 야기하는 인과메커니즘은 시대 및 문맥(Context)에 따라 성격이 달라짐에 유의하여야 한다고 주장한다. 예컨대 1980년대 이후의 민주화에서는 국제적 압력이 큰 영향력을 발휘하였다. 이는 중동에서의 민주화 움직임인 소위 '아랍의 봄'[5])이 진행되는 과정에서 선진 민주주의국가로부터의 민주화에 대한 지원이 중요하였다는 점을 보더라도 명백하다. 또한 역사적으로 이른 시기의 민주화는 선거권의 단계적 확대라는 형태로 진행되었던데 반해 제2차 세계대전 후의 민주화는 보통선거제를 전면 도입하는 형태를 띠었다. 당연히 양시기에는 서로 다른 정치과정이 발생하고 인과메커니즘도 상이하다. 지배자가 지주 혹은 부호라고 하는 사적재산의 보유자인 전통사회와 국영기업 등을 지배하에 두고 있는 공산당 일당독재 체제의 중국과 같은 사회 간에는 민주화를 둘러싼 대립양상에 차이가 있다. 이론차원에서 상정된 인과메커니즘은 이렇듯 각 사회별, 국가별 문맥에 따라 달라지게 된다. 그렇다고 한다면 예컨대 헌팅턴이 말하는 민주화의 물결별로 상정할 수 있는 인과메커니즘이 다르다는 것이 되며 각 이론을 검증하기 위한 관찰 유니버스도 그에 적합하게 선택하여야 할 것이다. 게

---

5) 2011년 튀니지의 민주화시위를 계기로 예멘, 시리아, 리비아, 이집트 등지에서 국민들의 힘에 의해 장기독재정권이 교체되는 일련의 민주화운동을 가리킨다(역자주).

디스의 문제제기는 이 장의 모두에서 살펴본 뒤르켐의 『자살론』에서 그 배경이 되는 이론을 어떻게 구체적인 가설로써 실증하면 좋을 것인가라는 문제와 연결되어 있다.

칼럼 ⑥ 여성의 사회진출과 출생률 — 일하는 여성은 출산에 적극적!?

여성의 노동력비율과 합계특수출생률 간에 정의 상관관계가 있다는 사실에 주목하여 여성의 사회진출을 촉진하면 출생률이 높아질 것이라는 주장에 대해서 아카가와는 데이터가 자의적으로 사용되었다고 강하게 비판하였다. 예를 들어, 6장에서 언급했던 아토의 데이터가 OECD국가들의 데이터라고 말하면서도 모든 가맹국을 분석대상에 포함시키지 않고 일부만을 분석하여 자의적인 결론을 이끌어내고 있다고 비판한다(赤川, 2004).

이러한 표본선택의 편향은 제쳐놓고서라도 이 문제를 시계열적으로 보면 더욱 흥미로운 관찰이 가능하다. OECD국가들에 대해 여성의 노동력비율과 출생률 간의 관계를 살펴보면 1970년에는 노동력비율이 높을수록 출생률이 낮았던 것이 1985년에는 상관관계가 없어지며 2000년에는 정의 상관관계가 된다. 1980년대 후반을 경계로 양자의 관계가 변화하고 있는 것이다. 내각부 남녀공동참여국 '저출산과 남녀공동참여에 관한 전문조사회'가 지적하고 있는 것처럼 조사대상 24개국 평균여성노동력비율이 상승한 결과일지도 모른다(小子化と男女共同参画に関する社会環境の国際比較報告書, 2005).

한편, 야마구치 가즈오(山口一男)의 상세한 분석에 의하면 2000년 이후에도 여성노동력비율은 출생률을 저하시키는 효과를 가지고 있지만 여성의 고용을 촉진하는 정책에 의해 이러한 부의 관계는 약화되고 있다고 한다. 이처럼 여성노동력비율 이외 변수의 영향을 받아서 시대에 따라 여성의 사회진출과 출생률 간의 관계는 변화하고 있다(山口, 2005). 이것은 7장에서 다루었던 '타 변수의 통제'라는 문제 그리고 이 장에서 생각해 본 '관찰 유니버스'라는 문제와도 관련된다.

9장
비교사례연구의 가능성

취업은 대학생에게 있어서 최대의 관심사이다. 대학입시를 마치자마자 구직에 필요한 자격증 취득과 같은 스펙 쌓기에 열중하는 학생들이 늘고 있다. 그렇게 초초해하기보다는 우선 대학에서의 학업에 충실하였으면 하는 생각이지만 평생이 걸려있는 일이라고 생각하면 여유를 가질 마음이 생기지 않는다는 것도 이해는 된다. 학생들의 구직활동을 옆에서 지켜보자면 별 어려움 없이 인기기업의 취업내정을 몇 개나 받는 학생이 있는 반면 4학년 여름방학이 지나서도 내정을 받지 못해 초초해 하는 학생도 있다. 후배 학생들로써는 구직활동의 성패를 가르는 원인이 무엇인지 궁금해 하는 것도 당연할 것이다.

여기서 인과추론이 시작된다. 즉, 동아리 및 세미나의 선배들을 대상으로 구직활동 결과와 성격 테스트 결과를 묻는다. 그리고 성격 테스트에서 적극적이라고 판정받은 사람은 종합상사 계통에 강하고 사소한 일에 고민하지 않거나 압박에도 별로 위축되지 않는다고 판정받은 사람은 금융계통에 강하다고 추론한다. 이는 구직활동의 성패와 성격진단 결과를 파악하여 양자 간의 공변관계를 실마리로 추론한 것이라고 말할 수 있다. 보다 확실한 추론을 하기 위해서는 이 책에서 살펴본 바와 같이 가능한한 폭넓게 다양한 선배들의 정보를 수집하여 판단하는 편이 바람직하다.

그러나 실제 기업의 인재선발은 적성시험에서부터 집단면접, 개별면접까지 이어진다. 인사담당자에 의한 시간과 정성을 들인 선발과정이 기다리고 있는 것이다. 성격 테스트 결과보다 심층적인 인간관찰이 이루어지는 경우가 많다. 이 과정에서 과연 무엇이 중요한 고려요인이 되어서 선배는 취업에 성공한 것일까. 자세한 이야기를 듣지 않고서는 알 수 없다.

따라서 선배 몇 명으로 인원수를 줄여서 자세한 이야기를 물어보기로 한다. 그런데 어떻게 선배들을 고르면 좋을까. 여기서 선택의 문제가 등장한다. 존경할만한 선배이면서 한쪽은 내정을 몇 개나 받은 사람과 아직도 내정을 받지 못해 괴로워하는 사람으로 나누어 이야기를 들어보는 방법도 있을 것이다. 아니면 인기기업으로부터 복수의 내정을 받은 선배 몇 명만을 추려서 성공원인을 찾아보는 방법도 있을 것이다. 이 장에서는 소수대상에 한정하여 인과추론을 수행하는 방법에 대해 고찰해 보기로 한다.

정량적 연구와 질적 연구

질적 분석에서도 통계분석을 이용하는 정량적 연구와 마찬가지로 인과관계의 추론을 행할 때 방법론적인 주의가 필요하다는 점을 앞에서 살펴보았다. 킹 등의 말을 빌리자면 정량적 연구와 질적 연구라는 2가지 방법에는 공통의 논리가 있다는 것이다. 인과관계가 존재한다고 주장하기 위한 3가지 조건은 질적 분석이건 정량적 분석이건 간에 공통적으로 적용된다.

그렇다면 어떤 경우에 정량적 연구가 아니라 질적 연구가 이루어지게 될까. 앞서 구직활동의 예에서 많은 선배들로부터 정보를 취합하는 방법은 정량적·계량분석적 방법이며 소수의 선배로부터 이야기를 듣는 방법은 질적·정성적 방법이다. 일반적으로 2가지 방법론은 상충관계(Trade Off)에 있다. 많은 선배들로부터 이야기를 듣는 경우 성격 테스트 결과처럼 비교적 단순한 정보를 묻는 것만으로도 벅차다. 상세하게 이야기를 듣는 방식은 구직활동 시작 전까지 충분한 데이터를 모으기 어렵다. 소수의 선배들로 한정한다면 자세한 이야기를 들을 수도 있다. 다만 얘기는 그 선배에게만 해당하는 특수한 사례일지 모른다. 이와 같은 상충관계는 정치학 연구에도 존재한다.

다시 한번 민주화 연구로 돌아가 보자. 민주화를 가져온 원인에 대한 연구에서는 종속 변수인 민주화 정도를 프리덤 하우스의 민주화 지표등을 이용해서 조작화하였다. 그리고 국가별 민주화 정도의 차이를 초래한 원인을 통계적으로 탐색하는 것이 일반적 연구방법이었다. 그 결과 경제 발전 단계를 나타내는 1인당 GDP 및 소득의 평등도라는 변수가 독립 변수라는 추론에 이르게 되었다. 이러한 정량적 연구에서는 100개 이상의 국가들에 대한 데이터를 분석하기 때문에 자기 혼자서 한 나라의 민주화 정도 및 경제지표를 처음부터 작성하고 측정한다는 일은 불가능하다. 때문에 기존 데이터를 이용하게 된다.

확실히 1인당 GDP 및 소득의 평등정도 등은 비교적 객관적으로 측정할 수 있기 때문에 그러한 데이터를 이용하는 것에 특별한 문제는 없다. 그러나 어떤 국가의 민주화 정도를 측정하는 것은 그리 간단한 작업이 아니다. 민주화 정도의 판단은 전문가들 사이에서도 의견이 엇갈리는 문제로 그 자체가 연구 대상이 되기도 한다.

예를 들어, 민주적으로 보이는 절차라도 다양한 사회적 문맥에서 서로 다른 의미를 가지게 된다. 시골마을에서 마을주민 모두가 한자리에 모여서 마을 전체의 의사를 결정한다고 하는 경우를 생각해 보자. 언뜻 보면 이는 민주적인 모습으로 비춰진다. 그러나 이러한 방법이 '민주적'인지 아닌지는 확정하기 어렵다. 아무리 전원이 참여하여 의사결정이 이루어지는 것처럼 보여도 거기에 후견인-피후견인 관계가 깊숙이 자리 잡고 있다면 실제로는 민주적인 의사결정이 아니라는 비판이 있을 수 있기 때문이다. 프리덤 하우스의 민주화지표는 각국 전문가로 하여금 그 나라의 민주화정도에 대해서 판정토록해서 작성한 것이다. 전문가의 주관적인 판단에 의한 부분이 큰 만큼 이를 얼마만큼 신뢰할 수 있을까라는 문제가 있다.

전문가의 판단을 바탕으로 측정하는 방법을 전문가 조사(Expert Survey)라고 하는데 최근 빈번하게 활용하는 방법이다. 필자도 일본의 정당들이 각종 정책에 어떤 입장을 취하고 있는지에 대해서 국제 비교정당연구 프로젝트(팀)로부터 정기적인 설문을 의뢰받고 있다. 그런데 이 설문에 응답하는 것이 매우 어려운 일임을 통감하였다. 예를 들어, 2012년 총선거 시기에 민주당과 자민당이 TPP에 대해 어느 쪽이 얼마만큼 적극적이었는지 10점 만점으로 평가해 달라는 문항이 있었는데 이에 정확하게 답변하기가 매우 어려웠다. 그렇지만 일본정치의 전문가라고 간주되는 정치학자의 답변들이 집계되어 자민당과 민주당의 대외경제정책에 대한 평균점수로 산출되면 이것이 마치 객관적인 지표인양 취급된다. 그리고 당초 작성방식에 대한 고려없이 숫자만이 과도한 영향을 미칠 우려가 있다. 따라서 설문조사에서 얻어진 숫자가 과연 진실한 것인지 여부를 신중하게 검토할 필요가 있다.

민주화지표 이외에도 각국의 정치부패 정도 및 통치 효율성, 사법부의 독립정도 등 많은 지표를 인터넷상에서 얻을 수 있다(예컨대 스웨덴 소재 The Quality of Government Institute의 홈페이지: http://qog.pol. gu.se/). 이러한 데이터의 축적 및 공개가 정치학 발전에 크게 기여하고 있음은 분명하다. 그러나 이러한 데이터가 통계 소프트웨어 패키지의 발달과 맞물려 안이하게 계량적으로 분석되는 경향이 있다. 지역연구자들은 기회있을 때마다 이러한 안이한 지표활용에 반대의견을 표출한다. 많은 국가들의 데이터를 이용해서 통계적으로 엄밀하게 분석한다하더라도 그 바탕이 되는 데이터가 수상쩍은 것이라면 도출된 결론 역시 믿을 수 없다고 비판한다. 하버드대학의 경제학자 레인하르트와 로고프(Carmen M. Reinhart & Kenneth S. Rogoff)는 계량분석에 바탕을 두고 재정적자가 경제성장에 부의 영향을 끼침을 보여주어 각국 재정정책에 큰 영향을 끼쳤다. 그러나 이 논문은 데이터 취급상의 실수를 지적받으면서 논문의 신뢰성이 의심받게 되었다.[1] 데이터의 신뢰성에 대한 지역 연구자들의 비판에 근거가 있음을 보여주는 사례라고 할 것이다(Financial Times, 2013.4.19; Reinhart & Rogoff, 2010; Herndon, Ash & Pollin, 2013). 오히려 대상을 좁혀서 몇 개 국가에 대해 심층적 연구를 진행하는 소수사례에 바탕을 둔 확실한 분석이 더 낫다고 하는 입장에도 충분한 설득력이 있다. 그렇다면 이처럼 소수사례를 바탕으로 하여 인과관계를 분석하는 경우에는 어떤 방법론적인 과제가 놓여있는 것일까. 그 문제에 대해 생각해 보기로 하자.

밀의 차이법과 일치법

소수의 선배에게 구직활동 체험을 자세하게 물을 때 성공한 선배만을 대상으로 하는 방법과 실패한 선배에게도 묻는 방법이 있음을 지적하였다. 이 2가지 방법은 존 스튜어트 밀(John Stuart Mill)이 명명한 일치법(합의법)과 차이법이다. 각각의 장단점을 알아두는 것이 소수사례에 주목하여 분석하는 질적연구 방법을 학습하는 데 유익하다. 먼저 2가지 방법의 내용을 정리해보자.

차이법(Method of Difference)에서는 서로 다른 결과를 나타내는 복수

---

1) 라인하르트와 로고프는 당시 논문에서 44개국 경제지표를 분석해 한 나라의 부채비율이 GDP의 90%를 넘으면 연간 −0.1%의 실질GDP 성장률을 기록했으며 90% 미만일 경우 둘 간의 상관관계는 작다고 분석하였다(역자주).

의 사례를 비교해서 그 차이를 초래한 원인을 추론한다. 뒤르켐이『자살론』에서 취한 방법이다. 거기서는 자살률이 높은 사회와 낮은 사회를 비교하여 그 원인을 두 사회 간에 지배적인 기독교 종파의 차이(가톨릭과 개신교)에서 찾았다.

일치법(Method of Agreement)이란 거꾸로 복수의 사례에서 공통적으로 발생하고 있는 현상의 원인을 이들 복수 사례에 공통적으로 존재하는 요인에서 찾아내어 인과관계를 추론하는 방법이다. 예를 들어, 어떤 마을병원에서 급성 복통을 호소하는 환자가 연속해서 몇 명이나 실려 오게 되면 의사는 이들 환자들에게 무엇을 먹었는지에 대해 문진하여 혹시 같은 음식을 먹지 않았는지를 확인할 것이다. 환자 전원이 같은 요리점에서 같은 음식을 먹었다는 것을 알게 된다면 이를 원인이라고 간주한다. 이러한 접근법은 일치법에 바탕을 둔 것이다.

비교사례연구법은 계량분석의 대상이 되기 어려운 사안에 대해서 적용되는 경우가 대부분이다. 정치학분야에서 전형적으로 그러한 사례에 해당하는 것은 거시적인 역사현상일 것이다. 사회과학의 세계에서는 비교역사분석이라고 불리는 분야가 존재하며 많은 고전적 연구들이 이루어져 왔다. 이하에서는 차이법과 일치법을 이용한 연구사례들을 대상으로 방법론상의 과제에 대해서 고찰해 보기로 한다.

1. 비교사례연구와 차이법

무어의『독재와 민주주의의 사회적 기원』

1966년에 출판된 무어(Barrington Moore)의『독재와 민주주의의 사회적 기원』(Moore, 1966)은 1970년대부터 1980년대까지의 비교역사분석 융성기 도래의 계기를 만든 고전적 연구이다.[2] 당시 학계에서는 16세기 유럽에서 시작된 근대화라는 인류사적 변화에 대해 후발국들에서도 동일한 경로를 거칠 수 밖에 없다고 생각하는 근대화론이 주류였다. 무어는 이에 대해서 근대화에는 부르주아지 혁명, 위로부터의 혁명, 농민혁명이라는 3가지 상이한 경로가 있다고 주장하였다. 영국, 프랑스, 미국은 전통적인 지주지배가 무너지고 자본주의적 민주주의 체제가 등장하였다. 전통적 지주층이 산업화과정에서 지배적 지위를 유지한 독일 및 일본은 위로부터의 근대화를 거쳐 '파시즘'이 출현했다. 강력한 산업자본가가 결여되었던 러시와와 중국에서는 농민혁명을 통해 전통적 지주를 타도하고 공산주의 혁명이 이루어졌다. 근대화 과정의 제유형은 그 과정에서 어떤 사회계급이 힘을 가지고 있었는지에 따라 결정된다고 하는 것이 무어 주장의 핵심이다. 그는 영국, 프랑스, 미국, 일본, 중국, 인도의 근대화 과정에 대한 사례를 비교함으로써 자신의 타당성을 입증하고자 하였다.

무어의 연구는 칼 마르크스(Karl Marx)와 막스 베버(Max Weber)의 전통을 계승한 장대한 비교역사분석으로써 당시 학계에 커다란 지적 자극을 주었다. 일본연구의 거장인 도어(Ronald P. Dore)는 대영박물관 혹은 하버드대학 와이드너 기념도서관에 틀어박혀 근대세계에 관한 대작을 쓰고자 하는 꿈을 꾸어본 적이 있는 연구자라면 누구든지 질투심을 느끼지 않고 무어의 저작을 읽을 수는 없을 것이라고 약간 비꼬임 섞인 찬사를 보내고 있다(Dore, 1969). 이후 각국의 역사적 사실 및 그 해석에 대한 새로운 증거에 바탕을 둔 비판이 제기되었지만 출판 이래 40년 이상의 세월이 흐른 지금도 『독재와 민주주의의 사회적 기원』은 민주화 연구

---

2) 우리말 번역본은 다음과 같다. 베링턴 무어/진덕규 역, 1990, 『독재와 민주주의의 사회적 기원』, 까치(역자주).

에 많은 영감을 주고 있다(Sidel, 2008).

비교정치경제 체제

거시 정치현상을 차이법에 의거한 비교사례연구방법으로 분석하는 연구는 1970년대 이후에 커다란 조류를 이루게 되었다. 몇 가지 예를 들어 보자.

1980년대에는 선진 자본주의 국가 간의 정치경제 체제 차이에 주목하는 연구가 다수 등장하였다. 자이스만(John Zysman)은 국제경제의 변화에 대응하여 선진국들이 취하는 산업조정정책에 차이가 존재함을 지적하였다. 미국과 영국에서는 기업주도로, 프랑스와 일본에서는 국가주도로, 그리고 (구)서독에서는 정부, 산업, 노동 간의 조합주의적(Corporatism) 협력에 의해 산업조정정책이 이루어진다. 그리고 이러한 종속 변수의 차이를 가져오는 것은 산업계, 은행, 그리고 정부 간의 관계라고 주장하였다. 구체적으로 자이스만이 주목한 것은 산업계의 자본조달 방식이다. 즉, 가격 메커니즘에 바탕을 두고 자본시장에서 자금조달을 하는가(미국, 영국), 금융기관으로부터의 융자를 바탕으로 하되 정부가 금리를 규제하고 있는가(일본, 프랑스), 마찬가지로 금융기관의 융자에 의존하지만 금리가 금융기관의 자율적 통제에 맡겨져 있는가(서독)에 의해 종속 변수의 차이를 설명할 수 있다고 한다.

이후 일본과 독일을 포함한 이들 선진국들의 경제는 그 성격에 많은 변화가 일어나지만 자이스만의 분석은 당시 세계경제의 실태와 그에 대한 지적관심을 적극 반영한 것으로 다수의 관련 연구를 촉발하였다(Zysman, 1983; Katzenstein, 1985; Hall, 1986). 이러한 선진국 정치경제 체제의 차이에 대한 관심은 현재에도 자본주의 다양성론으로 계승되고 있다(Hall & Soskice eds., 2001; 靑木, 2003).

비교복지국가연구

마찬가지로 차이법에 의거한 비교역사분석법을 활용하여 복지국가연구에 큰 영향을 미친 연구가 에스핑-안데르센(Gøsta Esping-Andersen)에 의한 『복지 자본주의의 3가지 세계』이다(Esping-Andersen, 1990).[3] 에스핑-안데르센은 선진국에서 나타나는 복지국가유형을 국민이 권리로써 보편적 복지정책을 향유할 수 있는 사회민주주의 모형(북유럽 국가), 미국과 같이 각자가 자기책임의 원칙하에 정부에 의한 복지정책을 최소화하는 자유주의 모형(미국), 그리고 사회복지 공급이 직업 및 사회계층별로 나뉘어져 이루어지는 보수주의 모형(독일, 오스트리아)의 3가지 유형으로 구분하였다. 그리고 이러한 차이는 복지국가를 추구하는 정치적 연합이 어떤 형태로 형성되었는가에 의해 결정된다고 주장하였다. 노동자가 농민 그리고 나중에는 화이트 컬러 샐러리맨과 폭넓게 손잡고 복지국가를 요구하였던 북유럽국가, 노동자가 끝내 유력한 우호세력을 확보하지 못했던 미국, 그리고 보수층과 관료, 관리직 노동자 등 화이트 컬러 연합이 형성된 독일과 오스트리아에서는 서로 다른 복지국가가 탄생하였다는 것이다. 여기서는 복지국가 형성이라고 하는 거시적인 정치발전을 소재로 차이법에 바탕을 둔 비교역사분석이 이루어졌다.

일본 정치학자에 의한 본격적인 비교역사분석은 그리 많지 않지만 선진국의 대형간접세 도입의 성패여부를 복지국가건설의 역학관계의 관점에서 논한 가토 준꼬(加藤淳子)의 연구는 국제적으로 발신된 일본인에 의한 중요한 연구업적이다(Kato, 2003).

---

3) 우리말 번역본은 다음과 같다. 요스타 에스핑 안데르센/박형신 · 정헌주 · 이종선 역, 2006, 『복지자본주의의 세 가지 세계』, 일신사(역자주).

차이법의 장점과 단점

인과관계 추론을 행할 때 차이법의 장점은 그 추론구조가 실험과 유사하다는 점에 있다. 즉, 독립 변수의 값이 달라질 경우 종속 변수의 값도 달라진다. 독립 변수와 종속 변수의 공변관계를 확인할 수 있는 구조이다. 실험에서는 인위적으로 독립 변수의 값을 변화시키게 되지만 차이법에서는 이를 관찰에 의해 확인한다. 나아가 인과관계가 성립하기 위한 또 하나의 조건인 독립 변수의 시간적 선행조건에 대해서도 연구수행을 신중하게 설계하면 이를 충족시킬 수 있다. 무어는 혁명이 발생하기 전에 존재하였던 전통적 지주와 부르주아지, 그 밖의 사회집단 간의 관계를 통해 혁명의 특징을 설명하였다. 자이스만의 연구에서 독립 변수인 금융제도는 종속 변수인 산업조정 정책보다 선행하여 존재한다. 에스핑–안데르센의 연구에서 정치적 연합도 복지국가 형성 이전에 출현한 것이다. 이러한 의미에서 차이법은 인과추론을 위한 실험과 동일한 구조를 가지고 있다.

그러나 차이법의 최대 약점은 타 변수의 통제이다. 실험에서는 통제군과 실험군을 설정하는 것으로써 타 변수의 통제가 가능하다. 정량적 연구에서도 다중회귀분석과 같은 통계적 기법으로 타 변수의 영향을 어느 정도 통제할 수 있다. 그러나 차이법에 바탕을 둔 사례연구에서는 이 문제에 대처하는 것이 어렵다.

무어의 연구사례를 생각해 보자. 앞서 살펴본 바와 같이 『독재와 민주주의의 사회적 기원』은 학계에서 높은 평가를 받아 이후 민주화 연구에 큰 영향을 미쳤다. 그러나 무어연구도 비판을 완전히 비껴가지는 못했다. 오히려 큰 반향을 일으킨 만큼 다양한 측면에서 비판이 이루어졌다. 비판 가운데는 무어의 분석이 마르크스주의적인 경제결정론이며 이데올로기의 영향, 경제적인 이해관계로부터 독립적인 정치적 요인(국제정치

환경과 혁명전 국가구조의 차이 등) 등을 무시하고 있다는 지적도 포함
된다(Skocpol, 1973: 1-34; Weiner, 1976). 이러한 비판을 방법론적으
로 바꾸어 표현하자면 무어가 설정한 독립 변수 이외의 타 변수가 종속
변수에 영향을 미치고 있다는 비판이라고 할 수 있다.

차이법의 방법론적인 전제

차이법에 바탕을 둔 비교사례연구 방법으로 인과추론을 행할 경우 타
변수를 어떻게 통제할 것인지가 가장 중요한 문제라고 지적하였다. 그리
고 이 문제는 사례를 어떻게 선정하는가와 관련된다. 고복지국가와 저복
지국가라는 2가지 사례의 비교를 생각해 보자. 스웨덴과 북한을 비교하
는 경우 분명 종속 변수인 복지의 발전정도는 크게 다르다. 이 차이를 가
져온 원인을 스웨덴에서는 노동조합의 높은 조직율, 그리고 북한에서는
자유로운 노동조합의 부재라고 추론하였다고 해보자. 그런데 양국은 경
제발전의 수준, 민주주의적 정치제도의 존재, 경제에서 차지하는 군사비
지출의 규모, 문화 및 종교적 전통 등 다른 많은 변수들이 상이하다. 그
렇기 때문에 인과관계의 추론이 어렵게 된다.

최대유사체계설계(Most Similar Systems Design)

차이법에서는 타 변수들이 가능한 한 유사하면서 종속 변수와 독립
변수의 값만이 상이한 사례를 찾을 필요가 있다. 이러한 접근법을 최대
유사체계설계(Most Similar Systems Design)라고 한다(Przeworski &
Teune, 1970). 실험에서 통제군과 실험군을 무작위 추출에 의해 선정함
으로써 집단으로써 평균적으로 동일한 속성을 갖도록 설계하는 것처럼
가장 이상적인 것은 사례 간에도 단위동질성이 유지되는 것이다. 스웨덴
과 북한은 너무나도 상이하다. 따라서 같은 민주주의 체제로 고도로 발

전한 자본주의 국가이지만 복지정책의 확충도에 차이가 있는 미국을 비교사례로써 선택한다고 해보자. 이렇게 하여 양국 간의 복지정책 차이는 스웨덴의 노동조합 조직율이 미국보다도 매우 높기 때문이라고 추론하는 것은 북한과의 비교를 통해 이루어진 추론보다 명확하게 타당성이 높을 것이다(〈표 9-1〉).

〈표 9-1〉 스웨덴과 미국

	복지국가	노동조합	민주주의	경제발전
스웨덴	높음	강함	발전	높음
미국	낮음	약함	발전	높음

그런데 북한과의 비교를 포기하지 않고 양국의 복지정책 확충도의 차이가 노동조합의 힘만이 아니라 민주주의 정치제도의 존재와 경제발전 정도에 의해 야기된다고 논한다면 어떨까. 즉 독립 변수를 노동조합만이 아니라 민주주의와 경제발전을 더하여 3개로 설정한다(〈표 9-2〉). 이렇게 하면 보다 진실에 가까운 듯이 생각된다. 복지국가만이 아니라 세상에서 일어나는 다양한 현상은 단 하나의 독립 변수로 설명할 수 있을 정도로 단순하지 않다. 이를 반영하여 복잡한 현상의 전체상을 규명한다고 하는 상투어가 전문적인 연구에서도 종종 등장한다.

〈표 9-2〉 스웨덴과 북한

	복지국가	노동조합	민주주의	경제발전
스웨덴	높음	강함	발전	높음
북한	극히 낮음	부재	부재	극히 낮음

그런데 앞서 서술한 스웨덴과 북한 간의 두 사례비교만으로는 종속 변

수와 공변하고 있는 3가지 독립 변수 가운데 어느 것이 진정한 독립 변수인지(혹은 3개 변수 모두가 필요한 것인지)를 확정할 수 없다. 2장에서 사례수(N)와 설명의 수(K)가 같기 때문에 생기는 N=K 문제를 설명하였다. 여기서는 2개 사례에 대해 3개의 설명이 이루어졌기에 문제는 더욱 심각하다. K가 N보다도 많아서 어느 것이 원인인지를 특정할 수 없는 이른바 '불확정적(Indeterminate)'인 연구설계이다.

그리고 스웨덴과 비교적 유사한 선진민주주의 국가인 미국과의 비교에서도 문제가 완전히 해결된 것은 아니다. 미국과 스웨덴 간에는 예컨대 선거제도와 산업구조 등에서 여전히 많은 차이가 존재한다. 미국과 스웨덴이라고 하는 2개의 분석단위 간에 완전한 단위동질성은 존재하지 않는다. 이는 비교사례연구가 갖는 숙명이라고도 할 수 있다. 그렇지만 적어도 북한과의 비교(〈표 9-2〉)가 아니라 미국과의 비교(〈표 9-1〉)를 선택하는 것으로 연구설계는 개선된다.

이하에서는 최근 이루어진 2개의 비교사례연구를 소재로 차이법에 기반한 비교사례연구의 방법론적 개선책을 소개해 보고자 한다.

이론에 의한 개선 — 슬레이터의 『지배권력』

제2차 세계대전 이후 동남아시아 국가들의 정치제도 형성과 민주화에 대해 연구한 딘 슬레이터(Dan Slater)의 『지배권력(Ordering Power: Contentious Politics and Authoritarian Leviathans in Southeast Asia)』은 비교역사분석의 방법을 취한 역작으로 높은 평가를 받고 있다(Slater, 2010). 그는 말레이시아, 싱가포르, 필리핀, (구)남베트남, 태국, 인도네시아, 미얀마(버마)의 7개국을 대상으로 각국 정치제도 및 권위주의 체제 지속성의 차이를 설명한다. 이들 국가 간 종속 변수 차이를 정리해 놓은 것이 〈표 9-3〉이다(Slater, 2010: 10).

〈표 9-3〉 동남아시아 7개국 정치제도와 권위주의 체제의 지속성 차이

	국가 능력	정당의 강함	군의 일체성	권의주의 지속성
말레이시아	높음	높음	높음	높음
싱가포르	높음	높음	높음	높음
필리핀	낮음	낮음	낮음	낮음
남베트남	낮음	낮음	낮음	낮음
태국	중간	낮음	낮음	낮음
인도네시아	중간	중간	중간	중간
미얀마	낮음	낮음	높음	중간

출처: Slater, 2010: 10.

제2차 세계대전 후 식민지 지배로부터 벗어났다는 공통점을 지닌 동남아시아 국가들이지만 강력한 정치제도를 형성해 민주화를 회피하고 권위주의적 체제를 유지해 온 말레이시아 및 싱가포르 사례, 권위주의 체제 유지에 실패한 필리핀, 남베트남, 태국의 사례, 그리고 그 중간적인 인도네시아, 미얀마 사례로 유형화 할 수 있다. 그리고 권위주의 체제가 지속된 곳에서는 강력한 통치정당과 일체화된 군이 존재하였다. 슬레이터가 설정한 질문은 이러한 차이가 발생한 것은 왜일까였다. 다시 말해, 각 국가가 보이는 정치적 다양성의 원인을 탐구하려는 것이다.

그가 설정한 독립 변수는 식민지 지배로부터 독립한 이후 각 국가의 지배자 집단이 피지배자층으로부터 어느 정도 저항을 받았는가이다. 이 정치대립(Contentious Politics)이 격렬한 것이라면 지배자 집단은 강력한 국가 체제를 형성하는 데 서로 협력하여 강력한 통치정당 및 잘 조직된 군대를 만들어내는 데 성공한다. 그러나 이러한 정치대립이 약한 경우에는 지배자 집단은 서로 협력하지 못하고 결과적으로 취약한 통치제도밖에 갖추지 못해 권위주의 체제 붕괴 및 민주화로의 이행이 진행된다는 것이다.

슬레이터는 차이법에 바탕을 둔 인과추론을 행하고 있다. 그러나 여기서도 타변수를 어떻게 통제할 것인가가 문제가 된다. 같은 동남아 국가라고 할지라도 국가별로 서로 다른 요소가 많다. 단위동질성이 존재할 것 같지는 않다. 여기서 슬레이터는 이론의 힘을 빌리려고 하였다. 다행스럽게도 민주화의 진행과 권위주의 체제의 존속, 혹은 강력한 통치정당의 형성 및 군 정비에 대해서는 많은 선행연구가 존재하며 다양한 이론가설을 제공하고 있다. 말하자면 슬레이터가 상정하는 독립 변수 이외에 그가 말하는 종속 변수를 설명하는 데 중요하다고 생각되는 타 변수가 어느 정도 파악된다는 것이다. 그래서 그는 타 변수의 설명이 7개 국가의 정치적 다양성을 어느 정도 설명가능한지를 확인하였다. 대항가설을 검증하는 것이다.

예를 들어, 영국의 식민지였던 경험이 민주주의를 촉진한다고 하는 가설이 있다(Weiner, 1987). 그러나 민주화되지 못한 미얀마, 말레이시아, 싱가포르는 이 가설을 반증한다. 강력한 지주 엘리트의 존재가 민주주의를 저해한다고 하는 뤼슈마이어(Rueshemeyer et al., 1992) 등의 가설은 필리핀에는 들어맞지만 싱가포르에는 들어맞지 않는다. 최근 민주화 연구에서 주목받고 있는 자원대국의 경우 민주화가 진전되지 못한다는 이른바 '자원의 저주 가설'(Ross, 2001)은 싱가포르를 설명하지 못한다.[4]

차이법에 바탕을 둔 비교사례연구를 할 때 사례 간의 상이한 변수는 무수히 존재한다고 말해도 과언이 아니다. 그러나 이론적으로 생각해보면 이러한 변수 모두가 똑같이 중요하다고 볼 필요는 없다. 슬레이터의 사례

---

4) '자원의 저주 가설'이란 천연자원에서 특권적 이익이 발생하는데 이러한 이익독점을 위해 정경유착 및 부정부패가 발생하기 쉽다는 것이다. 또한 이익배분을 둘러싸고 사회집단 간 갈등이 격화되어 정치불안 나아가 내전으로 발전하기도 한다는 것이다 (역자주).

에 적용시켜 말하자면 각국 요리의 매운 정도라든가 좋아하는 음악의 차이는 종속 변수에 영향을 줄 것으로는 생각하기 어렵다. 슬레이터는 변수를 완벽히 통제하고 있지는 않지만 이론적으로 독립 변수로 작용할 가능성이 있는 변수가 관찰 유니버스에서 충분한 설명력을 갖지 않는다는 것을 입증함으로써 변수 통제에 어느 정도 성공하였다고 평가할 수 있다.

이러한 대책은 계량분석에서도 중요하다. 다중회귀분석을 사용하여 인과관계 추론을 할 때 독립 변수를 무제한으로 투입할 수 있는 것은 아니다. 독립 변수를 늘리는 경우 발생하는 계산의 복잡성은 컴퓨터의 성능향상으로 많이 해결되었지만 표본수와 독립 변수 수간의 관계에서는 N=K 문제가 발생한다.[5] 그래서 투입하여야 할 독립 변수(혹은 통제변수)를 이론에 의거하여 선택할 필요가 있다. 정량적 연구든 정성적 연구든 어떤 연구 스타일을 택하든지 간에 선행연구를 숙독하는 것이 대단히 중요한 것은 바로 이 때문이다.

자연실험이라고 하는 방법

최근 주목받는 또 하나의 해결책은 7장에서 언급한 자연실험이다. 이미 언급한 바와 같이 단위동질성 문제를 해결하는 최선의 방법은 무작위 선발을 통한 실험이다. 관찰에 바탕을 둔 연구에서는 무작위 할당이 불가능하지만 연구설계를 잘 궁리한다면 유사 실험적 조건을 갖출 수 있다는 것이 자연실험의 발상법이다.

다니엘 포스너(Daniel N. Posner)가 아프리카에서 부족 간 대립에 관해 분석한 흥미로운 사례를 살펴보자(Posner, 2004). 아프리카에서는 한

---

5) 통제학적으로는 자유도의 문제가 된다. 독립 변수의 수를 k, 관찰표본의 수를 n이라고 할 경우 자유도는 n-(k+1)이며 최소한 자유도가 1이상 되기위해서는 n〉 k+2가 될 필요가 있다(역자주).

국가 내 부족 간의 격렬한 대립이 종종 정치불안과 경제의 정체를 초래한다고 지적된다(Collier, 2004; Collier, 2009). 이러한 부족 간 대립이 고유의 문화적 차이에 유래하는가(근원주의, Primordialism), 인위적으로 조성된 것으로 볼 것인가(구성주의, Constructivism)를 둘러싸고 다양한 논쟁이 존재한다. 그렇지만 포스너는 근원주의적이건 인위적으로 구성된 것이건 간에 부족 간 문화적 대립이 정치적 대립으로 이어지는 원인은 그 대립 자체의 뿌리 깊음과는 무관하다고 본다. 정치적 대립이 격화될지 여부는 한 국가 내 부족의 인구동태학적인 특징에 의해 결정된다는 것이다. 대립하는 부족이 한 국가 내에서 다수파를 형성하고 있다면 이를 동원하여 정치적 영향력을 행사할 수 있다. 때문에 다수파 부족은 정치적 동원의 단위가 된다. 그러나 소수파 부족은 동원에 의한 정치적 영향력을 발휘하기에는 한계가 있기 때문에 동원의 대상이 되지 못한다. 대립이 소수파 부족들 간이라면 평화 공존이 이루어질 가능성이 크다.

이 가설을 입증하기 위해서 포스너는 잠비아와 말라위를 대상으로 양국에 존재하는 체와(Chewa)족과 툼부카족(Tumbuka)족 마을을 비교하였다. 잠비아에서는 양부족이 민족적 형제, 정치적 동맹자로서 간주되고 있는데 반해 말라위에서는 양부족이 치열하게 대립하고 있다. 이 '협력' 또는 '대립'이 종속 변수가 된다. 그가 조사대상으로 삼은 것은 4개의 마을이다. 〈그림 9-1〉에 나타나 있는 바와 같이 양부족은 국경을 끼고 거주하고 있다. 분석단위는 부족 간 관계이다. 즉 잠비아의 체와족 마을과 툼부카족 마을 간의 관계와 말라위의 체와족과 툼부카족 마을 간의 관계이며 국경을 마주한 2개 사례의 비교가 된다.

이 국경선은 타 아프리카 나라들의 경우에도 종종 그렇듯이 식민지 시대에 민족구성과 관계없이 통치상의 이유로 인위적으로 획정된 것이다. 이것이 실험과 유사한 상황, 즉 자연실험 상황을 만들어낸다. 원래 존재

〈그림 9-1〉 잠비아와 말라위의 체와족과 툼부카족

출처: Posner, 2004.

하고 있었던 두 부족이 인위적으로 2개의 집단으로 다시 분할되어 서로 다른 나라에 거주하는 상황이다. 포스너는 더욱 신중을 기해서 국경에 인접한 마을을 각 부족지역에서 선정하였다. 그리고 이들 마을에서도 체와족과 툼부카족이 서로 다른 문화적 정체성을 가지고 있다는 것을 현장조사 및 설문조사를 통해 확인하였다. 언어 및 춤사위, 결혼에 관한 예물교환 방식(툼부카족은 소 7마리를 보내는데 반해 체와족은 닭한마리를 보낸다) 등 많은 상이점이 존재한다. 설문조사 결과에도 각 사례에서 양부족이 서로 상대부족에 대해 동일한 이미지를 가지고 있음을 보여주었다.

이 부족 간 관계의 2개 사례(잠비아의 부족 간 관계와 말라위의 부족 간 관계)는 국경을 마주한채 서로 다른 국가에 거주한다는 것 이외에 타 변수의 차이는 거의 없다. 그러나 이미 살펴 본 바와 같이 부족 간 관계는 잠비아에서는 우호적인 반면 말라위는 적대적이다. 양사례에서 차이가 나는 것은 국내에서 부족의 상대적 규모뿐이다. 말라위에서는 각각의 부족이 충분히 큰 규모의 집단인 까닭에 정치적 동원의 대상이 되며 그 결과 부족 간의 차이가 정치적 대립으로 발전하였다. 그러나 잠비아에서는 부족 규모가 상대적으로 작기 때문에 그러한 대립이 일어나지 않았다는 것이다. 독립 변수는 부족의 상대적 규모라는 추론이 가능하다. 신중하게 사례를 선택함으로써 실험과 유사한 정도로 타변수의 통제 다시 말해, 단위동질성의 확보가 이루어진 것이다.

이상 차이법에 바탕을 둔 비교사례연구에서 타변수 통제에 대해 2가지 대처법을 살펴보았다. 이론에 의거한 대처방법으로는 타 변수 통제가 충분한 수준으로 이루어지기는 어렵다. 그러한 의미에서 자연실험이 보다 바람직하다고 할 수 있다. 다만 자연실험을 채택할 수 있는 비교사례연구의 대상은 그리 많지 않을 것이다. 앞서 살펴본 동남아시아의 권위주의 체제 존속에 대해 자연실험을 설계하는 것은 거의 불가능에 가깝다. 결국 연구대상에 따라 유연하게 대처방법을 찾는 것이 중요하다.

2. 비교사례연구와 일치법

또 하나의 비교사례연구방법인 일치법을 검토해 보자. 일치법은 복수의 사례에서 발견되는 공통현상에 주목하여 분석한다. 여기서도 몇 가지 사례를 살펴보기로 하자.

일치법의 명작 『혁명의 해부』

차이법에서 본것과 마찬가지로 혁명이라는 거시현상을 일치법에 의거하여 분석한 고전적 명작으로 브린튼(Crane Brinton)의 『혁명의 해부(The Anatomy of Revolution)』를 들 수 있다(Brinton, 1965).[6] 그는 영국 청교도혁명, 미국 독립혁명, 프랑스 혁명, 그리고 러시아 혁명이라는 4대 혁명을 대상으로 공통점을 뽑아내어 묘사하였는데 이후의 혁명연구에 많은 영향을 미쳤다. 4대 혁명에는 혁명의 생애 주기(Life Cycle)라고 할 만한 공통의 발전과정이 관찰된다. 혁명은 구 체제에서 발생한 국가재정의 위기 및 내정문제를 계기로 한 구 체제의 붕괴로부터 시작된다. 그리고 온건파에서 급진파로의 권력이행, 급진파에 의한 공포정치, 테르미도르 반동(Thermidorian Reaction)[7]이라고 하는 경과를 나타낸다.

테르미도르 반동이라는 것은 프랑스 혁명이 급진화하면서 독재정치를 하던 로베스피에르가 프랑스 혁명력 테르미도르 9일의 쿠데타로 실각하여 혁명이 종결되었던 것에서 유래하는 것으로 혁명 후의 반동기를 지칭하게 되었다. 브린튼 자신도 인정하고 있는 바와 같이 이러한 경과과정이 그가 관찰한 4개 혁명 모두에서 완벽한 형태로 확인할 수 있는 것은 아니다. 그는 사례비교를 통해 혁명에 공통되는 거시적인 패턴을 발견하려고 하였던 것이다. 이후 혁명에 관한 연구들은 브린튼의 저작에서 많은 영감을 얻고 있다고 할 수 있다.

여기서는 혁명에 전형적으로 나타나는 패턴을 기술하여 혁명이란 어떤 현상인가라는 공통적 이해에 도달하는 것이 목표로 설정되고 있다.

---

6) 우리말 번역본은 다음과 같다. 크레인 브린튼/차기벽 역, 1985, 『혁명의 해부(革命의 解剖)』, 사상문고14(역자주).

7) 1794년 7월 27일 국민공회에서 프랑스 혁명 이후 지나친 공포정치를 펼친 로베스피에르와 추종 세력들에게 유죄를 선고하고 그 다음날 처형시켰다(역자주).

막스 베버의 표현을 빌리자면 혁명의 '이념형'을 제시하려 하였다고 할 수 있으며 혁명이라는 개념구축이 추구되었다고도 할 수 있다. 이처럼 패턴을 발견할 수 있다는 것이 일치법을 채택하는 주요 장점이다. 그렇다면 그러한 기술적인 작업을 넘어 일치법을 인과관계의 추론에 이용하는 것은 가능할까.

일치법에 의거한 인과추론

고도 복지국가가 어째서 실현되었는가에 관심을 갖는다고 해보자. 그래서 고도복지국가로써 이름 높은 스웨덴과 노르웨이에 공통적인 요인을 찾아보았다. 그 결과 노동자의 조직률이 양국에서 모두 높고 노동조합이 강력한 힘을 가지고 있는 것에 주목하여 이를 원인이라고 추론하였다(〈표 9-4〉). 앞서 살펴본 의사가 환자의 급성복통 원인을 찾는 것과 마찬가지로 이는 일치법에 의거한 인과추론이다.

〈표 9-4〉 스웨덴과 노르웨이의 노동조합

	복지확충도	노동조합
스웨덴	높음	강함
노르웨이	높음	강함

스코치폴의 비교혁명연구

테다 스코치폴(Theda Skocpol)은 『국가와 사회혁명』(1979)[8]에서 일치법에 의거하여 혁명이라고 하는 현상에 대한 인과추론을 행함으로써 학계의 명성을 얻었다. 그녀는 프랑스 혁명(1789년), 러시아 혁명(1917년),

---

8) 우리말 번역본은 다음과 같다. 테다 스코치폴/한창수 역, 1989, 『국가와 사회혁명: 혁명의 비교연구』, 까치(역자주).

그리고 중국 신해혁명(1911년)을 사회혁명이라고 파악하며 이를 초래한 원인을 밝혀내려 하였다. 여기서는 사회혁명이라고 하는 공통의 현상이 종속 변수가 된다. 그렇다면 이들 3가지 사례에 공통적인 원인은 무엇일까. 그것은 경제적 우위에 서 있는 외세로부터의 압력하에 전제군주 체제와 중앙집권적인 국가조직이 힘을 잃고 정치적 위기가 발생하는 동시에 농촌에서 사회관계 변동이 발생하여 농민이 지주와 국가에 대항하는 하부로부터의 공세가 격화되었다고 하는 변화이다. 스코치폴은 이것이 사회혁명을 가져온 공통원인이라고 보았다. 스코치폴은 사회혁명이 발생하지 않은 일본과 프로이센에 대해서도 간략히 논하고는 있으나(차이법) 책의 전반부에서 이루어진 주요 분석방법은 3개의 성공한 사회혁명을 대상으로 한 일치법이었다.

일치법의 방법론적 과제

일치법에 의거한 비교사례분석을 통해 인과추론을 할 때 직면하는 방법론적인 과제는 무엇일까. 앞서의 스웨덴과 노르웨이의 복지국가 발전 예를 상기해 보자. 종속 변수인 복지정책의 확충도가 공통적으로 높은 양 사례에서 노동조합의 파워도 공통적으로 강하다는 것이 확인되어 변수 간의 인과관계가 존재함을 추론할 수 있었다. 그런데 좌파정당의 강함, 사회민주주의적 이데올로기, 선거제도, 한랭기후라는 같은 기상조건, 인구밀도의 낮음 등 여러 가지 추가적인 공통점도 적지 않다. 이를 고려하면 공통요인 가운데 어느 것이 진정한 독립 변수인지를 판단하기 곤란하다. 이렇게 되면 연구설계가 불확정적이라는 비판을 피할 수 없게 될 것이다.

최대상이체계설계(Most Different System Design)

이 문제에 대처하기 위해서는 다시 사례선택에 대한 궁리가 중요하게 된다. 차이법에서는 가능한 한 유사한 사례를 선택해서 그 유사성에도 불구하고 다른 결과를 나타내는 사례를 선택하였다. 이에 반해 일치법에서는 정 반대의 선택이 필요하다. 즉, 다양한 측면에서 크게 상이한 복수 사례를 선택한 후 이들 사례에 공통의 값을 취하는 독립 변수 및 종속 변수를 관찰할 수 있다면 타 변수가 아니라 그 독립 변수가 원인이라는 것을 추론할 수 있을 것이다(〈표 9-5〉). 이러한 방법을 최대 상이체계 설계(Most Different System Design)라고 한다(Przeworski & Teune, 1970).

〈표 9-5〉 일치법에 의거한 연구설계 예

	복지정책	노동조합	경제성장	선거제도	기후
스웨덴	높음	강함	높음	비례대표제	한랭
X국	높음	강함	낮음	소선거구제	열대

스코치폴의 비교혁명연구는 프랑스, 러시아, 중국이라는 역사 및 문화의 상이성이 큰 국가를 사례로 선정하고 있다. 그리고 사회혁명이 공통적으로 발생하였다고 하는 점에 주목하여 그 이외의 극히 소수의 공통요인을 탐색하여 그것을 원인으로 추정하였다. 이를 통해 연구설계의 불확정성 문제를 피할 수 있게 된 것이다. 나아가 독립 변수인 정치위기와 농민봉기는 혁명 전에 발생한 것으로 독립 변수의 시간적 선행이라는 조건을 충족시키고 있다.

그러나 여기서는 인과관계 성립의 제1조건인 독립 변수와 종속 변수 간의 공변관계 확인이 이루어지지 않고 있다. 이 점에 방법론적인 비판이 집중된다. 킹, 코헤인과 버바가 일치법을 원칙적으로 부정하는 것은 바로 이 때문이다. 인과추론의 목적이 종속 변수 값의 변화를 초래하는 독립 변수가 무엇인지를 추정하는 것임에도 불구하고 종속 변수 값의 변화가 관찰되지 않는다면 변화의 원인을 찾는다는 것은 애초부터 불가능한 이야기라는 것이다(King, Keohane and Verba, 1994: 129−130; 河野, 2002). 이러한 비판을 어떻게 생각해야 할까.

종속 변수 값에 차이가 없는 일치법의 가장 극단적인 사례는 단일사례연구이다. 예를 들어 메이지유신에 대한 연구를 한다고 해보자. 메이지유신은 역사상 단 한번 밖에 일어나지 않았다. 메이지유신의 원인을 찾는 것은 애초부터 불가능한 것은 아닐까? 10장에서는 단일사례연구의 문제를 실마리로 삼아 사례연구를 이용하는 질적연구의 의의에 대해서 생각해 보기로 하자.

게임이론을 이용한 연역적 분석(Acemoglu & Robinson, 2005)으로 민주화연구에 큰 공헌을 한 대런 애쓰모글루(Daron Acemoglu), 제임스 로빈슨(James Robinson)은 2012년에 대중을 독자층으로 한 『국가는 왜 실패하는가: 권력·번영·빈곤의 기원(Why Nations Fail)』[*]을 펴내 큰 화제를 불러일으켰다. 세계에는 왜 빈곤한 국가와 풍요로운 국가가 존재하는가라는 것이 주제이다. 즉 종속 변수는 국가의 번영이다.

그렇다면 번영을 가져오는 독립 변수는 무엇일까. 그들은 종종 선행연구에서 언급되는 지리, 기후, 문화, 혹은 정부의 올바른 정책 등이 아니라 제도라고 주장한다. 즉 독립 변수는 경제제도와 정치제도라는 것이다. 경제의 지속적 번영은 다양한 사람들이 자유롭게 경제활동에 종사할 수 있는 '포용적(Inclusive)' 경제제도와 다양한 사람들의 이익이 반영되는 '포용적' 정치제도가 있는 곳에서 가능하다. 소수에게 권력이 독점된 '착취적(Extractive)'인 정치·경제제도 하에서는 경제활동의 과실을 권력자에게 빼앗기기 때문에 경제활동이 활발하지 못하다. 포용적인 경제제도가 있을뿐 정치제도가 '착취적'인 경우는 경제활동은 당초에는 활발하지만 이후 이익을 얻는 사람들을 위협하는 이노베이션(슘페터가 말하는 창조적 파괴)을 정치권력을 이용해 억압하기 때문에 경제의 활력이 시들어 간다. 그런 곳에서는 지속적인 번영을 기대하기 어렵다는 것이다. 인과관계 메커니즘이 매우 명확하다.

그들은 책의 서두에서 이 인과관계에 관한 가설을 미국과 멕시코 국경 사이에 위치하는 미국 애리조나 주의 노갈레스시와 멕시코 소노라 주의 노갈레스시를 비교함으로써 확인한다. 두 도시는 지리, 기후, 문화적 공통성에도 불구하고 전자의 번영과 후자의 빈곤이 대비된다. 차이가 나는 것은 전자는 포용적인 정치·경제제도가 존재하는데 반해 후자는 그것이 결여되어 있다는 점

---

[*] 우리말 번역서는 다음과 같다. 대런 애쓰모글루·제임스 A. 로빈슨/최완규 역, 2012, 『국가는 왜 실패하는가』, 시공사(역자주).

이다. 여기서는 차이법에 의거하여 정치 · 경제제도가 번영의 정도를 결정한 다는 인과관계에 관한 주장이 이루어지고 있다.

이것은 전형적인 자연실험을 통한 인과추론이며 독립 변수 값의 차이와 종속 변수 값의 차이의 대응관계(공변관계)를 확인하는 변수지향형 접근법(10장)이다. 다음으로 저자들은 서유럽과 동유럽에서 번영의 차이가 생겼던 것은 왜일까. 스페인과 프랑스가 아니라 영국에서 산업혁명이 일어난 것은 왜일까라는 의문에 대해 차이법에 바탕을 둔 비교사례분석을 시도한다.

그러나 이러한 분석은 노갈레스 분석과 같은 사례 간의 정태적 분석에 그치지 않는다. 되풀이되어 강조되고 있는 점은 당초의 사소한 제도적 차이가 결정적인 분기점에 직면하면서 큰 격차를 초래하는 역동성인데 변수 간의 공변관계 뿐만 아니라 인과관계 메커니즘의 추적도 이루어진다. 인과효과의 단순한 확인을 넘어서 인과효과 발생과정 분석을 바탕으로 한 사례 간 비교가 이 책의 인과관계 추론에서 중요한 부분을 차지하고 있다.

예를 들어, 중세의 흑사병(페스트) 유행은 유럽에서 노동력부족을 초래하여 결과적으로 농민과 일반서민의 정치적 · 경제적 영향력을 높였다. 이는 서유럽과 동유럽 모두 마찬가지였다. 그러나 서유럽에서는 이것이 포용적 정치제도로 이어진 반면 지배계급의 힘이 서유럽보다 조금 더 강했던 동유럽에서는 위기감을 느낀 지배계급이 농민에 대한 통제를 강화하고 농노제를 도입하였다. 동유럽의 착취적 제도의 성립은 이후 동유럽지역의 경제적 번영을 크게 저해하게 된다. 흑사병의 유행이 번영하는 서유럽과 정체하는 동유럽을 나누는 결정적 분기점이 되었다는 것이다.

또한 초기 제도의 차이는 내전에서 누가 승리하였는가라는 우연에 의해서도 초래될 수 있다고 주장한다. 정태적인 변수 간의 비교에서는 볼 수 없는 동태적인 과정추적(10장)이 가지는 묘미를 이 책은 남김없이 보여주고 있다. 명저라는 이름에 손색이 없는 이 책을 일독하여 비교사례연구의 매력을 충분히 느껴보기 바란다.

그리고 국가의 흥망성쇠라는 큰 주제에 대해 일치법에 바탕을 두고 논한 책으로 맨슈어 올슨(Mancur Olson)의 『국가의 흥망성쇠(The Rise and Decline of Nations』(1982)[*]도 권하고 싶다. 포용적 정치제도가 (이익집단의 지나친 로비활동을 통해) 거꾸로 기득권을 지키는 역할을 함으로써 국가의 쇠퇴를 초래한다는 올슨의 주장은 애쓰모글루 등과 반대되는 견해인 듯이 여겨진다. 작품이 출간된 시대 분위기의 차이를 반영하고 있다고 해석해 볼 수 있는데 올슨의 책은 애쓰모글루 등의 논의에 대해 그들이 번영하고 있는 국가의 제도를 사후적 입장에서 포용적이라고 단정해 버린 것은 아닐까라는 의문을 품게 한다. 그리고 앞서 6장에서 살펴본 방법론적인 문제점(후광효과와 내생성)과의 관련성에 대해서도 깨닫게 해준다.

---

[*] 우리말 번역서는 다음과 같다. 맨슈어 올슨/최광 역, 1990, 『국가의 흥망성쇠』, 한국경제신문사(역자주).

NHK 대하드라마는 일본 역사상의 인물 및 사건을 주제로 통상 1년에 걸쳐 방영되는 인기 TV 시리즈이다. 1963년부터 2013년까지 총 52편이 방영되었다. 주제로 다루어진 시대는 전국시대가 18회로 가장 많고 도쿠가와 막부 말기가 그 다음으로 많았다. 다양한 연기자가 사카모토 료마(坂本龍馬), 사이고 다카모리(西郷隆盛), 가쓰 가이슈(勝海舟) 등의 역할을 맡아왔다.[1] 막부 말기에 대한 높은 관심은 시바 료타로(司馬遼太郎)의 작품으로 대표되는 역사소설의 세계에서도 또한 TV드라마화되어 화제가 된 'JIN-仁'과 같은 만화의 세계에서도 엿볼 수 있다(村上, 2000-2010).[2]

최근 막부 말기와 메이지유신에 대한 관심은 더욱 높아지고 있는 듯하다. 과거에는 세계를 석권하였던 가전산업의 침체로 상징되는 일본의 '쇠퇴' 조짐이 아시아에서 일본의 융성을 가져왔던 메이지유신에 대한 향수를 더욱 부채질하는 것일지도 모른다. 서구열강에 맞서서 정체되어 있던

---

[1] 메이지유신의 주역들로 가쓰 가이슈는 막부의 해군장관으로써 서양의 신기술을 적극적으로 받아들여야 함을 주장한 개국론자이다. 사카모토 료마는 사츠마번과 조슈번의 동맹을 성사시켜 도쿠가와 막부 멸망의 계기를 만들었다. 사이고 다카모리는 사츠마번의 중신으로 도쿠가와 막부 토벌군을 지휘한 인물이다(역자주).

[2] 현대를 사는 뇌외과 의사 미나가타 진이 우연한 계기로 도쿠가와 막부 말기 도쿄(에도)로 타입슬립하여 여러 가지 난관에도 불구하고 근대의술을 전파한다는 줄거리로 막부 말기의 유명인물들이 만화에 자주 등장한다(역자주).

아시아 국가 가운데 처음으로 근대국민국가를 만들어낸 장대한 민족적 서사시는 낭만주의의 보고이다. 정치학을 전공하고자 하는 사람들 가운데 이 메이지유신과 같은 역사상 단 한번 밖에 일어나지 않은 거대한 사건을 연구해 보고자하는 사람이 있다는 것은 당연한 일하다.

세계사적으로 보면 프랑스 혁명, 러시아 혁명, 쿠바 미사일 위기, 소비에트 연방의 붕괴 등은 모두 크나큰 역사적 사건이며 지적 관심을 불러일으키는 대상이다. 이 장에서는 이러한 단일사례를 어떻게 분석해야 하는지에 대해 생각해 보기로 한다.

정치학에서의 방법논쟁

정치학계에서는 1990년대부터 연구를 어떻게 진행할지에 대한 중요한 논쟁이 펼쳐져 왔다. 이 논쟁의 단초가 이 책에서 몇 번이나 언급하였던 킹, 코헤인과 버바(King, Keohane and Verba)의 『사회과학의 리서치 디자인(Designing Social Inquiry: Scientific Inference in Qualitative Research)』(1994)이다. 이 책에서는 역사연구 및 사례연구와 같은 질적연구도 계량분석을 활용한 정량적 연구와 동일한 분석방법 및 논리를 따라야만 한다고 주장하였다. 이에 대해서 질적연구를 수행하여 온 정치학자들로부터 다양한 반론이 제기되었다. 그들은 킹(King) 등이 계량분석처럼 분석 표본수 N이 큰 Large N형의 정량적 연구를 질적연구보다 바람직하다고 간주하며 표본수가 작은 Small N형 연구는 정량적 연구가 불가능한 경우에 차선책으로 강구되는 것에 불과한 것으로 평가한다고 보고 이에 대해 치열하게 반론을 전개하였다. 이에 따라 세계 정치학의 최전선을 주도하는 미국정치학회 연차대회에서도 연구방법에 관한 다양한 분과회의가 개최되었다. 헨리 브래디(Henry E. Brady)와 데이비드 콜리어(David Collier)가 편저한 『사회과학의 방법론쟁(Rethinking Social

Inquiry: Diverse Tools, Shared Standards)』(2004)은 킹 등의 주장에 대한 다양한 비판을 소개한 책으로 큰 반향을 불러일으켰다.

이 방법론에 관한 논쟁의 주된 초점은 앞서 언급한 질적연구의 의의에 관한 것이었다. 이 장에서 다루는 단일사례연구는 Small N형 연구 가운데서도 N이 최소치인 1이 된다. 이러한 의미에서 방법론 대립의 초점에 해당된다고 할 수 있다. 단일사례를 둘러싼 방법론 논쟁을 통해 사례연구에 관한 다양한 방법론적 접근법을 이해할 수 있다. 이 장에서는 이러한 논쟁에 대한 검토와 더불어 단일사례분석에 관한 방법론적 과제에 대해 살펴보기로 하자.

킹, 코헤인과 버바의 단일사례연구 비판

단일사례연구에 비판적인 입장을 취하는 킹, 코헤인과 버바는 단 한번의 사건을 그대로 관찰하는 경우 인과추론은 불가능하다고 본다. 이는 9장에서 살펴본 일치법과 마찬가지로 공변관계의 관찰이 불가능하기 때문이다. 프랑스 혁명이 일어난 사례와 일어나지 않은 사례를 비교하는 것은 실제로 성립할 수 없다. 프랑스 혁명을 단일 사건으로써 관찰하는 단일사례연구에서는 그 발생원인을 아무리 상세히 서술한다하더라도 그 원인이 존재하지 않는 경우 프랑스 혁명이 발생하지 않았다고 하는 사실을 관찰할 방법이 없다. 따라서 이런식으로 접근해서는 인과관계의 추론이 불가능하다는 것이 킹, 코헤인과 버바의 입장이다. 다만 단일사례연구를 포기하라는 이야기는 아니다. 먼저 그들이 제시하는 2가지 대처방법을 살펴보기로 하자.

관찰의 수를 늘리는 대처방법

킹 등은 사례수와 관찰의 수는 다른 것이라고 주장한다. 프랑스 혁명이라고 하는 단 한번뿐인 사건을 분석하는 경우에도 복수의 관찰이 가능하다는 것이다. 예를 들어, 프랑스 혁명은 국민들이 경제적으로 빈곤하였기 때문이 아니라 오히려 경제상황이 개선되는 와중에 기대와 현실 간의 괴리가 증폭되어 발생했다고 하는 '혁명의 J커브 이론'을 채택하였다고 해보자(Davies, 1962). 이 경우 프랑스 각 지역을 분석단위로하여 경제상황이 개선되어 있던 지역은 그렇지 않은 지역에 비해 혁명운동이 활발하다는 것을 관찰할 수 있다면 공변관계의 확인이 가능하다. 여기서 사례는 프랑스혁명 단 하나이지만 지역별로 쪼개서 복수의 관찰을 수행할 수 있다. 또한 프랑스를 전체 국가단위로 분석하는 경우에도 경제상황의 변화를 시기별로 확인하여 이를 혁명적 상황의 변화와 결합시킴으로써도 관찰의 수를 복수화 할 수 있다.

사례수가 하나라도 이처럼 관찰수를 늘릴 수 있다면 종속 변수 값이 다른 관찰들 간의 비교가 가능하다. 바꾸어 말하면 공변관계의 확인이 가능하게 되는 것이다. 그들은 단일사례에서도 관찰수를 늘리는 것을 해결책으로써 제안하고 있다. 즉, 관찰수를 복수화함으로써 일치법의 극단적 예라고 할 수 있는 단일사례연구를 차이법으로 치환하라는 제안이다.

추상개념 도입이라는 대처방법 — 사회혁명으로써 프랑스 혁명을 본다

킹, 코헤인과 버바가 제시하는 다른 하나의 해결방법은 프랑스 혁명을 추상적인 개념인 '사회혁명'의 한 사례로서 자리매김하는 것이다. 이를 통해 러시아 혁명, 중국 혁명 등과 함께 프랑스 혁명을 분석할 수 있게 된다. 프랑스 혁명을 하나의 독특한 사건으로 보는 것이 아니라 동종 사건들(Class of Events)의 일부로 간주하여 복수의 사건들 간의 상이점에 주목하여 분석하고자 하는 것이다. 도입된 추상적 개념은 사회혁명이 아니더라도 괜찮다. 정치적 근대화라는 추상적 현상을 전제로 한다면 러시아 혁명, 중국 혁명에 더하여 메이지 유신이나 프로이센의 근대화라는 사례와 비교할 수 있다.

전자의 대처방법은 분석 차원을 프랑스의 지방차원으로 내리거나 혹은 혁명의 시기 구분을 함으로써 관찰수를 늘리는 것인데 반해 후자의 대처 방법은 분석을 사회혁명이라는 보다 추상적 차원으로 끌어올려서 관찰수를 늘리려고 하는 것이다.

그렇다면 이러한 대처방법은 어느 정도 받아들여질 수 있을까. 프랑스 혁명을 필생의 과제로써 연구하고자 하는 사람에게 같은 사회혁명이니까 러시아 혁명과 비교하라는 충고를 한다면 잘 받아들여질까. 마리 앙투아네트의 비극에 관심을 갖는 사람은 단두대에서 이슬로 사라진 그 밖의 많은 사람들에게는 관심이 없을지도 모른다. 그렇다면 관찰을 늘릴수 없는 경우에는 어떻게 하면 좋을까. 킹 등은 정말 단 하나의 관찰밖에 존재하지 않는 경우에는 인과관계의 추론은 포기할 수 밖에 없다는 입장이다(King, Keohane and Verba, 1994: 211). 단순명쾌하지만 지나치게 엄격하다고도 말할 수 있다. 이 때문에 모든 정치학자가 이 결론에 동의하지는 않는다. 이 문제를 조금 더 파고들어 보자.

인과효과와 가설검증

킹 등이 단일사례연구에 대해서 이러한 입장을 취하는 이유는 앞서도 언급하였듯이 이러한 연구가 공변관계를 확인할 수 없기 때문이다. 공변관계를 확인한다고 하는 것은 인과효과를 확인함을 의미한다. 1장에서

본 신장 프리미엄 연구에서는 독립 변수인 키가 클수록 소득이 높아지는 지 여부를 관찰함으로써 신장이 소득을 결정하는 하나의 원인인지 여부를 확인하였다. 타 조건을 동일하게 통제한 다음에도 여전히 키가 커짐에 따라 소득상승이 발생한다면 이는 신장이 갖는 인과효과이다. 신장 프리미엄 가설이 올바른가 여부의 검증은 이 인과효과 존재여부를 확인하는 작업을 통해서 이루어진다. 키가 큰가 혹은 작은가로 소득의 높고 낮음이 변화한다는 것을 확인할 수 있을 때 비로소 신장 프리미엄 가설은 증명되었다고 볼 수 있다. 공변관계를 관찰하지 못하는 연구설계에서는 이 인과효과를 확인할 방법이 없기 때문에 인과추론이 불가능하게 된다. 추론을 위해서는 적어도 2개 이상의 관찰을 통해 공변관계가 확인되어야 한다.

가설 연역법

이렇듯 인과효과의 확인을 단초로 하여 가설검증을 추구하는 연구설계는 사회과학을 포함한 과학적 연구에서 널리 채택되어져 온 표준적인 연구방법이다. 이 책도 지금까지 이 연구설계를 염두에 두고 방법론적인 설명을 해 왔다. 가설 연역법(Hypothetico-Deductive Method)이라고 불리는 이 연구설계를 다시 한번 정리해보자.

가설 연역법이란 아래와 같은 디자인을 취한다(Godfrey-Smith, 2003: Chapters 4 & 5; 戸田山, 2005: 54-56).

① 현재 보유하고 있는 데이터로 귀납적으로 가설을 구축한다. 예컨대 선진국의 복지정책 확충과정에 관한 관찰로부터 좌파정당이 세력을 확대하면 복지정책이 확충된다는 가설을 세운다. 이 과정은 귀납적 추론에 바탕을 두고 있다.

② 설정한 가설이 올바르다면 어떤 것이 관찰가능할지를 생각한다. 전후 일본에서도 좌파정당 세력이 커질수록 복지가 확충되었을 것이라는 예상은 가설로부터 추론가능하다. 킹 등은 이러한 예상을 가설이 올바르다면 관찰가능한 현상이라는 의미에서 '관찰가능한 함의'라고 지칭하였다. 이 추론은 전제가 올바르다면 결론도 올바를 것이라는 의미에서 진리 보존적이며 연역적인 추론이다(칼럼 ③ 참조)

③ 이 예상이 들어맞을지 여부를 실험 및 관찰을 통해 확인한다. 우리들의 예에서는 실험은 불가능하기 때문에 전후 일본의 데이터를 관찰함으로써 이를 확인하는 작업이 된다.

④ 예상이 들어맞았다는 것을 확인한다면 거슬러 올라가 가설자체도 올바른 것이었다고 결론내린다. 즉 좌파정당 세력의 확대가 복지확충을 가져왔다는 일반적 가설을 확증한 것이 된다.

이것이 가설 연역법의 설계이다. 여기서의 추론은 예상대로 인과효과가 확인가능하다면 거슬러 올라가서 예상의 바탕이 되었던 가설자체가 올바른 것이었다고 확증하는 형태이다. 즉 가설 연역법에서 중요한 것은 인과효과이다. 이 인과효과는 여기서는 제2차 세계대전 후 일본에서 좌파세력이 약했던 시기와 강했던 시기의 복지정책 충실도를 비교함으로써 확인하였다. 적어도 2개의 관찰이 차이법에 의거하여 이루어진 것이다. 다테바야시 마사히코(建林正彦)의 『의원행동의 정치경제학(議員行動の政治経済学)』은 중선거구제도 하에서의 의원행동에 관한 추론을 바탕으로 관찰 가능한 함의를 도출하고 이를 검증함으로써 인과관계를 추론한 전형적인 사례이다(建林, 2004).

결정적 사례연구

그러나 이 인과효과를 확인한다고 하는 방법이 정말 단일 관찰에서는 불가능한 것일까. 결정적 사례(Crucial Case)연구라고 불리는 방법은 이를 가능하게 할 수 있다고 여겨진다.

이에는 2가지 유형이 있다. 첫째는 가설검증시에 그 가설이 성립할 것으로 예상되는 사례를 분석하되 그 가설이 들어맞지 않는다는 것을 보여주어 가설을 부정하는 방법이다. 이는 가장 그럴 법한 사례선택 방법(Most Likely Case Method)이다. 둘째는 이와는 반대로 그 가설이 성립할 것 같지 않은 사례를 분석해서 가설이 성립함을 보여줌으로써 가설의 타당성을 확인하는 방법인데 가장 그럴리 없을 법한 사례선택 방법(Least Likely Case Method)이라고 한다(Eckstein, 1975). 이 경우 관찰이 단 하나라고 하더라도 가설검증이 가능하게 된다.

가장 그럴 법한 사례(Most Likely Case)

사례를 생각해 보자. 이 책에서 살펴본 바와 같이 민주화연구에서 경제성장과 민주화 간에는 강한 상관관계가 있다는 것이 거듭 확인되어 왔다. 나아가 단순한 공변관계를 넘어서 경제성장이 민주화를 가져온다고 하는 인과관계에 관한 가설도 유력하게 주장되어 왔다. 이제 중국에 대한 연구를 한다고 가정해 보자. 현재 중국은 일본을 추월해서 세계 제2의 경제대국으로 발돋움하였다. 기존의 이론가설에서는 민주화가 되어도 이상할 것이 없는 사례이다. 그러나 현재의 중국을 민주주의 체제라고 말하기는 어렵다. 한편 인도를 연구하는 경우를 생각해 보자. 인도는 최근 들어 그 경제성장이 주목받고 있다. 그렇지만 인도는 경제발전의 정도가 매우 낮았던 시기부터 민주주의 체제가 유지되어 오고 있다. 이는 일탈 사례라고 할 만하다. 본래라면 민주화될 것 같지 않은 사례에서 민주화가 확인되었기 때문이다. 두 사례 모두 경제성장이 민주화를 가져온다는 가설에 대한 중요한 반증사례이다. 이는 가장 그럴 법한 사례선택(Most Likely Case Method)에 의한 연구설계이다.

가장 그럴 리 없을 법한 사례(Least Likely Case)

가장 그럴리 없을 법한 사례선택 방법(Least Likely Case Method)을 사용한 연구로써 매튜 에반젤리스타(Matthew Evangelista)의 연구가 있다(Evangelista, 1999). 그는 냉전 시기 미국과 소련의 군축협상에서 과학자와 같은 초국가 행위자(Transnational Actor)가 영향력을 가지고 있었던 것을 외교사료 및 인터뷰를 통해 밝혀내었다. 이러한 군사에 관한 교섭 특히 냉전 시절 미소 간의 군축협상에서는 국제관계론의 현실주의자(Realist)가 예상하듯이 국익을 건 국가 간 교섭이 이루어질 것으로 간주되었다. 그런데 이 사례에서조차 과학자와 같은 초국가적인 행위자의 영향력이 크다는 것을 밝혀냄으로써 국가 이외의 행위자가 국제관계에서 담당하는 역할을 강조하는 국제협조주의자(Liberalist) 이론의 타당성을 보여주었다고 할 수 있다. 가장 불리한 사례에서 이론이 성립하는 것을 입증한다는 점이 이 방법의 특징이다(Bennett & Elman, 2007).

그런데 이러한 방법이 성립하는 것은 관찰대상이 일탈사례임을 전제로 한다(Brady & Collier eds., 2004: Chapter 5). 그리고 일반적으로 관찰가능하다고 생각되어지는 현상과 상이한 말 그대로 '기이한 현상' 즉, 일탈현상이 발생한 사례를 분석함으로써 인과관계에 관한 추론을 행하는 것이다. 이 추론의 논리는 가설 연역법의 논리를 따르고 있다. 이론적으로 예상되는 결과에 대해서 실제 관찰결과가 상이함을 보여주는 식으로 인과효과의 존재유무를 검토하고 있기 때문이다. 말하자면 이론적으로 예상되는 결과와 관찰된 결과의 간극으로 인과효과를 확인 혹은 부정하는 것이다.

결정적 사례연구와 수수께끼

결정적 사례연구의 이와 같은 접근방법은 폭넓게 신뢰받는 이론 및 합리적·연역적으로 추론된 귀결과는 상이한 현상이 왜 발생하는 것일까라는 수수께끼(Puzzle) 설정을 수반하는 것이 보통이다. 경제성장을 이뤄서 민주화가 되어야 하는 중국이 왜 민주화되지 못하고 있을까. 지배자 집단들이 체제 변동으로 불이익을 받기 때문에 합리적으로 판단해서 체제 유지에 협력하고 있는데도 불구하고 때로는 내부대립에 의해 체제 붕괴가 초래되는 것은 왜일까(境家, 2010). 이처럼 우리들에게 수수께끼 풀기를 요구하는 문제들은 많이 있다. 많은 연구가 수수께끼 풀기의 노력 가운데 탄생한 것이다.

고노 마사루(河野勝)는 본래 정당은 의석수를 확대하여 정권 획득을 추구하는 존재임에도 불구하고 제2차 세계대전 후 일본에서 오랫동안 최대야당이었던 사회당이 비현실적인 비무장 중립노선 및 좌익적인 정책노선을 고수하는 등 진지하게 국민의 지지를 얻으려는 노력을 하지 않았던 것을 수수께끼라고 생각했다. 이 수수께끼에 대해 사회당 의원의 이념에 대한 과잉동조 및 노동조합 활동가에 대한 의존이라는 통설적인 답과는 달리 고노는 사회당도 타 정당과 마찬가지로 자신들의 의석을 최대화하기 위해 합리적으로 행동했다고 주장한다. 그럼에도 불구하고 사회당이 좌편향에서 벗어나지 못한 것은 중선거구제도 하에서 보다 좌익적인 공산당 후보자와 경쟁할 수 밖에 없었기 때문이라는 것이다. 정권을 추구해서 중도적 스탠스를 취하면 공산당에게 의석을 빼앗길 우려가 있었기에 좌편향 정책을 유지할 수밖에 없었다는 것이다. 이념적 성격이 강하다고 여겨져 온 사회당과 같은 사례에서도 실제로는 그 노선이 합리적인 계산에 의해 결정되었다는 설명이다(Kohno, 2001). 여기서는 가장 그럴리 없을 법한 사례선택 방법(Least Likely Case Method)과 관련되는 수수께끼 설정이 이루어졌다고 할 수 있다.

　마부치 마사루(馬淵勝)는 관료의 힘, 특히 재정적자를 꺼려하는 재정당국(대장성, 현재는 재무성)의 힘이 매우 강한 일본에서 재정적자가 선진국 가운데 최고였던 것은 왜일까라는 수수께끼를 연구의 출발점으로 삼았다. 단순하게 생각하면 대장성의 의향이 반영되어 재정적자가 최소화 될 것임에도 불구하고 예상과 다른 일탈이 발생하고 있다. 마부치는 그 이유를 대장성이 일본은행 및 민간금융기관을 통제할 수 있는 강력한 권한을 갖고 있기에 국채를 발행해서 빚을 내려고 마음먹으면 쉽게 부채액을 늘릴 수 있기 때문이라고 한다. 말하자면 대장성의 강력함이 부메랑이 되었다는 것이다(馬淵, 1994). 여기서는 가장 그럴 법한 사례선택 방법(Most Likely Case Method)이 이용되었음을 쉽게 알아챌 수 있을 것이다.

　필자도 노동자의 이익이 노동조합이 일치단결하고 있기에 지켜진다고 하는 노동정치연구에서 널리 인정되어 온 이론을 배경으로 일본을 일탈사례로서 간주하는 연구를 수행한 적이 있다. 일본에서는 노동운동이 오랫동안 이념적으로 분열된 채로 기업별 노동조합이 상대적으로 큰 힘을 가졌기 때문에 전국적인 응집력은 약했다. 통설에 따르면 노동자들은 매우 불리한 조건에 놓이게 될 것이다. 그러나 일본 노동자의 노동조건은 제2차 세계대전 이후 급속히 개선되었을 뿐만 아니라 그 고용은 타 선진국과 비교해서도 강력하게 보호되어 왔다. 1990년대 이후에도 일본경제의 개혁이 '시장주의적' 경제학자에 의해 주창되었을 때 개혁의 장애요인 중 하나로써 정규직 노동자의 과보호가 지적되었다. 필자는 노동자의 이익이 어느 정도 지켜지고 있는가를 노동조합의 크기 및 응집력으로 설명하는 통설을 부정하고 노동자와 경영자 간의 연계방식 및 노동조합과 여당과의 협력관계로 설명하는 계급 간 연합이론을 적용하여 이 수수께끼를 풀었다(Kume, 1998; 久米, 1998). 여기서도 가장 그럴 법한 사례선택 방법(Most Likely Case Method)이 채택되었다. 다만 마부치가 현실상황으로부터 논리적인 추론에 의거하여 수수께끼를 설정하고 이를 푸는 데 관심을 집중하였는데 반해 필자는 선행연구가 근거로 삼은 이론으로부터의 일탈사례에 수수께끼를 발견하고 통설이론의 수정을 추구하였다는 점에 차이가 있다. 필자의 연구는 계급 간 연합이론의 입장에서 노동정치를 이해하려고 하는 새로운 이론의 발전에 공헌한 연구의 하나로 미국정치학계에서 평가되고 있다(이 이론전개에 대해서는 Swenson, 2002 등을 참조).

이론검증으로써의 결정적 사례연구에 대한 비판

킹, 코헤인과 버바는 이러한 일탈사례연구에 의한 이론검증 접근법에 대해서도 몇 가지 이유로 비판하였다. 먼저 그들은 종속 변수에 영향을 주는 독립 변수가 단 하나인 경우는 드물고 보통은 복수이기 때문에 하나의 관찰로는 확정적 연구설계가 되지 못한다고 한다. 복지국가의 성립에 노동조합의 강함, 좌익정당의 강함이 영향을 준다는 이론에 대해서 노동조합이 약한 곳에서도 복지국가가 성립하고 있다는 일탈사례를 제시한다 하더라도 좌익정당이 강하기 때문에 복지국가가 성립했을 가능성이 남아있기에 이 이론에 대해 충분히 반증이 되지 못한다는 것이다.

나아가 관찰에는 오차가 존재한다. 노동조합이 약한 곳에서도 복지국가가 성립한다는 하나의 사례·하나의 관찰에 의거하여 주장하여도 그 관찰은 단순히 측정오차에 의한 것일 수도 있다. 또한 사회과학이 다루는 현실세계는 이론가설에 대한 반증이 하나라도 나오면 그 이론이 부정되는 결정론적인 세계가 아니라 확률론적인 세계인 것이 보통이다. 노동조합이 강하고, 좌익정당도 강한 곳에서는 복지국가가 필연적으로 탄생한다고 하는 결정론적 이론이 아니라 그러한 경우 복지국가가 탄생할 가능성이 높다고 하는 확률론적인 이론을 고려한다면 어떤 한 사례에서 그 이론에 대한 반증이 나온다 하더라도 곧바로 이론이 잘못된 것이라고 단정할 수 없다는 것이다.

이론의 개선과 결정적 사례연구

이는 중요한 지적이다. 그런데 결정적 사례연구가 이론가설을 엄밀히 검증하는 데 이용되는 경우는 드문 편이다. 오히려 가설구축 및 개선에 이용되는 경우가 더 많다. 일탈사례연구의 중요성을 논한 로널드 로고스키(R. Rogowski)는 노벨 물리학상을 수상한 리처드 파인만(Richard P. Feynman)의 말을 다음과 같이 인용한다(Feynman, 1965: 158; Rogowski, 2004: 76).

> 실험자는 스스로의 이론에서 가장 반증될 것 같은 부분을 부지런히 그리고 가장 애써서 조사하여야 한다. 바꾸어 말하면 우리들은 스스로가 잘못을 범하고 있다는 것을 깔끔하게 인정하려고 노력해야 하는 것이다. 왜냐하면 그렇게 하는 것 이외에 진보는 불가능하기 때문이다.

2012년에 iPS세포[3] 개발로 노벨 의학·생리학상을 수상한 야마나카

---

3) 유도만능줄기세포(induced pluripotent stem cell)는 성장이 끝난 체세포에 세포분화 관련 유전자를 삽입하여 어떤 세포로도 성장하도록 유도할 수 있는 역분화 줄기세포이다(역자주).

신야(山名伸弥)도 "실험은 실패할 때 더 재미있다. 우리가 알고 있는 것은 여전히 적기 때문에 가설이 검증되지 않음으로써 새로운 지식이 축적된다"고 인터뷰에서 말하고 있다([NHK クローズアップ現代] ノーベル賞山名教授が語るiPS細胞の未来 2012年 10月 10日 放送). 우연치 않게 파인만과 같은 말을 하고 있다.

킹 등이 말하는 것처럼 복수의 독립 변수를 포함한 이론에 대해 단일 관찰만으로 결정적인 반증 혹은 확증을 하기란 불가능하다. 나아가 확률론적 이론가설이라면 반증은 불충분한 것이 될 것이다. 그러나 그 가설의 가장 타당할 법한 사례에서 적어도 그 일부분이 예상과 다른 결과를 나타낸다면 이는 이론가설을 개선할 수 있는 중요한 실마리를 제공할 수 있다. 결정적 사례연구의 가치는 바로 거기에 있다. 이 점을 잘 보여주는 최신 연구를 살펴보기로 하자.

'자원의 저주'와 미숙한 민주주의(Crude Democracy)

퓰리처상을 3번이나 수상한 바 있으며 『세계는 평평하다(The World is Flat)』[4] 및 『미국쇠망론(That Used to be Us: how America fell behind in the world it invented and how we can come back)』[5]이라는 저작으로 큰 반향을 불러일으킨 토마스 프리드만(Thomas Friedman)은 2006년 잡지 『Foreign Policy』에 '석유정치의 제1법칙'이라는 제목의 기사를 발표하였다. 거기서 그는 "풍부한 석유자원을 보유한 산유국에서는 석유가격과 자유화의 진전이 반대방향으로 움직인다"고 주장하였다(Friedman,

---

4) 우리말 번역본은 다음과 같다. 토머스 L. 프리드먼/이건식 역, 2013, 『세계는 평평하다: 세계는 지금 어디로 가고 있는가?[2차 개정 증보판]』, 21세기북스(역자주).

5) 우리말 번역본은 다음과 같다. 토머스 L. 프리드먼 · 마이클 만델바움/강정임 · 이은경 역, 2011, 『미국쇠망론: 10년후 미국 어디로 갈것인가?』, 21세기북스(역자주).

2006). 이 책에서도 소개하였던 민주화에 관한 연구에서는 중동 산유국에서 경제성장은 이루어지지만 민주화가 진전되지 못하고 있다는 것이 종종 지적된다. 이 문제를 정면으로 다룬 이는 마이클 로스(Michael Ross)이다. 그는 석유와 같은 자원을 풍부하게 보유한 국가에서는 민주화가 진전되지 않는다는 것을 통계적으로 보여주고 이를 '자원의 저주'라고 명명하였다(Ross, 1999; Ross, 2001). 이후 이러한 통찰은 민주화 연구자들 사이에 널리 공유되어 통설의 지위를 차지하기에 이르렀다. 프리드만의 기사도 이러한 입장이다. 자원이 풍부한 국가는 국가가 자원에서 불로수익(Rent)을 얻기 때문에 세금징수에 노력할 필요가 적다. 그 결과 국민으로부터의 지지를 확보한다거나 국민의 목소리에 귀를 기울일 필요성도 별로 없기 때문에 이러한 국가(Rentier State)는 좀처럼 민주화되지 못한다는 것이다.

이러한 이론가설에 대해서 일탈사례를 이용하여 수정을 도모하였던 이가 더닝(Thad Dunning)이다(Dunning, 2008). 더닝은 남미 산유국인 베네수엘라에 주목하였다. 베네수엘라는 과거부터 석유수출국이었음에도 불구하고 남미에서 가장 안정적인 민주주의 국가를 유지해 왔다. 다른 남미 국가에서 연이어 쿠데타가 발생하거나 민주주의가 후퇴하던 시기에도 베네수엘라의 민주주의는 지속되었다. 민주주의의 우등생인 셈이다. 더욱이 베네수엘라의 민주주의가 후퇴하기 시작한 것은 프리드만 법칙과는 반대로 석유에서 얻는 수입이 감소하기 시작한 1980년대부터 1990년대이다. 이처럼 베네수엘라는 일탈사례이며 가장 그럴 법한 사례 선택 방법(Most Likely Case Method)에 의한 분석이 이루어졌다고 할 수 있다.

더닝은 1970년부터 2001년까지의 154개국 데이터(Cross National Time Series Dataset)를 이용한 통계분석과 게임이론을 활용한 모델구축을 병행하여 자원에 대한 의존이 민주주의에 대해 부의 효과를 가지는 동시에 정의 효과를 가지기도 한다고 주장했다. 즉 어떤 국가가 전면적으로 자원으로부터 얻는 수입에 의존하는 경우는 '자원의 저주'가 상정하는 것처럼 민주주의에 부의 효과가 발생한다. 하지만 자원으로부터 얻는 수입이 국가경제의 일부에 지나지 않고 타 산업부문이 발달해 있는 가운데 국민들 간 소득격차가 큰 경우에는 자원의존은 민주주의에 공헌한다고 주장하였다. 소득격차는 국민들의 재분배 요구를 발생시키고 지배층과의 대립도 심화될 가능성이 크다. 재분배를 두려워하는 지배층에 의한 민주주의 억압 체제가 등장할 가능성도 크다. 그런데 자원으로부터의 수입이 확보된다면 이를 통해 재분배가 가능하고 정치적 대립도 완화될 수 있다는 것이다. 더닝은 이것이 민주주의를 존속시킨 메커니즘이라고 말한다. 그는 이 메커니즘을 베네수엘라에 대한 정밀한 사례연구를 통해 명쾌하게 분석하였다.

여기서 강조하고 싶은 것은 더닝의 연구목적이 '자원의 저주' 이론을 반증하기 위해서가 아니었다는 점이다. 그는 '자원의 저주' 이론을 부정하지 않았다. 다만 자원이 민주주에 대해 갖는 효과가 상황에 따라 달라진다는 것을 주장했다. 이론의 개선 혹은 수정이 목적이었던 것이다. 베네수엘라라는 일탈사례는 자원과 민주주의에 관한 새로운 지식과 이해를 우리들에게 제공해 주었으며 새로운 가설의 구축으로 이어질 수 있도록 해 주었다.

가설구축을 위한 연구설계

그런데 킹 등은 가설구축(개선)을 위한 방법론에는 그다지 관심이 없다. 이에는 나름의 이유가 있다. 그들은 가설검증이야말로 연구의 중심이라고 생각했기 때문이다. 질적 연구를 중시하는 많은 정치학자들은 킹 등이 인과효과에 초점을 둔 가설검증만을 사회과학의 배타적 목적으로 보고 있다고 비판한다.

그렇다면 연구주제 및 가설설정에 대해서 킹 등은 어떻게 생각하고 있는 것일까. 그들은 가설설정에 대한 체계적 설명을 거의 하고 있지 않다. 가설설정 및 연구주제의 발견에 대한 특별한 방법이 있을리 없다고 생각하는 것이다. 이 점은 칼 포퍼(Karl R. Popper)의 입장과 일치한다. 포퍼는 "새로운 아이디어를 얻는 논리적 방법 혹은 그 과정의 논리적 재구성은 존재하지 않는다(중략), 모든 발견은 [비합리적 요소] 혹은 베르그송이 말하는 [창조적 직관]을 포함하고 있다"고 말하였다(Popper, 1968). 엄밀한 테스트는 가설검증 부문만이 해당되며 가설을 설정하는 작업은 직감이나 영감에 의존한다는 것이다. 가설구축에 대한 방법론적 검토는 거의 무시하고 있다.

가설구축을 위한 귀납적 추론과 가설검증을 위한 추론을 엄밀히 구별하고 있는 것도 바로 이 점과 관련이 있다. 킹 등은 가설구축을 위한 추론에 사용하는 데이터를 가설검증에 사용하는 것은 불가능하며 가설검증에는 새로운 데이터의 수집이 필요하다고 주장한다. 또한 데이터를 관찰한 후에 가설을 수정하는 데 대해서도 가설을 보다 비한정적인 것으로 변경하는 것은 반증 기회를 확대하여 바람직하지만 가설을 보다 한정적인 것으로 변경하는 것은 피해야 한다고 주장한다.

본래의 가설이 현대 민주주의 국가는 입헌 체제이기 때문에 서로 전쟁을 하지 않는다는 것이었다고 가정해 보자. 그리고 이 가설을 검증하는 과정에서 가설을 지지하지 않는 사례에 직면했다고 하자. 이 경우 가설을 살리기 위해서는 민주주의 국가가 선진적인 사회복지 시스템을 가지고 있는 경우에는 전쟁을 하지 않는다고 가설을 한정하는 식으로 변경하는 것은 바람직하지 않다는 것이다(King, Keohane and Verba, 1994:

22), 또한, 새로운 가설은 새로운 데이터에 의해 검증하여야 한다는 것이 그들의 입장이다. 이러한 주장은 가설검증에 관한 주장으로써는 합당한 주장이다. 그렇지만 동일한 데이터를 사용해서 가설수정 및 재검증을 행하는 연구방법은 가설구축 및 수정을 위해 널리 활용되는 유용한 방법이다. 킹 등이 이러한 가설구축 및 수정방법에 충분한 관심을 보이지 않고 있을 뿐이다.

가설을 귀납적으로 추론해 가는 과정에서 방법론적인 검토작업이 이루어지지 않는다면 그 추론과정은 결국 직감이나 즉흥적인 발상에 의존하게 된다. 가설 연역법에서도 가지고 있는 데이터로부터 귀납적으로 가설을 구축하는 제1단계 작업시 비교사례연구 및 결정적 사례연구는 큰 역할을 할 수 있다. 앞서 살펴본 더닝의 연구는 이를 잘 보여주고 있다.

변수지향형 연구와 인과 메커니즘

인과효과를 실마리로 가설검증을 실시하는 연구방법이 갖는 또 하나의 문제는 인과관계 메커니즘 규명을 상대적으로 경시한다는 것이다. 인과효과에 초점을 맞추어 독립 변수와 종속 변수 간의 관계를 검증하는 것으로 인과관계를 추론하는 접근법은 일부 경제학분야에서 집중적으로 활용되었다. 이러한 입장을 명시적으로 언급한 것이 신고전파 경제학자인 밀턴 프리드만(Milton Friedman)이다. 그는『실증경제학의 방법과 전개(Essays in Positive Economics)』에서 "가설은 그 가설의 함의 또는 예측과 관찰 가능한 현상과의 일치여부에 의해서만 검증된다"라는 유명한 언명을 남겼다(Friedman, 1953).

경제학에 대해서도 추론시 전제로 하는 가정이 비현실적이라는 비판이 거듭 제기된 바 있다. 시장에 독점적 행위자가 존재하지 않고 완전경쟁이 이루어지고 있다던지, 시장에서의 행위자가 완전한 정보를 가지고 효용극대화를 위해 행동한다던지 하는 비현실적인 전제하에서 수요와 공급의 변화가 어떻게 균형을 이룰 것인지를 예측하고 이 예측의 실현을 확인하는 것이 무슨 의미가 있을 것인가라는 비판이다.

예를 들어, 정부가 최저임금을 설정하였을 때 고용과 임금이 어떻게 변화하는가에 대해 인과효과를 추론하고 이것이 실제로 발생하였는지를 검증한다고 해보자. 종종 최저임금을 높게 설정하면 기업이 높은 급료 때문에 인력고용을 꺼리게 되어 결과적으로 고용이 감소한다는 주장이 제기된다. 물론 경제학에서의 최저 임금연구는 이 정도로 단순한 것은 아니지만(Neumark & Wascher, 2008; 鶴, 2013) 최저임금의 인상을 요구하는 사람들은 이러한 주장에 대해 주장이 전제로 하는 가정이 비현실적이기 때문에 최저임금 인상으로 고용감소가 초래된다는 가설도 오류라고 비판한다.

프리드만은 이러한 비판을 염두에 두고 "이론은 이론에 의한 예측의 정확성과는 별개로 그 이론의 가정이 현실적인지 여부에 의해 시험된다고 하는 신념이 횡횡하고 있으며 더구나 이것이 경제이론을 비현실적이라고 공격하는 많은 비판의 원천이 되고 있다"라고 서술하였다(Friedman, 1953). 프리드만은 아무리 전제가 비현실적이라고 하더라도 그로부터 도출되는 가설에 의해 현실이 설명된다면 아무 문제가 없다고 반론한다. 이익유도와 득표활동의 시각에서 자민당을 연구한 사이토 준(齋藤淳)의 저서 『자민당 장기정권의 정치경제학(自民党長期政権の政治経済学)』에서도 "분석을 하는 데 있어서 몇 가지 대담한 가정을 전제로 한다. 가정은 어디까지나 가정이며 결론을 도출하는 데 유익하다면 분석상의 목적은 달성되었다고 생각한다"(齋藤, 2010: 10)고 프리드만과 같은 입장을 취하고 있다. 이러한 프리드만의 입장은 정책대안 제시와 관련해서는 확실히 잘못된 것은 아닐 것이다. 그렇지만 정치학 연구가 취하는 접근법으로써는 큰 문제가 있다. 프리드만의 관심은 인과효과뿐이며 그 중간의 인과 메커니즘, 즉 독립 변수가 현실에서 어떠한 과정을 거쳐서 종속 변수에 영향을 미치는가에는 별 관심이 없다. 인과관계 추론이 인과효과의 확인과 동일시되고 있다고 말할 수 있다.

물론 이 독립 변수와 종속 변수 간의 관계를 보다 상세하게 해석하는 식으로 인과효과를 확인함으로써 인과관계 내부의 블랙박스를 분석하는 접근법이 취해진다면 인과관계 메커니즘 규명으로 이어질 수도 있다. 실제로 이러한 형식의 경제학 연구도 적지 않다. 특히 최근 게임이론의 발전과 이를 적용한 경제학 연구는 그러한 방향으로 나아가고 있다고 볼 수 있다. 또한 실험경제학 및 경제심리학의 융성도 이러한 방향을 지향한다고 말할 수 있을 것이다. 그런데 이러한 움직임에는 정치학의 관심과 공통적인 부분과 그렇지 않은 부문이 공존한다.

사례연구를 중시하는 정치학자들은 변수 간의 관계에 관심을 집중하는 연구를 변수중시 연구라고 부르며 비판한다(Ragin, 2004). 정치학에서는 민주주의가 결과적으로는 동일하게 붕괴한다하더라도 그것이 어떠한 과정을 거쳐서 그러한 결말에 이르게 되었는가가 큰 관심사항이다. 톨스토이는 『안나 카레니나』의 서두에서 "행복한 가정은 서로 닮았지만, 불행한 가정은 모두 저마다의 이유로 불행하다"고 썼다. 변수지향형 연구는 어떤 요인이 불행이라는 결말을 초래하였는지를 찾으려고 한다. 그 원인은 빈곤일지도 모르고 질병일지도 모른다. 그러나 많은 정치학자들은 불행을 초래하는 요인을 통계적으로 규명하는 것에 만족하지 않는다. 같은 빈곤 상태에서 출발했다고 하더라도 서로 다른 경로로 불행에 다다르게 되는 일이 왕왕 있다. 정치학은 이러한 다양한 경로에 깊은 관심을 갖는다. 이러한 이유로 사례연구를 지향하는 정치학자는 '과정 추적

(Process Tracing)'으로 나아가게 된다.

정치학에서의 과정추적과 사례 내 분석

단일 혹은 소수의 사례내부를 상세하게 분석(Within-Case Analysis)하는 과정추적을 통해서 인과관계 메커니즘을 추론해나가는 작업은 가설구축과 검증 그리고 수정을 연속적으로 반복(Iteration)한다는 점에 그 특징이 있다(Brady & Collier eds., 2004). 킹 등은 이러한 과정추적도 결국은 인과효과를 세세하게 확인하는 작업 속에서만 규명될 수 있다고 보며 자신들이 제시한 인과추론의 논리와 다르지 않다고 주장한다. 구체적인 방법으로서 만약 그 독립 변수가 다른 값을 가지게 되는 경우 어떻게 될 것인가를 상상하는 반사실적 가정에 의해 인과효과의 추정이 가능하다는 것도 주장하였다. 그런데 이러한 주장은 명백히 단일관찰을 전제로 하고 있을 뿐만아니라 가설설정시에 귀납적으로 이용되었던 증거와 가설검증시의 증거가 별개여야 한다는 기존의 논리(Geddes, 2003)와도 상충된다. 킹 등이 제시하였던 논리와 상이한 추론방식이 과정추적 및 사례 내 분석의 전제가 되어 있다는 것이다(Brady & Collier eds., 2004). 이처럼 킹 등은 논리적 혼란양상을 보이고 있다고 할 수 있으며 사례연구를 중시하는 정치학자들이 사용하는 추론방법을 완전히 부정하지 못하고 있다고 평가할 수 있다.

예를 들어, 퍼트남은 이미 살펴본 바와 같이 시민공동체 의식이 정부성과라는 종속 변수에 큰 영향을 미친다는 것을 이탈리아 지방정부를 대상으로 확인하였다(1장 참조). 거기서는 시민공동체의 인과효과가 분석되었다. 그러나 동시에 이탈리아 지방정부에서 시민공동체 의식이 어떻게 정책결정자의 목적에 영향을 미치며 결정을 제약하는가를 인터뷰 등으로 확인해가면서 인과효과 규명작업을 수행하였다. 이는 가설검증의 전단계 작업을 의미하는 것이 아니다. 오히려 인과관계가 작동하는 과정을 추적하여 자기 가설을 확고히 하고자 하는 것이다. 나아가 단일 사례의 내부를 정성들여 관찰하는 사례 내 분석은 실제로 일어난 혹은 일어나고 있는 일련의 과정에 대한 관찰을 통해 인과적 추론을 완성하고자 한다는 점에 특징이 있다. 퍼트남이 이탈리아 사회관계자본의 연원을 중세도시 국가의 역사에서 구하였던 추론과정은 그 좋은 예이다. 더닝의 베네수엘라 사례연구도 여기에 해당된다.

이와 같은 과정추적을 통한 인과추론 방식은 현실세계에서도 드물지 않다. 예를 들어, 재판에서 유죄를 확정해 나가는 과정이나 추리소설에서 탐정이 범인을 찾아내는 과정에 바로 이러한 추론이 이루어지고 있다고 할 수 있다. 그리고 이 경우 형사재판에서의 '합리적 의심의 여지를 넘어선 입증(Beyond a Resonable Doubt)'이라는 증거평가(공소사실인정) 기준이 활용된다.[6] 이는 킹 등이 주장하는 인과효과의 확인에 바탕을 둔 추론과는 다른 논리에 입각한 중요한 추론방법이다(McKeown, 2004). 정성적 연구를 지향하는 연구자는 이러한 의미에서 사례연구가 차선책이 아니라 보다 적극적인 의미를 갖는다고 주장한다.

과정추적과 연구설계

이렇듯 귀납적 추론을 축적함으로써 가설을 구축해 나가는 시도와 에피소드를 이어 붙이는 식으로 서술하는 단순 사례기술과는 전혀 별개의

---

6) 우리나라 법원에서는 기소 내용의 전부가 합리적 의심을 갖지 않을 정도로 입증되어야 한다고 본다. 그리고 이때 합리적 의심이란 '논리와 경험칙에 기하여 요증사실과 양립할 수 없는 사실의 개연성에 대한 합리성 있는 의문을 의미하며, 단순히 관념적인 의심이나 추상적인 가능성에 기초한 의심은 합리적 의심에 포함되지 않고, 합리적 의심의 여지가 없을 정도라 해서 모든 가능한 의심을 배제할 정도를 요구하지는 않는다'고 한다(법률신문, 2011.12.5. [석동현: 형사재판에서의 합리적 의심]).'(역자주).

지적 행위이다. 이와 관련하여 앞서 언급한 다카네 마사아키의『창조의 방법학』에 흥미로운 에피소드가 수록되어 있다. 캘리포니아 대학 버클리분교에 유학하였던 다카네가 일본역사를 전공하는 B 교수의 연구조교 시절 때의 회상이다.

> 그 B 선생이 어느 날 새 논문의 별쇄본을 내게 주었다. 물론 그 논문은 전형적인 사회학 논문과는 달랐다. 즉 '원인'과 '결과'를 명확히 제시하고 가설을 입증하는 논문이 아니었다. 더구나 나는 그 당시 계량적 방법에 열중해 있었다. 그런 사회학부 대학원생의 눈에 그 논문은 논리도 증거도 애매한 평면적이고 '기술적' 연구로 보였다.
> 그러나 B 교수는 나를 고용하고 있으며 나와 가족의 생활은 연구조교로 근무함으로써 유지되고 있었다. 게다가 역사학자는 '설명' 따위에는 그리 집착하지 않을 것이라 생각했다. 그래서 B 선생이 의견을 물어보았을 때 나는 최대한의 찬사를 보낼 작정으로 "그 논문은 매우 잘 정리된 '기술적' 논문이라고 생각합니다"라고 말했다. 말이 끝나자마자 나는 '저 질렀구나'라고 직감했다. B 선생의 얼굴이 갑자기 핏기가 가시면서 창백해졌기 때문이다. (중략) "아무리 역사학자라고 하더라도 '기술적'이라는 말을 듣는다는 것은 모욕이에요. 이 논문은 분석적 논문입니다". 그리고 나서 우리들은 그 이상 논쟁하지 않았다(高根 , 1979: 42-43).

거북한 장면이 머릿속에서 상상된다. 필자도 코넬대학의 대학원생 시절 어떤 일본연구자의 논문에 코멘트를 하게 되었을 때 이 논문의 독립변수가 무엇인지 모르겠다는 건방진 소리를 해서 상대방을 불쾌하게 만든 적이 있다.

이 책을 지금까지 읽은 독자라면 다카네의 의견이나 필자의 코멘트가 역사연구와 같이 소수사례를 다루는 질적 연구 고유의 결점을 비판한 것이 아니라는 점을 이해할 것이다. 소수사례를 다루는 동시에 상세한 기술을 특징으로 하는 사례연구가 필연적으로 '원인'과 '결과'에 대해 가설 검토가 없는 불명확한 논리의 연구가 되는 것은 아니다.

사례연구와 같은 정성적 연구에서도 추구되어야 할 것은 단순히 '상세한 기술(Thick Description)'(Greetz, 1973)이 아니라 방법론적인 자각에 입각한 연구자세이다. 이는 킹 등의 입장을 지지하는 연구자도 비판하는 연구자도 모두 인정하는 바이다. 『사회과학의 리서치 디자인』을 비판적으로 검토하는 논문집을 모아 출판한 『사회과학의 방법론쟁』의 기고자들도 킹 등이 정성적 연구를 하는 연구자들의 방법론적 자각을 촉진하였던 공로에 대해서는 인정하고 있다.

이러한 두 입장의 대립은 정치분석의 목적에 관한 강조점이 다르기 때문이기도 하다. 킹, 코헤인과 버바로 대표되는 접근법은 기본적으로 정치현상을 설명하는 일반법칙(Covering Law)의 발견을 추구한다고 할 수 있다(Geddes, 2003). 이에 반해 킹, 코헤인과 버바를 비판하는 전통적인 정성적 연구자는 정치현상이 발생하는 과정 자체에 관심이 있다고 할 수 있다. 같은 결과가 발생한다고 하더라도 거기에 이르는 과정 자체에 깊은 관심을 갖는다는 것이다. 그래서 인과효과가 측정된다고 하더라도 인과 프로세스가 규명되지 않은채 방치되는 데 대해 불만을 갖는 것이다. 과정추적은 이러한 간극을 메우는 시도이며 일반법칙보다도 구체적인 맥락에 주의를 기울인다. 추구하는 것은 대상을 한정한 중범위 이론이다.[7]

그러나 이 과정추적도 어떤 원인이 어떻게 해서 결과로 이어졌는가라는 인과관계의 추론을 수반한다는 점은 마찬가지이다. 또한 원인과 결과

---

7) 참고로 합리적 선택이론은 과정에 해당하는 블랙박스를 연역적으로 규명하려는 시도라고 볼 수 있다. 아울러 구체적인 정보를 단순화하여 인과관계를 고찰함으로써 일반법칙의 발견을 추구하는 것으로도 볼 수 있다. 전자는 George & Bennett, 2005 그리고 후자는 Geddes, 2003을 참조하기 바란다.

를 기술할 때에도 이 책 4장에서 설명한 기술적 추론의 방법이 중요하다는 것은 명확하다. 정치학적 설명이라는 것은 시사해설이나 정치평론과는 달리 자각적이며 분석적인 지적 작업이다. 그리고 그 핵심은 바로 방법론적 자각이라는 것이 이 책의 주장이다.

칼럼 ⑧ 몬티 홀의 문제, 귀납적 추론 그리고 통계학

미국의 TV쇼 프로그램 'Let's Make a Deal'에 대한 이야기를 해보자. 이 프로그램에는 문 뒤에 숨겨진 상품을 고르는 게임이 있다. 당신이 이 프로그램에 참가했다고 생각해보자. 눈 앞에 3개의 문이 있고 한 문 뒤에는 경품으로 새 차가 있으며 나머지 두 개 문 뒤에는 염소가 기다리고 있다. 새 차가 놓여 있는 문을 선택하면 새 차를 경품으로 가질 수 있다. 당신이 문 하나를 선택한 후(아직 문뒤에 무엇이 있는지 알 수 없다) 사회자인 몬티가 힌트로써 염소가 대기하고 있는 나머지 문 하나를 열어 보인다. 이 힌트 후에 당신은 처음 골랐던 문을 아직 열지 않은 나머지 문으로 바꾸어도 좋다고 한다. 당신은 선택한 문을 바꾸어야 할까?

1990년대 미국에서 일반인부터 수학자까지 논쟁에 뛰어든 유명한 몬티 홀 문제이다. 정답은 '문을 바꾼다'이다. 새 차가 있는 문을 맞출 확률이 2배가 되기 때문이다. 납득이 가지 않는 사람도 많을 것이다.

그래서 좀 돌아가는 셈이지만 이하의 수학문제를 생각해 보자.

'구별이 안 되는 세 개의 주머니 속에 각각 빨간색 · 빨간색, 빨간색 · 흰색, 흰색 · 흰색의 공 2개가 들어있다. 지금 한 주머니를 골라서 그 속에서 공 한 개를 꺼내보니 빨간색이었다. 나머지 공 하나가 흰색일 확률을 구하시오'

베이즈의 정리를 이해하는지 묻는 문제이다. 해답은 다음과 같다. A 주머니에는 (빨간색 · 빨간색), B 주머니에는 (빨간색 · 흰색), C 주머니에는 (흰색 · 흰색)의 공이 들었다고 하자. 그리고 R은 공이 빨간색일 경우를 나타내고 B는 주머니가 B일 경우를 나타낸다.

〈그림 ④-1〉 당신은 문을 바꿔야 할까?

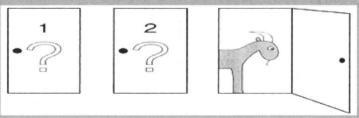

출처:https://en.wikipedia.org/wiki/Monty_Hall_problem#/media/File:Monty_open_door.svg

〈그림 ④-2〉

$$P(B \mid R) = P(B \cap R) / P(R)$$
$$= P(B \cap R)/(P(A \cap R)+P(B \cap R)+P(C \cap R)$$
$$= (1/3) \cdot (1/2)/((1/3) \cdot 1+(1/3) \cdot (1/2)+(1/3) \cdot 0)$$
$$= 1/3$$

맨 처음 꺼낸 공이 빨간색이며 남은 공이 흰색이라고 하는 것은 B주머니를 골랐다는 것을 의미한다. 여기서 확률은 P(B│R)이 된다. 공이 빨간색이라는 조건하에서 B라는 주머니가 뽑히는 조건부 확률이다.

이때 〈그림 4-2〉에 나타난 바와 같이 계산할 수 있어 그 확률은 1/3이 된다.

이 확률문제는 질적 연구에서 인과추론 방법을 생각하는 일부 연구자들의 관심과 관련된다. 여기서는 주머니 한 개를 골랐다. 그리고 속에 들어있는 공이 빨간색·빨간색일 확률은 얼마인가라는 단순한 문제를 조금 변형시켰다. 즉 주머니를 고른 후에 그 속에서 꺼낸 공 하나가 빨간색이라는 정보가 주어질 때 확률이 변한다(사후확률). 이 추가적 정보를 바탕으로 나머지 공의 색깔을 추론하는 것이다. 몬티 홀 문제에서는 사회자가 꽝인 문 하나를 가르쳐 준 다음의 사후확률을 구하는 문제이다.

더닝의 연구에 의하면 베네수엘라는 산유국이다. 베네수엘라의 비석유 부문은 충분히 크며 동시에 소득격차도 크다는 정보를 얻었다. 베네수엘라가 민주화될 확률은 이 정보에 의해 보다 높아질 것이라고 추론해도 좋을까. 이 문제와 몬티 홀 문제는 유사한 구조이다. 귀무가설을 유의성 검증으로 검증하는 것과는 달리 베이즈 통계학의 세계로 이어진다. 사례연구자의 일부는 베이즈 통계학이 자신들의 연구와 그 논리를 공유하고 있는 것으로 간주하기도 한다 (McKeown, 2004; George & Bennett, 2005, 비판적인 검토는 Geddes, 2003: 114–117).

그런데 몬티홀의 문제, 여전히 납득못하는 사람은 웹검색을 해볼 것!(위키피디아 https://ko.wikipedia.org/wiki/몬티 홀 문제)

종장
정치학과 방법론

[지금까지 모든 철학자는 세계를 다양하게 해석해온 것에 불과하다. 그
러나 중요한 것은 세계를 변혁하는 것이다]

(칼 마르크스, 「포이어바하에 대한 테제」)

[보기 전에 뛰어라] (W. H. Auden · 大江健三郎 · 岡林信康)

Look before you leap. (속담)

이 책은 지금까지 인과관계를 추론하기 위한 방법 다시 말해, 설명의
방법에 대해 고찰하였다. 서장에서도 언급하였듯이 이 책의 내용 자체는
정치학 고유의 것이라기보다는 오히려 사회과학 그리고 경우에 따라서
는 과학 전반에 걸친 공통의 방법론적 문제에 해당하는 것이다. 그렇지
만 이 책의 원제를 '원인을 추론하다—정치분석방법론으로의 초대(原因
を推論する— 政治分析方法論のすすめ)'라고 정하였다. 또한 내용설명
에서도 가능한 한 선거와 민주화 등 정치학적인 사례를 소개하려 노력하
였다. 이는 필자가 정치학자라는 점, 그리고 이 책을 사회과학 나아가 과
학의 방법론이라고 대대적으로 선전할 만한 배짱도 용기도 없었기 때문
이었다. 또한 판매전략상 독자층을 정치학을 배우려는 사람과 정치에 관
심을 갖는 사람들로 설정했기 때문이기도 하다.

이러한 소극적인 이유 외에 굳이 이 책을 정치분석방법론에 대한 책이
라고 강조하고 싶은 이유가 있다. 그 이유는 정치학에서 실증적 연구가

고유의 어려움을 가지고 있는만큼 그 분석방법에 자각적이어야 한다는 필자의 생각 때문이다. 이러한 문제를 제2차 세계대전 이후 일본의 실증 정치학 발전과정을 되돌아보면서 고찰해 보고자 한다.

전후 일본정치학

일본정치학계에서는 너무도 당연한 일이지만 전후 일본정치 체제가 중요 연구대상이었으며 특히 자민당 일당우위 체제가 관심의 초점이었다. 자민당의 장기집권을 가능케 하였던 원인은 무엇이었을까. 이는 인과관계에 대한 질문이다. 1970년대 이후 이 질문에 대해 다원주의론에 입각한 연구가 많이 등장하였다. 이러한 연구들은 일본은 자유선거가 치러지는 민주주의 국가로 여당인 자민당이 유권자의 목소리를 잘 반영하였기에 안정적인 지지를 획득해 왔다고 설명한다(大嶽, 1979; 村松, 1981; 猪口, 1983; Calder, 1988 등).

그러나 이러한 연구는 처음에 학계에서 많은 비판에 직면하였다. 어째서 비판받았는지를 이해하기 위해서는 전후 일본 정치학의 특징을 이해할 필요가 있다. 패전으로 국민을 이끌었던 전쟁 이전의 정치 체제에 대한 반성 분위기 속에서 전후 일본정치학은 현실 정치현상에 대한 비판을 당연시 해왔다(阿部, 1989). 이러한 정치학계의 풍토에 대해서 새로운 정치학 정립을 목적으로 이노구치 다카시(猪口孝) · 오오타케 히데오(大嶽秀夫) · 무라마츠 미치오(村松岐夫)에 의해 창간된 정치학 전문 학술잡지『리바이어던』은 그 발간 취지문에서 전통적인 정치학에 대한 비판을 명확히 전면에 내세웠다(レヴァイアサン 1号, 1987). 그들은 일본정치가 제대로 분석되지 않은 채 역사 및 사상사 혹은 외국연구의 일환으로써 평론적 · 인상주의적으로 논하여져 왔다고 비판하였다. 평론의 세계에서 대개 일본정치는 '후진적인' 그리고 특수한 것으로 간주되었으며 비

판과 개혁의 대상으로써 다루어졌다. 그리고 선진 민주주의 국가 수준에 도달하지 못하고 있는 일본정치를 어떻게 해서 실천적으로 개혁할 수 있을까를 고민하지만 정작 일본정치에 대한 통설적 이해 그 자체를 비판적으로 검증해 보지는 않는다고 지적하였다.

이와 같이 전통적 정치학의 문맥에서 자민당 장기집권을 여당의 선거전략 성공사례로써 객관적으로 분석하려는 행위는 자칫 후진적인 일본의 민주주의를 긍정하는 것으로 비난받기 십상이었다. 아베 히토시(阿部齋)는 1986년 중의원·참의원 동시선거에서 자민당의 압승을 관찰하면서 '자유민주당의 반영구적인 장기집권의 배경에는 정치학의 보수화가 있다'고 썼다. 그가 말하는 보수화란 전후 일본의 경제성장 및 사회적 안정을 '일본 정치가 탁월하였기 때문'이라는 전제에 입각하여 일본정치를 긍정적으로 평가하려는 경향이며 동시에 비판적 태도의 후퇴를 지적하는 것이었다(阿部, 1989; 渡部, 2010: 19).

그러나 아베가 이와 같은 지적을 한 바로 그 1989년에 자민당은 참의원에서 과반수에 미달하게 되었고 자민당우위 체제의 종언이 시작되었다. 이후 전후정치는 큰 변화를 맞이하게 된다. 정치학계에서도 학술지 『리바이어던』으로 대표되는 새로운 정치학의 흐름이 존재감을 높여가게 된다. 일본정치분석의 세계에서도 경험적·실증적 분석이 주류가 되어가고 있는 것처럼 보였다.

그렇지만 일이 그렇게 단순하게 진행되지는 않았다. 필자는 과거 『리바이어던』의 좌담회에서 '현대 일본정치 분석의 함정'이라고 지칭 할만한 것이 있다고 지적한 바 있다(レヴァイアサン 臨時增刊号, 1998). 일본인이 일본정치를 연구대상으로 할 때 연구자는 관찰자인 동시에 동시대를 살아가는 시민이기도 하다. 당연히 현재진행형의 정치 및 사회현상에 대해서 다양한 의견을 갖고 있다. 이로 인해 객관적이어야 할 분석에 자신

의 규범적 의견이 영향을 주는 일이 있을지도 모른다. 오오타케는 계몽주의 정치학에 이러한 경향이 특히 농후하다고 지적한다. 계몽주의 정치학은 연구과제의 선택에 가치판단이 작용한다고 하는 정당한 주장을 넘어서서 연구과제의 선택은 (일본정치 개혁이라는) 가치판단에 입각해서 이루어져야 한다는 주장으로까지 나아간다. 계몽주의 정치학파가 취하는 이러한 입장의 배경에는 1950년대가 패전 전후 도입된 일련의 민주주의적 개혁을 되돌리려고 하는 구 지배층과 전후 쟁취한 민주주의를 지키려고 하는 이들 간의 투쟁이 벌어진 이른바 '정치의 시대'였기에 중립적인 태도는 있을 수 없다고 보았기 때문이었다(大嶽, 1994).

이와 같은 극단적인 태도까지는 아니라 하더라도 보통 어떤 연구과제를 선택하는가는 분석자의 가치판단이 반영될 것이다. 그렇다고 한다면 분석자가 연구의 객관성을 잃어버릴 우려는 늘 존재한다. 현대 일본정치 연구의 발전을 정치학 방법론과 관련하여 흥미롭게 논한 와타나베 준(渡辺純)이 말하는 것처럼 경험적 · 실증적 연구가 정치학계에서 서서히 자리를 잡아가는 한편 규범적 혹은 개혁 지향적인 '계몽' 정치학과의 대립과 갈등도 반복적으로 일어났다(渡辺, 2010). 그 배경에는 현대정치분석 자체가 갖는 특징이 영향을 미친 측면이 있을지도 모른다. 몇 가지 예를 들어보자.

정관관계와 정치주도

전후 계몽 정치학과 새로운 경험적 · 실증적 정치학 간 대립의 중요 쟁점 가운데 하나는 정관관계(政官關係)이다. 계몽주의적인 전후정치학에서는 일본의 정치과정이 관료들에 의해 지배되고 있다는 이해가 통설이었다. 이에 대해 경험적 · 실증적인 새로운 정치학은 자민당 일당우위 체제 하에서 정치가가 선거에서 선출되었다는 정통성을 근거로 하면서 전문지식을 축적하여 정책에 대한 영향력을 높여왔다는 것을 규명하였다. 계몽주의 학파는 당초 이러한 주장에 대한 반론을 시도하기도 하였지만 이후 점차 이렇다 할 반론이 이루어지지 않게 되었고 관료에 대한 정치의 우위는 정치학계에서 통설적 지위를 차지하게 되었다.

그런데 이 논쟁에 새로운 전기가 도래하였다. 이라크의 쿠웨이트 침공에 대해 국제연합이 다국적군을 파견한 걸프전쟁(1991년)에서 일본은 자금지원 이외의 적극적인 역할은 하지 못했다. 이에 대한 비난을 계기로 일본정치의 약한 리더십 문제가 부각되었다. 이 사건을 하나의 계기로 하여 정치주도성 확립이 정치개혁의 과제로 부상하였으며 현재까지도 논쟁이 지속되는 주요 과제라고 할 수 있다.

정치주도 문제를 둘러싸고 지금까지 여러 가지 논의가 전개되어 왔다. 예컨대 행정학자 신도 무네유키(新藤宗幸)는 저서『정치주도(政治主導)』에서 민주당 정권이 추구하였던 '관료주도에서 정치주도로'라는 시도가 왜 실패하였는가를 정책결정 시스템 및 인사제도에 대한 풍부한 지식을 바탕으로 설득력 있게 논하였다(新藤, 2012: 序章). 그런데 그 책에서는 실증적 정치학이 검증하려고 하였던 정치우위인지 관료우위인지의 문제가 '하찮은 문제'라고 치부되고 있다(新藤, 2012: 25). 정치우위라고 여겨지는 현상은 정치가가 개별이익의 배분에 영향력을 발휘하는 데 불과한 '하찮은' 현상이며 보다 중요한 톱 리더인 수상에 의한 정치주도를 간과하였다고 지적 혹은 야유하는 내용으로 읽힌다. 그런 자잘한 일은 일단 제쳐두고 보다 정치적으로 중요한 정치주도성을 어떻게 실현할 것인가에 집중하자는 취지일 것이다. 신도는 관료우위였는지 정치가우위였는지라는 사실인식의 문제를 전혀 중요한 문제가 아닌 것처럼 무시한다.

그러나 계몽주의 정치학은 일본정치에서 관료주도성이 강하다는 사실을 일본정치의 후진성을 나타내는 대표적 특징으로 비판해 왔다. 관료우위가 사실이 아니며 정치가가 큰 영향력을 가진다는 지적이 '하찮은' 지적이라고 치부해 버리는 태도는 일본정치에 관한 사실인식보다 어찌되었든지 간에 일본정치를 개혁해야만 한다는 개혁의 당위론을 주장하는 것이 책의 목적이라고 고백하는 것과 매한가지이다. 정치를 이해하는 데 있어서 관료우위인지, 족위원(族委員)[1]과 같은 정치가가 힘을 갖는지, 그리고 이러한 정치가의 영향력이 어떠한 과정을 거쳐 톱 리더인 수상에게 집약되고 제어되는가라는 문제는 이론적으로도 실증적으로도 따로 떼어서 생각할 수 없는 문제이다. 이를 '하찮은 문제'라고 평가절하하는 것은 정책제안 및 규범적 평가를 우선시 한 나머지 실증적인 분석을 경시해온 경향을 여실히 보여주고 있다고 할 수 있다.

선거제도개혁과 정치개혁

이와 같은 대립 · 엇갈림을 둘러싼 흥미로운 논쟁을 조금 더 살펴보자. 정치평론 및 정치개혁에 현재도 적극적으로 관여하고 있는 정치학자 야마구치 지로(山口二郞)는 1997년에 『일본정치의 과제(日本政治の課題)』라는 책을 출간하였다(山口, 1997). 이 책은 1990년대에 정치개혁을 추진함에 있어서 최우선 과제로써 선거구제 개혁을 주장하였던 저자 자신의 반성과 더불어 이러한 경험을 바탕으로 한 새로운 제안을 담고 있다. 1990년대 냉전 종결과 함께 선진국 따라잡기형 근대화의 일단락이라는 시대적 배경하에서 기존의 이익배분 정치 및 조정형 리더십이 한계를 노정하고 있다는 논의가 무성하였다. 그 논의 가운데 선거제도를 소선거구

---

1) 의원은 상임위원회에 소속되어 의정활동을 수행하는데 특정 상임위원회에 오랜 기간 속하게 되어 해당업무에 전문성을 보유하게 된 위원을 족위원이라고 부른다. 족의원은 해당분야의 정책결정에 큰 영향력을 미치게 되는데 이 과정에서 관료의 영향력을 견제하는 역할과 함께 특정분야 사회집단의 이익을 정책과정에 투입하는 역할도 수행한다(역자주).

제로 바꾸어 정권교체가 가능한 양대정당제의 구축, 그리고 개별이익 배분이 아니라 정책적 대립에 의한 정당 간 경쟁을 통해 일본정치는 크게 변화할 것이라는 주장이 강력하게 대두하였다. 야마구치도 이러한 논의를 주도한 대표적 인물이었다. 그러나 기대하였던 결과가 나타나지 않았다고 본 야마구치는 반성의 뜻을 담아서 동서를 집필한 것이다. 거품경제를 부추긴 경제분석가들이 거품경제 붕괴 후에도 아무런 반성도 없이 일본경제의 나아갈 방향을 자신감 넘치게 말하는 모습과 대비된다는 점에서 신선함을 준다.

인과관계 추론과 정책제안

그렇지만 동서에 대한 서평을 쓴 다테바야시 마사히코(建林正彦)는 야마구치의 문제점으로써 인과관계의 추론, 즉 어떤 원인이 어떤 결과를 초래했는가라는 이론적 검토가 충분히 이루어지지 못한 채로 정책제안이 이루어지고 있다는 점을 지적한다(建林, 1999). 조금 길지만 여기서 다테바야시의 주장을 인용해 보자.

> [이 책은] 다양한 제도개혁을 제안한다. 그런데 한편으로 저자는 제도개혁의 한계를 강조한다. 양대정당제가 제기능을 하는 영국의 사회경제적 배경에 대해 논하면서 일본에서 소선거구제로의 개혁이 무의미하였다고 주장하는 것이다. 그리고 '우리들이 배워야 할 최대의 교훈은 제도를 고치는 것이 자동적으로 좋은 정치를 가져오는 것이 아니라는 단순한 사실이다'라고 결론을 내리고 국민의 '공화주의 정신'이 중요함을 강조한다. 그런데 제도, 사회경제적 요인, 정치문화라고 하는 제요인간의 관계는 도대체 어떻게 되어 있는 것일까. 이 책에서 새롭게 제안한 병용제(독일식 비례대표제), 지방분권, 규제완화는 도대체 어떤 효과를 갖는 것일까.

정치를 변화시키는 것은 제도개혁만으로 불충분하며 공화주의 정신이 중요하다고 말하면서도 또다시 새로운 제도개혁을 주장하는 책의 논지에 대해 그 모순을 정확하게 지적한 뼈아픈 비판이다. 그리고 이러한 주장의 모순은 인과관계 추론이 타당하게 이루어지지 못하고 있어 정책제안의 이론적 근거가 불명확하기 때문이라는 것이 다테바야시의 진단이다. 규범적 논의, 정책제안에 경도되어버린 나머지 경험적·인과적 분석이 경시되고 있는 문제점을 여기서도 볼 수 있다.

공격과 수비의 교대

그런데 야마구치 지로는 민주당 정권하의 여소야대 국회에서 기인하는 정치적 정체 상황 속에서 갑자기 국민적 지지를 얻기 시작한 오사카유신회를 이끌던 하시모토 토오루(橋本徹)에 대해 TV 등에서 수차례에 걸쳐 대적하는 등 적극적으로 비판하였다. 양자는 개혁의 방향성 및 내용을 둘러싸고 치열한 논쟁을 벌였다. 이것은 그것대로 흥미로운 사실이지만 이 책의 관심사항은 아니다. 관심은 논쟁 스타일이다. 예를 하나 들어보자.

2012년 3월 5일 TV 아사히계열에서 방송된 '비트 다케시의 TV태클'에서는 하시모토가 이끄는 오사카유신회가 도입을 주장하는 수상직선제가 주제였다. 야마구치는 고이즈미내각 시절에 설치된 '수상직선제를 검토하는 간담회'의 멤버로써 제안을 정리한 바 있으며 이를 바탕으로 한 논의를 전개하였다(그 성과는 大石·久保·佐々木·山口編, 2002에 수록되어 있다). 방송에서 야마구치는 하시모토가 필요하다고 생각하는 '결정할 수 있는 정치'를 실현하는데 수상직선제가 적절한 수단이 아니라는 점을 논리적으로 설명했다. 즉, 국회의 다수파가 수상을 뽑는 의원내각제에서는 입법부와 집행부가 동일하게 다수당에 의해 통제되어 수상의 강한 리더십 발휘가 가능한데 반해,[2] 수상직선제는 입법부와 집행부가 상이한 정치세력에 의해 통제될 가능성이 커서 기대와는 정반대의 효과가 생길 가능성이 높다고 역설하였다. 나아가 세계 각국의 예를 보아도 유일하게 수상직선제를 채택하였던 이스라엘이 결국 정치적 혼란 때문에 수상직선제를 폐지하였음을 지적하였다.

이에 대해 하시모토의 입장을 대변해 방송에 출연한 전 요코하마시장이며 오사카시 고문(이후 오사카유신회 소속 중의원 의원)인 나카타 히로시(中田宏)는 '어떤 나라도 채택하지 않고 있다고 해서 그것을 도입하지 않는다는 것은 말이 안 된다'고 발언하여 야마구치의 논의를 봉쇄하려 하였다. 이 발언은 출연자의 공감을 상당히 얻은 모양이기는 하지만 야마구치는 지지 않고 어떤 나라도 시행하고 있지 않다면 굳이 그 제도를 도입하려는 측은 그 제도가 바람직하다는 증거를 제시할 책임이 있다고 지극히 정당한 반론을 하였다. 이론적으로 그리고 실증적으로 수상직선제의 효과가 분석되어야 할 필요가 있다는 것이다.

설명의 방법론

이 프로그램에서 야마구치의 입장이야말로 이 책이 주장하는 입장임과 동시에 바로 다테바야시가 야마구치의 책에 결여된 부분으로 비판한 포인트였다는 것은 얄궂은 일이다. 여기서 얻을 수 있는 교훈은 동시대인으로서 현실정치에 대해 분석하면서 현실을 변화시켜야 한다는 강한 규범적 주장을 동시에 가지고 있는 경우 분석이 불충분한 채로 성급하게 결론을 내리는 우를 범하는 경우가 종종 있다는 것이다. 이는 현실정치에 대해 규범적 입장을 취해서는 안 된다는 것이 아니다. 또한 정책제

---

2) 후쿠다내각 이후의 정치적 혼란은 중위원에서 여당이 과반수를 획득하였지만 참의원에서 여소야대 현상이 나타난 것에 원인이 있다.

안을 하지 말라는 의미도 아니다. 규범적 판단과 경험적 · 실증적 분석은 각기 별개의 지적활동이며 후자를 위해서는 방법론적인 자각이 필요하다는 것이다. 그리고 정책제안을 위해서도 이는 매우 중요하다. 정책제안이 기대하는 효과를 가져오지 못할 경우가 있다. 이 때 제안의 어디에 잘못이었는가를 알기 위해서는 제안의 전제가 된 인과관계 추론의 어떤 부분이 잘못인가를 검증하여야만 한다. 이러한 작업 없이는 제안과 단순한 추상적 반성의 무한반복이라는 악순환에 빠지게 될 것이다.

증거에 입각한 정책제안

최근 '증거에 입각한(Evidence-based)' 정책의 중요성이 이야기되기 시작하고 있다. 의학계에서 주창된 '근거중심 의학(Evidence Based Medicine)'이라는 사고방식으로부터 영향을 받은 것이다. 의료행위는 치료효과가 정말로 있는지 여부를 엄밀한 검증을 거쳐 이루어져야 한다는 사고방식이다. 예를 들어, 신약의 인허가에서는 무작위로 뽑힌 두 집단의 환자를 대상으로 한 집단에게는 신약을, 타 집단에게는 위약(Placebo)을 처방한다. 이때 의사들에게도 모르게 처방한다. 이를 이중맹검법(Double-Blind Test)이라고 하는데 이러한 엄격한 실험을 통해 검증을 마친 신약만을 허가하는 방법으로 근거중심 의학의 전형적인 방법이라고 할 수 있다.

정책의 세계에서도 가능한 한 의학의 세계와 마찬가지로 객관적인 데이터를 활용한 엄밀한 분석이 이루어져야 한다는 발상이다. 이러한 사고방식은 블레어 정권하의 영국에서 크게 유행하였다(Parsons, 2002). 예를 들어, 1999년 영국정부 백서『정부의 근대화』에서는 정책은 단기적 요청이 아니라 과학적 증거에 바탕을 두고 입안되어야 한다고 주장되었다. 일본의 문맥에서도 정부 및 공공기관이 수집한 통계데이터를 공개하여 정책효과 분석을 가능하게 하고 이를 정책입안에 활용해야 한다는 주장이 힘을 얻고 있다. 이 책에서 소개한 방법론이 필요한 세계가 앞으로 정책입안의 영역에서도 크게 늘어날 것이다.

남겨진 문제 ① 정치와의 관계

다만 증거에 입각한 과학적 정책입안 과정에 어려움도 예상된다. 증거에 입각한 정책입안이라는 발상 자체는 새로운 것이 아니다. 분명 과학적 증거에 입각한 정책은 중요하다. 하지만 과학적인 정책입안을 요구하는 사람들은 대체로 정치로부터 독립한 전문가주의적인(Technocratic) 정책형성의 중요성과 바람직성을 강조한다. 블레어정권은 이념적 견지와는 거리를 두면서 실무적 견지에서 정책결정을 수행한다고 주장하였는데 바로 이러한 입장을 그대로 반영하고 있는 것이다. 하지만 이는 행정학계에서 과거 비판의 대상이었던 '정치 · 행정 이원론'의 판박이라고 볼 수도 있다.[3] 가치를 둘러싼 정치적 다툼으로부터 동떨어진 기술합리적인 정책입안이 과연 어디까지 가능할 것인지라는 문제가 여전히 숙제로 남겨져 있다. 케인즈주의 경제학에 바탕을 둔 경제의 미조정(Fine Tuning) 시도가 결국에 현자들에 의한 정책결정이라고 하는 '하비 로드의 전제(Harvey Road Presumption)'[4]를 충족시키지 못한채 실패로 끝났다고 평가되는 것처럼 증거에 입각한 정책입안에서도 많은 경우 동일한 어려움에 직면하게 될 것이다. 나아가 하이에크가 우려하는 것처럼 과학

---

3) 미국행정학은 당초 정치(정당정치)와 행정을 분리하여(정치 · 행정 이원론) 실적에 의한 관료임용제 도입과 효율적인 행정원리를 탐색하는 것에서부터 출발하였다. 그러나 1930년대 들어 뉴딜정책 등이 본격화하면서 정치(정책결정)와 행정은 융합되어 있으며 집행과정 속에서도 정책결정이 이루어진다고 하는 주장(정치행정 일원론)이 설득력을 얻게 되었다(역자주).

4) 정부가 민간경제 주체에 비해 경제정책의 입안 및 실행능력이 우월하다는 가설(역자주).

의 외투를 두르면서 실제로는 스스로의 정책적 주장을 밀어붙이려는 개혁파 경제학자들에게 자주 볼 수 있는 '설계주의적' 사고의 위험성에도 주의를 기울일 필요가 있을 것이다(小谷, 2004).

남겨진 문제 ② 불확실성

이러한 문제는 인과관계 추론에 바탕을 둔 지식을 정책입안에 응용할 때 발생하는 문제이다. 그러한 의미에서 이는 다양한 데이터를 '본' 이후에 '뛰는 방법'에 관한 문제라고 할 수 있다. 그런데 인과관계의 추론 자체에 관한 곤란한 문제가 남아 있다. 즉, 데이터를 '본다'는 것 자체의 곤란함이다.

2007년 여름 서브프라임 모기지 사태(Subprime Mortgage Crisis)[5]에서 촉발된 세계경제의 대혼란은 우리들의 세계가 안고 있는 불확실성에 대한 관심을 높였다. 대표적으로는 프랭크 나이트(Frank Knight)가 지적한 나이트의 불확실성(Knightian Uncertainty) 문제이다(Knight, 1971 [Peprint ed. 1985]). 그는 확률적으로 예측가능한 리스크와 확률적인 예측이 불가능한 불확실성을 구별한 것으로 유명하다. 케인즈도 말한 것처럼 '장기적으로 우리들 모두는 죽는다'는 것이지만 자신이 언제 죽을지는 모른다. 그렇지만 올해 20세가 되는 일본인이 올 한 해에 죽을 확률은 과거에 축적된 데이터를 활용하여 예측가능하다. 이는 확률적으로 예측가능한 리스크이다. 그렇기 때문에 생명보험업계의 영업이 가능한 것이다.

그러나 나이트의 불확설성은 이와 달리 과거 데이터를 미래예측에 이용할 수 없는 세계이다. 나이트는 이러한 예로써 기업이 의사결정에 직

---

5) 미국의 부동산 거품이 꺼지면서 주택담보대출회사들이 연쇄 파산하였는데 이것이 세계적인 신용경색을 불러와 세계 각국에서 금융위기가 초래되었다(역자주).

면하는 상황을 든다. 이제 막 시장에 내놓는 신상품이 시장에서 팔릴 것인지 여부는 확률적으로는 알 수 없다. 동물적 감각이 필요한 비즈니스의 세계인 것이다. 정치의 세계에서는 이와 같은 사례들이 넘쳐난다. 예를 들어, 북한이 핵실험을 올해 실시할 것인지 여부는 과거의 데이터를 바탕으로 예측할 수 없는 것이다. 많은 관찰을 하게 되면 이러한 현상이 발생할 확률을 알 수 있는 '대수의 법칙'이 작용하는 세계가 아니다. 정치에서 '결단'의 중요성이 강조되는 것은 나름대로 충분한 이유가 있다.

더욱이 많은 데이터가 이용가능한 세계에도 어려움은 존재한다. 이 책에서 언급한 통계적 검증에서는 정규분포가 전제되어 있는 경우가 많다. 하지만 경제현상조차도 정규분포를 상정할 수 없는 것은 아닐까하는 논의가 금융위기 후 세계적으로 확산되고 있다(Taleb, 2007; Mandelbrot B & Hudson, 2004). 이것이 남겨진 또 하나의 큰 문제이다. 그리고 이 문제 관심은 9장 및 10장에서 다룬 소수사례를 어떻게 연구할 것인가라는 방법론적 문제와도 관련된다. 이러한 세계가 존재한다는 것은 분석상 커다란 과제이지만 그렇다고 해서 분석을 포기할 수는 없다. 이 책에서 소개한 다양한 분석방법을 궁리해서 활용함으로써 소수사례에서도 인과관계의 추론을 시도하는 것 외에 다른 방법은 없다.

수리통계학과 응용통계의 대가인 데이비드 프리드만(David A. Freedman)은 수학적으로 세련된 통계모델을 이용한 연구와 구두밑창을 갈아가며 한집 한집 방문해서 데이터를 모으는 역학연구(Shoe-leather Epidemiology)를 대비시키고 후자의 연구스타일이 중요함을 거듭 지적하였다. 분석대상에 대한 충분한 지식을 갖추고 분석대상에 적합한 연구설계를 구축하며 이를 바탕으로 연구를 수행한다는 것이야 말로 인과추론에서 핵심에 해당한다는 게 그의 주장이다(Freedman, 2010). 모든 연구주제에 통용될 수 있는 매뉴얼화된 연구방법은 없다.

따라서, 이 책에서 소개한 다양한 방법을 응용한 연구 및 분석을 거듭함으로써 비로소 얻게 되는 숙달의 의의는 매우 크다고 할 것이다.

킹, 코헤인과 버바의 『사회과학의 리서치 디자인』이 미국에서 출판된 직후 필자는 대학원 시절의 지도 교수이자 이후 미국정치학회 회장을 역임하게 되는 피터 카첸슈타인(Peter J. Katzenstein) 교수와 시애틀에서 열린 국제회의에 동석하였다. 독일계 미국인으로 날카로운 지성의 소유자인 그는 내가 나이를 아무리 많이 먹는다하더라도 여전히 무서운 스승이다. 출판 전부터 화제였던 동서에 대한 감상을 물었을 때 스승의 대답이 잊혀지지 않는다. "이 책은 잘 정리된 요리 매뉴얼이다"라는 것이었다. 이후 회의 멤버와 시애틀의 유명 레스토랑에 가서 명품 해산물 요리로 식사를 하면서 스승의 코멘트를 곰곰이 생각해 보았다. 요리책이 중요하기는 하지만 그것을 제대로 써먹을 수 있는 숙련됨이 없다면 눈앞에 놓인 것과 같은 요리는 만들 수 없을 것이다. 방법론이라는 것은 그와 같은 것이 아닐까.

저자후기

　1984년에 풀브라이트(Fulbright) 장학생으로 코넬대학(Cornell University)에 유학을 하게 된 필자를 기다리고 있던 것은 체계적이며 농밀한 교과과정이었다. 필자는 이미 교토대학에서 정치학 석사학위를 취득하고 박사후기과정에 진학하였는데 당시 일본의 문과계 대학원에서는 이러한 체계적인 교과과정이 없었기에 놀라움이 컸다. 미국의 박사과정에서는 처음 3년간은 코스워크를 밟아야 한다. 자신의 전문분야외에 폭넓은 영역에 대해 수업을 받도록 하는 것이다. 당시 코넬대학 정치학대학원에서는 미국정치, 비교정치, 국제관계론, 정치이론이라는 4개 영역에서 자신의 전공영역과 함께 2개 영역을 선택하여 각각의 영역에서 복수의 수업을 받은후 A Exam이라는 영역수료시험에 합격해야 했다. 이렇게 함으로써 전문적 영역에 들어가기 전에 정치학을 넓게 조감하도록 하는 것이 목적이었다. 한 수업당 한 주에 수백페이지의 페이퍼가 배당되고 전원이 이를 읽었다는 전제에서 토론중심의 수업이 이루어지는 것이 기본이었다. 자신이 연구하고 싶은 주제와 관련된 책이나 논문을 중심으로 읽고 한 학기에 한두 번 보고하면 되는 자유분방했던 일본의 대학원과는 전혀 다른 세계였다.

　또 하나 큰 차이를 느꼈던 부분은 방법론의 위치였다. 입학 직후의 가을학기에는 기본적인 통계학에 대한 학습을 주내용으로 하는 '연구 방법론(Research Method)' 수업을 전원이 의무적으로 들어야 했다. 필자에게 있어서 이 수업은 일종의 구원이었다. 도미 직후에 대량의 영어문헌을 읽어야 하는 부담에 듣기와 말하기도 어려움을 느끼고 있었기에 토론 중심의 수업은 벅찼지만 수식과 통계이론이 주내용인 이 수업은 상대적으로 쉬웠다. 그리고 정치사상과 지역연구를 지망하는 학생들에게도 기초 통계학을 필수과목으로 가르침으로써 그 배후에 있는 방법론적 사고를 익히도록 하는 교육과정에 신선함을 느꼈다.

당시 일본의 정치학계 대학원에서는 선거연구와 투표행위연구를 하고자 하는 극소수 대학원생을 제외하고는 통계학을 배우려고 하는 사람이 거의 없었다고 생각한다. 필자의 일본에서의 지도교수인 무라마츠 미치오(村松岐夫) 교수는 관료 및 정치가를 대상으로 한 설문조사 연구의 개척자였기 때문에 선생님 문하의 대학원생들 사이에서는 일단 통계학을 공부해두자라는 분위기가 있었다. '연구 방법론' 수업에서 한숨돌릴 수 있었던 것은 그러한 인연 덕분이었다.

통계학을 조금 공부해두었던 필자에게는 커리큘럼상의 통계학의 의의에 대해서는 감명을 받았지만 내용적으로는 별다른 신선함을 느끼지 못했다. 당시 정치학계에서 활용하는 통계학의 수준이 그다지 높지 않았기 때문일 것이다. 또한 당시 코넬대학 정치학부가 1970년대에 그 연구가 가장 많이 인용된 정치학자인 미국정치연구의 태두인 테오도르 로위(Theodre J. Lowi) 교수, 1980년대에 비교정치경제학 연구를 이끌었던 피터 카첸슈타인(Peter Katzenstein) 교수, 동남아시아 연구를 기초로 민족주의 연구에 큰 족적을 남긴 베네딕트 앤더슨(Benedict Anderson) 교수, 일본연구의 펨펠(T. J. Pempel) 교수 등 쟁쟁한 진용을 자랑함과 동시에 질적 연구 지향성이 두드러졌기에 '연구 방법론'에서 다루는 통계가 초보적인 것에 머물렀던 것인지도 모르겠다.

오히려 방법론 교육으로써 보다 중시되었던 것은 각 영역에 설치되어 있던 필드 세미나(Field Seminar)였다. 각 영역의 연구발전 동향을 개관하면서 방법론적 관점에서 주요 연구를 검토하는 수업이다. 그 가운데서도 필자에게 큰 영향을 준 것이 사회운동연구로 유명한 시드니 태로우(Sidney Tarrow) 교수의 '비교정치학' 필드 세미나였다. 거기서는 통계분석적인 논리에 의거하면서도 질적인 비교연구의 방법이 다양하게 그리고 실천적으로 강의되었다. 연구대상에 대한 실체적 관심뿐만이 아니라 연구설계가 가지는 의미를 실감하게 해준 멋진 수업이었다. 그 수업에서 느꼈던 지적 흥분이 오랜 세월을 거쳐 이 책의 집필로 이어졌다고 할 수 있다.

일본에 귀국해서 고베대학에서 가르치기 시작했을 때부터 그와 같은 방법론 강의를 할 수 있을지 여러모로 시도해 보았다. 이후 와세다대학으로 옮기게 되자마자 대학원 개혁이 시작되었다. 문부과학성이 큰 관심을 가지고 추진하였던 대학원 교육개혁의 일환으로 신 교육프로그램 공모가 이루어졌다. 필자에게는 이것이 정치학 교육에 변화를 불러올 기회로 생각되었다. 때로 심야까지 뜻을 같이하는 동료와 새 교육과정 구성을 논의했던 것은 즐거운 추억이다. 다행히 개혁안은 문부성의 채택을 받아 정치학연구과에 방법론 3과목(경험적 방법, 규범이론, 수리적 분석)이 필수가 되었다. 필자는 경험적 분석을 위한 방법론을 가르치게 되었다.

방법론 강의라고 하면 아무래도 무미건조한 내용과 매뉴얼적인 내용이 연상되기 쉽다. 내가 뿌린 씨앗이라고는 하지만 필수과목으로 대학원생에게 수강하게 한 만큼 한층 더 궁리가 필요하다고 느꼈다. 재미있으면서도 중요한 논점을 빠뜨리지 않는 강의를 할 수는 없을까하고 여러 가지 시행착오를 거듭하였다. 그 과정에서 방법론에 관한 서적은 큰 도움이 되었다. 그 중에서도 이 책에서 몇 번이나 언급한 다카네 마사아키의 『창조의 방법학』과 킹, 코헤인과 버바의 『사회과학의 리서치 디자인』

이 유용하였다. 전서는 1979년에 출판되었는데 아무리 명저라해도 개정될 필요성을 느꼈다(유감스럽게도 다카네 교수는 동서의 출판 2년 후에 서거하였다). 후자는 질적 분석의 다양한 방법에 대해서 그다지 충실하게 다루지 못하고 있다. 강의에서는 내용의 갱신과 추가적 설명에 노력을 거듭해 왔다. 그 결과 나름대로 완성형에 가까운 내용이 되었다.

이쯤 되자 조금 욕심이 생겼다. 정치학에서 경험적 연구를 할 때 방법론의 중요성을 보다 폭넓게 알리고 싶다는 생각이 들었다. 그런 생각을 더욱 굳게 만든 계기가 있었다. 1990년대 이후 문부과학성은 앞서 언급한 대학원 개혁을 포함한 다양한 개혁을 숨돌릴 틈 없이 추진했다. 거기에는 일본의 고등교육의 국제적 경쟁력이 떨어진다는 비판에 대한 대응이라는 측면도 있다. 대학에서 가르치는 한 사람으로서 이러한 비판에 내심 부끄럽다는 생각도 든다. 하지만 문부과학성의 개혁안에는 솔직히 말해 위화감이 더 크다. 위화감을 느끼는 것 중 하나가 영어에 대한 과도한 강조이다.

필자도 일본의 정치학 나아가 사회과학이 좀 더 국제적 발신을 강화해야한다는 점에는 별다른 이견은 없다. 일본의 대학이 글로벌차원에서 활약하는 인재를 보다 많이 양성해야 한다는 의견에도 찬성이다. 이를 위해서는 영어 강의도 필요할 것이다. 대학 1학년부터 박사학위 취득까지 영어만으로 교육하는 코스를 늘린다고 하는 방침도 좋을지 모른다. 그러나 이러한 개혁안이 강조될 때 때로 영어를 배우는 것과 논리적으로 사고하는 능력을 익히는 것이 동급으로 취급되는 경향이 있다. 과연 그럴까. 일본어로는 논리적인 사고나 연구가 불가능한 것일까. 절대 그럴 리 없다(齋藤誠『英語で講義すると失われるもの』, 中央公論. 2013年 2月 号도 같은 취지여서 이러한 생각을 더욱 강하게 하였다). 논리적이 못하고 흠잡을 것 투성이의 기사나 논문은 영어로 쓰여진 것이라도 많이 있

다. 필요한 것은 영어든 일본어든 논리적으로 사고하고 표현하는 능력일 것이다. 원인을 추론하기 위한 방법론을 배우는 것은 이러한 능력을 향상시킨다고 필자는 확신하고 있다. 이 책이 이러한 일에 조금이라도 도움이 된다면 바라던 것 이상의 기쁨이다.

이 책을 완성하는 데는 많은 분들의 도움이 있었다. 앞서 언급한 코넬대학교의 여러 선생님들, 그리고 무라마츠 미치오 선생님이 없었다면 이 책은 탄생하지 못하였을 것이다. 공저로 연구논문을 출판한다고 하는 작업은 스스로의 논지 및 방법론을 재고할 수 있는 귀중한 기회를 제공해 준다. 지금은 비교역사분석계에서 톱스타가 된 감이 있는 캐쓰린 씰렌(Kathleen Thelen) 매사츄세스 공과대학 교수와 국제정치경제학의 세계에서 활약 중인 나오이 메구미(直井惠) 캘리포니아대학 샌디에고분교 준교수와는 각각 몇 개의 공저논문을 내면서 많은 것을 배웠다.

고노 마사루(河野勝) 교수와는 와세다대학에서 동료가 되어 와인바에서도 메밀국수집에서도 결국에는 정치학에 대한 열띤 토론으로 이어지는 사이가 된 것은 행복한 일이다. 매년 가루이자와에서 벌어지는 대학원 방법론 여름세미나를 도와주는 니시자와 요시타카(西澤由隆) 도시샤대학 교수와의 심층적 토론도 이 책을 구상하는 데 빼놓을 수 없는 것이었다. 일이 있을 때마다 의지가 되는 교토대학 다테바야시 마사히코(建林正彦) 교수와 고베대학의 소가 켄고(曾我謙悟) 교수는 바쁜 와중에도 이 책의 초고에 대해 유익한 코멘트를 해 주었다. 와세다대학 글로벌 COE의 멤버, 특히 다나카 아이지(田中愛治) 교수와 시미즈 카즈미(清水和己)준 교수는 정치경제학의 실험연구방법에 대해 배우고 생각할 기회를 제공해 주었다. 현재 미시간 주립대학교에 유학 중인 히가시지마 마사아키(東島雅昌) 군에게서는 대학원에서 사용되는 최신 정치학문헌에 대해서 정보를 얻었다. 문헌데이터의 탐색 · 정리는 여느 때와 마찬가지로 히구치 게이코(樋口惠子) 씨가 맡아주었다. 또한 와세다대학으로부터 연구년을 얻어 브리티시 컬럼비아 대학(University of British Columbia)의 객원연구원으로서 연구에 집중할 수 있었던 것도 이 책의 완성에 크게 기여하였다. 첫 연구서 출간 이래로 신세를 지고 있는 유히가쿠 출판사(有斐閣)의 기요미 히로시(靑海泰司) 씨는 이번에도 여로 모로 도움을 주었다. 같은 회사의 기대주인 오카야마 요시노부(岡山義信) 씨는 첫 일 감으로 이 책의 편집을 담당해 주었다. 신세를 진 모든 분들의 이름을 일일이 열거하지는 못하지만 여기서 깊은 감사의 인사를 드린다.

이 책은 10여 년에 걸쳐 시행착오를 거듭해 가면서 해온 정치분석방법론 강의의 성과이다. 대상은 학부 1학년부터 세미나의 학생, 그리고 대학원생까지 상이하였지만 꽤 엄격한 교육을 시켜온 것은 매한가지다. 그 수업을 참고 따라 와준 고베대학교와 와세다대학의 학생 · 원생들에게 이 책을 바친다.

2013년 9월 20일
벤쿠버의 아름다운 야경을 마주한 서재에서

역자후기

　다양한 사회현상의 인과관계를 파악한다는 것은 어떤 의미일까? 우리
들은 신문과 방송 같은 매스컴의 보도내용에서 혹은 동료나 가족들과의
대화 속에서 사회현상에 대한 묘사나 원인에 대한 나름의 진단을 일상적
으로 접하고 있다. 그런데 그러한 사실에 대한 묘사나 원인에 대한 추론
가운데는 그럴듯하게 들리는 경우도 있지만 고개를 갸우뚱하게 하는 내
용도 적지 않아서 논쟁으로 이어지기도 한다. 사회현상에 대한 정확한
인과관계 규명노력을 생략한 채 안이하게 그 사회의 고유한 문화(혹은
국민성) 탓을 한다거나 아직 그 실체가 공개적으로 드러나지 않은 일부
세력에 의한 음모의 결과라는 이른바 '음모론'이 확산되는 모습을 심심치
않게 목격하기도 한다. 논쟁의 대상이 되는 사회현상에 변화가 정말로
발생하고 있는지, 관심대상인 사회현상과 비교대상인 사회현상 간에 차
이가 존재하는지, 그리고 그러한 변화나 차이의 원인이 무엇인지에 대한
논쟁은 개인적인 차원에 머무르기도 하지만 때로는 사회적인 이슈로 발
전하여 격렬한 정쟁의 대상이 되기도 한다.

　이 책은 정치 및 정책현상에 초점을 맞추어 그 원인을 설명할 때 어떠
한 방법으로 접근해야 하는지를 명쾌하면서도 알기 쉽게 소개한다. 저자
인 쿠메 이쿠오는 미국 코넬대학에서 박사학위를 취득하고 현재 와세대
대학 정치경제학술원 교수로 재직 중이다. 그는 일본 정치학계에서 실증
적·경험적 분석방법론을 선도하면서 해외저널에 일본의 정치현상을 분

석한 논문을 적극적으로 발신하는 한편 다수의 정치학관련 교과서를 집필하는 등 연구능력과 필력을 겸비하였다는 평가를 받고 있다. 쿠메 교수는 미국 정치학계를 중심으로 발전해 온 최근의 방법론 논쟁들을 자신의 연구경험과 더불어 최근 일본에서 주목받고 있는 정치·사회적 이슈들과도 결부시키면서 놀랍도록 솜씨 좋게 설명하고 있다.

정치 및 사회현상에 대한 실증적·경험적 분석 방법은 널리 알려져 있듯이 크게 정량적(통계기법을 활용한 접근법) 접근법과 정성적(소수사례를 활용한 접근법) 접근법으로 나눌 수 있다. 이 책은 1990년대 이후 미국 사회과학계에서 진행된 정량적 접근법과 정성적 접근법 간의 장·단점을 둘러싼 논쟁을 킹, 코헤인과 버바(King, Keohane and Verba)의 『사회과학의 리서치 디자인(Designing Social Inquiry: Scientific Inference in Qualitative Research)』(1994)과 헨리 브래디(Henry E. Brady)와 데이비드 콜리어(David Collier)가 편저한 『사회과학의 방법론쟁(Rethinking Social Inquiry: Diverse Tools, Shared Standards)』(2004)을 중심으로 균형 잡힌 시각에서 서술하고 있다. 뿐만아니라 두 접근법에서 인과관계의 추론에 대한 공통된 논리가 어떻게 가능한지를 보여주고 있다. 정량적 접근이든 정성적 접근이든 간에 대상에 대한 상세하면서도 정확한 기술(Description)이 모든 인과적 추론에 바탕이 되며 인과추론시에는 인과흐름도의 작성, 추상적 개념의 조작화, 공변관계의 확인, 원인의 시간적 선행, 타변수의 통제 등이 제대로 이루어져야 한다는 것이다.

이 책은 방법론상의 주요 절차와 쟁점들에 대해 단순히 그 개념을 이론적으로 설명하는 데 그치는 것이 아니라 정치학 및 행정학을 포함한 사회과학 분야의 주요 이슈들을 폭넓게 소재로 활용한다는 특징을 갖는다. 선거제도개혁, 저출산문제, 대학생의 학력저하문제, 사회자본의 형성, 성공하는 기업의 특성, 청소년 비행의 원인, 국가의 흥망성쇠, 경제성장과 민주주의의 발전 등 현재 한국사회가 관심을 가질 법한 문제들이 다수 포함되어 있다. 그리고 이슈와 관련된 대표적인 선행연구의 내용을 적절히 요약하면서 그것이 방법론상의 쟁점들과 어떻게 관련되어 있는지를 잘 보여준다. 이 책에서 소개하는 선행연구 사례들은 사례자체로 재미있으면서 논지전개가 명확하다. 그렇기에 자칫 난해할 수도 있는 연구방법론상의 다양한 쟁점들이 실제 연구에 어떻게 반영되었는지를 자연스럽게 이해할 수 있게 한다. 그리고 정치학 및 행정학 분야의 대표적인 연구성과를 다루고 있기에 선행연구 사례를 검토하는 것만으로도 사회과학적 지식을 풍성하게 할 수 있다는 점도 이 책의 매력 중에 하나이다. 이 책에서 언급한 많은 선행연구들이 이미 우리말로 번역되어 있기에 관심이 있는 독자들은 선행연구 사례의 연구설계 논리와 그 한계에 대해 직접 확인해 볼 것을 권하고 싶다.

대학의 강의에서 통계학 과목과 함께 사회과학 방법론 과목은 다른 과목에 비해 어렵다는 평가를 받으며 학부생들이 부담스럽게 생각하는 과목의 상위에 위치한다. 종종 대학원 과정의 학생들로부터도 사회과학 방법론에 대한 논의가 추상적이어서 이해하기 어렵다는 푸념 비슷한 이야기를 듣곤 한다. 더구나 전업으로 학업에만 전념하는 석·박사과정 학생이 드물고 직장생활과 학업을 병행하는 대학원생이 대부분인 지방대학 대학원과정의 경우 방법론이나 통계학을 깊이 있게 학습할 시간적 여유가 부족하다. 이로 인해 막상 석·박사 논문을 작성하려고 할 때 적지 않은 애로를 겪는 것이 현실이다. 이처럼 방법론을 처음 접하거나 혹은 관련 강의를 들었더라도 그 내용이 잘 이해가 되지 않았던 학부·대학원생들에게 이 책은 방법론의 세계로 쉽게 접근할 수 있는 통로를 제공해 줄 수 있다.

기존의 사회과학 방법론에 관한 책들은 방법론적으로 문제를 지닌 연구들에 대해서 언급이 부족하거나 아예 언급자체를 꺼리는 경향이 있었다. 그것은 아마도 동종업계에서 이루어진 연구의 문제점을 구체적으로 지적하는 것이 학문공동체 내에서 부담스러운 측면이 있기 때문이라 짐작해 볼 수 있다. 그런데 이 책은 다양한 선행연구 사례를 적절한 방법론을 적용한 모범사례로써만이 아니라 반면교사로써도 적극적으로 활용하고 있다. 대중에게 널리 알려진 베스트셀러 서적 혹은 학계에서 대가라도 불리는 학자의 주장이라고 할지라도 방법론적으로는 심각한 문제를 가지고 있다는 점을 분명하게 지적한다. 바로 이 부분이 기존 방법론 서적이 지니지 못한 이 책의 신선함이라고 할 수 있다. 특히 일본 정치학 분야는 전통적으로 현실에 대한 개혁이 우선시 되어 규범적 주장이 상대적으로 강하였는데 그로 인해 인과추론에 어떠한 오류가 생길 수 있는지를 구체적인 사례를 통해 보여준다. 따라서 관련분야 강의를 담당하는 사람들에게는 연구방법론상의 쟁점과 논리가 실제 연구사례에 어떻게 적용되는지 그리고 어떤 오류를 범할 수 있는지를 소개하는 데 있어서 이 책은 최적의 교재가 될 수 있을 것이다.

또한, 이 책은 무분별한 정책제안에 대해 신중한 접근을 촉구하게 한다. 정치학, 특히 행정학은 현실문제에 대한 처방적 접근을 중시한다. 그런데 그러한 처방이 어떠한 근거(Evidence)에 입각한 것인지 의문스러울 때가 적지 않은 것이 현실이다. 실제로 사회문제 해결이나 제도변화를 위해 시도되는 개혁이 문제해결에 별 도움이 되지 않거나 오히려 개악으로 끝나는 경우도 적지 않다. 그러한 경우에 이 책은 "제안의 어디가 잘못이었는가를 알기 위해서는 제안의 전제가 된 인과관계 추론의 어떤 부분이 잘못인가를 검증"하여야 함을 강조한다. 이를 위해서는 정책제안이나 제도개혁이 이루어질 때 반드시 그러한 제안이나 개혁안이 전제로 하고 있는 인과메커니즘은 무엇인지 국민들에 대해 시간과 정성을 들여 설명하는 일이 매우 중요하다. 이는 정부의 설명책임(Accountability)을 다하는 것이며 만일 그러한 설명과 검증작업이 소홀이 된다면 "정책제안과 단순한 추상적 반성의 무한반복이라는 악순환에 빠져" 거듭된 개혁이 국민들의 피로와 불신감을 가중시키는 결과를 초래할 우려가 크다. 정부의 일방적인 정책제안(추진)과 이에 대한 국민의 불신과 반발을 특징으로 하는 한국적 상황에서 이 책이 지적하는 '방법론적 자각'의 중요성은 아무리 강조해도 지나치지 않을 것이다. 사회이슈에 대한 의견의 피력에서부터 연구수행, 정책제안에 이르기까지 스스로가 입각하고 있는 인과추론의 논리가 어떤 것인지를 명확히 인식하고 거기에 수반되는 오류가능성에 대해 열린태도로 접근해야 한다는 것은 연구자들 뿐만아니라 공무원, 정치인, 매스컴 관계자, 일반 국민등 공공정책의 이해관계자들도 함께 가져야 할 태도일 것이다.

이 책을 본격적으로 번역할 수 있게된 계기는 역자가 2015년 하반기부터 2016년 상반기에 걸쳐 미국 시애틀에 위치한 워싱턴대학교(University of Washington)에서 연구년을 보내게 되면서이다. 연구년 준비 즈음에 우연히 이 책을 일독하게 되었는데 설득력과 객관성을 겸비한 인과적 추론방법에 대한 정말 잘 정리된 책이라는 인상을 받았다. 그리고 저자가 후기에서도 언급하고 있듯이 대학교육의 경쟁력제고와 학문의 질 향상에서 진정으로 중요한 것은 영어능력보다도 논리적으로 사고하고 표현하는 능력의 향상이라는 지적에 깊은 공감을 느꼈다. 빅데이터의 시대의 도래와 함께 이제 단순지식은 인터넷 검색만으로 손쉽게 손에 넣을 수 있다. 통계분석 패키지도 간단한 매뉴얼만 익힌다면 과거에 비해 큰 어려움 없이 대용량 데이터를 순식간에 분석할 수 있다. 이러한 때일수록 사회현상의 배후에 있는 원인을 어떻게 규명할 것인지에 대한 적절한 추론방법을 몸에 익힌다는 것은 앞으로 지식중심 사회를 살아가야 하는 학부생·대원생들에게 크게 유익할 것이라는 확신이 들었다. 더욱이 책의 저자가 역자가 연구년을 보낸 시애틀과 가까운 캐나다 벤쿠버에서 연구년을 보낼 때 이 책을 집필하였다는 것을 알고 묘한 인연을 느끼면서 이 책의 번역에 더욱 열성을 기울이게 되었다.

이 책의 번역출간을 추진하게 된 데에는 이러한 이유 외에도 국가와 언어의 경계를 넘어서 인과관계 추론에 관한 공통적인 논리의 습득이 사회과학도들의 '공통의 언어'로써 중요하다는 점을 저자도 의식하고 집필하였을 것이라는 짐작도 작용하였다. 이질적 문화를 접하게 될 때 이 책의 표현을 빌리자면 종속 변수의 '차이'에 주목하게 되고 그 진정한 원인에 대한 여러 가지 추론이 자연적으로 머릿속에서 떠오르기 마련이기 때문이다. 연구년이라는 시간은 그러한 의미에서 국가 간 차이에 주목하면서 타당한 인과추론이 어떻게 가능한지를 새삼 생각하게끔 하는 시간이었다고 말할 수 있을 것이다.

학문의 선진국들이 계속 그 지위를 유지하는 비결은 학문적 인프라가 충실히 갖추어져 있기 때문이다. "거인의 어깨 위에 올라서야만 더 멀리 볼 수 있다"는 격언이 있듯이 선학들의 지적 성취물을 온전하게 이해할 때에만 한발짝 앞으로 나아갈 길이 열리는 것이다. 일본 유학시절 대학의 물리적 시설보다도 번역서의 풍부함과 충실함이 늘 부러웠다. 다행스럽게 우리나라에서도 최근 들어 해외에서 화제가 되는 서적들이 큰 시차 없이 번역·출간되고 있다. 하지만 상대적으로 수요가 한정되어 있는 전문분야의 학술서적의 경우는 아직도 아쉬운 부분이 적지 않고 방법론관련 서적의 경우는 사정이 더욱 열악하다. 이 책의 내용은 사회과학분야의 학문적 발전은 물론 학생들의 논리적 사고력 습득에도 기여할 수 있는 방법론에 관한 간결하면서도 잘 정리된 '매뉴얼'이라고 할 수 있다. 그리고 이 '매뉴얼'은 거인의 어깨 위에 가장 빠르게 올라갈 수 있는 사다리라고도 할 수 있다. 부디 이 '매뉴얼'을 바탕으로 사회현상에 대한 다양한 인과적 추론의 진위를 음미할 수 있는 능력이 향상되기를 바라며 더불어 적합한 연구설계를 바탕으로 수행된 설득력 높은 연구, 증거에 입각한 정책제안이 더욱 활성화되기를 기대해 본다.

끝으로 이 책의 번역출간에 있어서 평소 연구과제 수행 등을 통해 역자에게 실제적인 연구수행의 묘미와 어려움을 함께 깨닫게 해준 정정길(전 대통령 비서실장, 현 울산대학교 이사장) 연구실의 선후배 교수님들, 그리고 따뜻한 학문공동체적 분위기 속에서 동료애를 나누면서 때로는 사회적 이슈에 대한 치열한 논쟁을 통해 '방법론적 자각'의 중요성을 환기시켜주는 순천대 공공인재학부 행정학전공 동료 교수님들께도 이 자리를 빌어 감사의 말씀을 전한다. 또한 어려운 여건 속에서도 흔쾌히 출판을 허락해 주신 논형출판사 소재두 사장님께도 진심으로 감사드린다.

2017년 5월

참고문헌

靑木昌彦/瀧澤弘和·谷口和弘訳, 2003年『比較制度分析に向けて[新裝版]』
　　　NTT出版.

赤川學, 2004年『子どもが減って何が惡いか』ちくま新書.

アセモグル, ダロン=ジェイムズ·A·ロビンソン/鬼澤忍訳, 2013年『國家はなぜ衰退
　　　するのか―權力·繁榮·貧困の起源』上·下 早川書房.

安藤誠, 2000年『現代人口學―小子高齡化社會の基礎知識』日本評論社.

阿部齋, 1989年『現代政治と政治學』岩波書店.

ハンナ·アーレント/大久保和郎訳, 1969年[新裝版, 1994年]『イェルサレムのアイヒ
　　　マン― 惡の陳腐さについての報告』みすず書房.

飯田健, 2013年「東北大學プレスリリースについての疑問と再分析」(http://
　　　txpolisci.sakura.ne.jp/replication.pdf).

伊勢田哲治, 2003年『疑似科學と科學の哲學』名古屋大學出版會.

市川伸一, 2002年『學力低下論爭』ちくま新書.

猪口孝, 1983年『現代日本政治経濟の構図―政府と市場』東洋経濟新報社.

猪口孝·大嶽秀夫·村松岐夫, 1987年「『レヴァイアサン』發刊趣意」『レヴァイアサ
　　　ン』一号.

海野弘, 2002年『陰謀の世界史―コンスピラシー·エイジを讀む』文藝春秋.

エスピン―アンデルセン, G/岡沢憲芙·宮本太郎監訳, 2001年,『福祉資本主義の
　　　三つの世界―比較福祉国家の理論と動態』ミネルヴァ書房.

NHK「爆笑問題のニッポンの教養」製作班監修/主婦と生活社ライフ·プラス編集
　　　部編, 2012年『名門大学の教養― 東京大学·慶應義塾大学·京都大学·
　　　早稲田大学·東京藝術大学(NHK 爆笑問題のニッポンの教養)』主婦と生
　　　活社.

大石眞·佐々木毅·久保文明·山口二郎編, 2002年『首相公選を考える―その可能
　　　性と問題点』中公新書.

大江健三郎, 2000年『見るまえに跳べ』新潮文庫.

大嶽秀夫, 1979年『現代日本の政治権力経済権力』三一書房 (増補新版,
　　　1996年).

大嶽秀夫, 1994年『戦後政治と政治学』東京大学出版会

大竹文雄, 2005年a『経済学的思考のセンス―お金がない人を助ける』中公新書.

大竹文雄, 2005年b『日本の不平等―格差社会の幻想と未来』日本経済新聞社.

岡部恒治・西村和雄・戸瀬信之編, 1999年『分数ができない大学生―21世紀の日本が危ない』東洋経済新報社

小谷清, 2004年『現代日本の市場主義と設計主義』日本評論社

オルソン, M/加藤寛監訳, 1991年『国家興亡論―「集合行為論」からみた盛衰の科学』PHP研究所.

加藤淳子・川人貞史・久米郁男, 1998年「座談会 日本政治学の課題と展望」『レヴァイアサン』臨時増刊 1998年冬号.

金子勇著, 2000年『社会学的想像力』ミネルヴァ書房.

神永正博, 2008年『学歴低下は錯覚である』森林出版.

北山俊哉・真渕勝・久米郁男, 2009年『はじめて出会う政治学[第3版]』有斐閣アルマ.

キング, G= R.O.コヘイン= S. ヴァーバ/真渕勝訳, 2004年『社会科学のリサーチ・デザイン―定性的研究における科学的推論』勁草書房.

久米郁男, 1999年『日本型労使関係の成功』有斐閣.

久米郁男・川出良枝・古城佳子・田中愛治・真渕勝, 2011年『政治学[補訂版]』有斐閣New Liberal Arts Selection.

河野勝, 2002年「比較政治学の方法論―なぜ, なにを, どのように比較するか」河野勝・岩崎正洋編『アクセス比較政治学』日本経済評論社.

河野勝・西條辰義編, 2007年『社会科学の実験アプローチ』勁草書房.

コリアー, デヴィッド= ジェイムズ・マホニー= ジェイソン・シーライト, 2008年「事例選択バイアスに関する定量的見解の行き過ぎた主張」ヘンリー・ブレイディ= デヴィッド・コリアー編/泉川泰博・宮下明聡訳『社会科学の方法論争―多様な分析道具と共通の基準』勁草書房.

コリアー, ポール/中谷和男訳, 2008年『最底辺の10億人―最も貧しい国々のために本当になすべきことは何か？』日経BP社.

コリアー, ポール/甘糟智子訳, 2010年『民主主義がアフリカ経済を殺す―最底辺の10億人の国で起きている真実』日経BP社.

コリンズ, ジェームズ・C= ジェリー・I・ポラス/山岡洋一訳, 1995年『ビジョナリー・カン

パニー 時代を超える生存の原則』日経BP社センター.

斉藤淳, 2010年『自民党長期政権の政治経済学―利益誘導政治の自己矛盾』勁草書房.

斎藤誠, 2013年「英語で講義すると失われる―文部省グローバル人材育成推進事業への疑問」『中央公論』2013年2月号.

境家史郎, 2010年「政治体制変動の合理的メカニズム―幕藩体制崩壊の政治過程」『レヴァイアサン』四六号.

佐藤信, 1968年『推計学のすすめ――決定と計画の科学』講談社ブルーバックス.

ジョンソン, チャーマーズ/矢野俊比古監訳, 1982年『通産省と日本の奇跡』TBSブリタニカ.

新藤宗幸, 2012年『政治主導―官僚制を問いなおす』ちくま新書.

曽我謙悟, 2013年『行政学』有斐閣アルマ.

ソーカル, アラン=ジャン・ブリクモン/田崎晴明・大野克嗣・堀茂樹訳, 2012年『「知」の欺瞞―ポストモダン思想における科学の濫用』岩波現代文庫.

高根正昭, 1979年『創造の方法学』講談社現代新書.

建林正彦, 1999年「書評 山口二郎『日本政治の課題』」『年報行政研究』第三四号.

建林正彦, 2004年『議員行動の政治経済学―自民党支配の制度分析』有斐閣.

ダール, ロバート・A./河村望・高橋和宏訳, 1988年『統治するのはだれか―アメリカの一都市における民主主義と権力』行人社

タレブ, ナシーム・ニコラス/望月衛訳, 2009年『ブラックスワン―不確実性とリスクの本質』上・下, ダイヤモンド社

鶴光太郎, 2013年「経済教室 最低賃金, 上昇の影響は?」『日本経済新聞』2013年1月22日付.

デーゲン, ロルフ/赤根洋子訳, 2003年『フロイト先生のウソ』文春文庫.

デュヴェルジェ, モーリス/岡野加穂留訳, 1970年 政党社会学―現代政党の組織と活動 潮出版社.

デュルケーム/宮島喬訳, 1985年 [原書1897年]『自殺論』中公文庫.

戸田山和久, 2005年『科学哲学の冒険―サイエンスの目的と方法をさぐる』NHKブックス.

中沢孝夫, 2008年『すごい製造業―日本型競争力は不滅』朝日新書.

西村和雄・平田純一・八木匡共・浦坂純子, 2012年「高等学校における理科学習
　　　が就業に及ぼす影響―大卒就業者の所得データが示す証左」(RIETI
　　　Discussion Paper, Series 12-J-001) 産業経済研究所(2012年1月.)

秦郁彦, 2012年『陰謀史観』新潮新書.

パットナム, ロバート・D./河田 潤一訳, 2001年『哲学する民主主義―伝統と改革の
　　　市民的構造』NTT出版

バロー, R.J./大住圭介・大坂仁訳, 2001年『経済成長の決定要因―クロス・カントリ
　　　ー実証研究―』九州大学出版会.

ハンチントン, S. P. /坪郷実・薮野祐三・中道寿一訳, 1995年『第三の波―20世紀
　　　後半の民主化』三嶺書房

ヒース, ジョセフ/ 栗原百代訳, 2012年『資本主義が嫌いな人のための経済学』
　　　NTT出版

ピーターズ, トム= ロバート・ウォーターマン/大前研一訳, 2003年『エクセレント・カン
　　　パニー: 超優良企業の条件』英治出版

福元健太郎 ・ 堀内勇作, 2011年「ヤバい政治学―データで分かる政治のウラ表
　　　「政治不信が高まると投票率が低くなる」は本当か 第1回 詳細なデータ分
　　　析から浮かび上がる意外な事実」,『日経ビジネスオンライン』, 2012年6月
　　　6日

(http://business.nikkeibp.co.jp/article/report/20120508/231768/)

フリードマン, M./佐藤隆三・長谷川啓之訳, 1977年『実証的経済学の方法と展開』
　　　富士書房

ブリントン, C./岡義武・篠原一訳. 1952年『革命の解剖』岩波現代叢書

ブレイディ,ヘンリー= デヴィッド・コリアー編/泉川泰博・宮下明聡訳, 2008年『社会
　　　科学の方法論争―多様な分析道具と共通の基準』勁草書房

ポパー, カール・R./大内義一・森博訳, 1971年・1972年『科学的発見の論理』上・下,
　　　恒星社厚生閣.

マキューン, ティモシー, 2008年「事例研究と定量的世界観の限界」ヘンリー・ブレ
　　　イディ= デヴィッド・コリアー編/泉川泰博・宮下明聡訳, 2008年『社会科学
　　　の方法論争―多様な分析道具と共通の基準』勁草書房.

真渕勝, 1994年『大蔵省統制の政治経済学』中公叢書.

マルクス, カール.「フォイエルバッハに関するテーゼ」(エンゲルス/村松一人訳『フ

オイエルバッハ論』岩波文庫, 1960年収録)

丸山健夫, 2006年『「風が吹けば桶屋が儲かる」のは0.8%!?一身近なケースで学ぶ確率・統計』PHP新書.

丸山眞男, 1964年『現代政治の思想と行動』〔増補版〕未来社.

マンデルブロ, ベノワ・B= リチャード・L・ハドソン/高安秀樹・雨宮絵里・高安美佐子・冨永義治・山崎和子訳, 2008年『禁断の市場ーフラクタルでみるリスクとリターン』東洋経済新報社.

ムーア, バリントン・Jr/宮崎隆次・森山茂徳・高橋直樹訳, 1986年・1987年『独裁と民主政治の社会的起源一近代世界形成過程における領主と農民』1・2, 岩波現代選書

村上もとか, 2000-2010年『JINー仁』集英社.

村松友視, 2001年『村松友視の東海道中膝栗毛』講談社.

村松岐夫, 1981年『戦後日本の官僚制』東洋経済新報社.

村松岐夫, 1988年『地方自治』(現代政治学叢書 15) 東京大学出版会.

村松岐夫, 2003年「2003年 政治学の窓から-若い学徒へのアドバイス」①-⑩『書斎の窓』一・二-十二月号.

森川友義, 2009年『若者は, 選挙に行かないせいで, 四〇〇〇万円も損してる!?』ディスカヴァー携書.

山口一男, 2005年「女性の労働力参加と出生率の真の関係についてーOECD諸国の分析」RIETI Discussion Paper Series 05-J-036.

(http://www.rieti.go.jp/jp/publications/dp/05j036.pdf)

山口二郎, 1997年『日本政治の課題ー新・政治改革論』岩波新書.

リドレー, マット/大田直子・鍛原多惠子・柴田裕之訳, 2010年『繁栄一明日を切り拓くための人類10万年史』早川書房

レイガン, チャールズ, 2008年「事例志向型研究からの5つの挑戦一変数志向型研究はどう応えるか」ヘンリー・ブレイディ= デヴィッド・コリアー編/泉川泰博・宮下明聡訳, 2008年『社会科学の方法論争―多様な分析道具と共通の基準』勁草書房.

レヴィット, スティーヴン・D= スティーヴン・J・ダブナー/望月衛訳, 2010年『超ヤバい経済学』東洋経済新報社.

ロガウスキー, ロナルド, 2008年「社会科学の推論はいかに逸脱事例を見落として

いるか」ヘンリー・ブレイディ= デヴィッド・コリアー編/泉川泰博・宮下明聡 訳, 2008年『社会科学の方法論争―多様な分析道具と共通の基準』

ローゼンツワイグ, フィル/桃井緑美子訳, 2008年『なぜビジネス書は間違うのか― ハロー効果という妄想』日経BP社

渡部純, 2010年『現代日本政治研究と丸山眞男―制度化する政治学の未来のた めに』勁草書房.

Acemoglu, Daron and James A. Robinson, 2005, *Economic Origins of Dictatorship and Democracy*, Cambridge University Press.

Acemoglu, Daron and James A. Robinson, 2012, *Why Nations Fail: The Origins of Power, Prosperity and Poverty*, Crown Business.

Angrist Joshua D. Jorn-Steffen Pischke, 2010, "The Credibility Revolution in Empirical Economics: How Better Research Design Taking the con out of Econometrics," *Journal of Economic Perspectives* vol. 24, no. 2.

Angrist, Joshua D. and Victor Lavy, 1999, "Using Maimonides' Rule to Estimate the Effect of Class Size on Scholastic Achievement," *The Quarterly Journal of Economics* vol. 114, no. 2.

Arendt, Hannah, 1963, *Eichmann in Jerusalem: A Report on the Banality of Evil*. Penguin Classics edition.

Barro, Robert J., 1997, *Determinants of Economic Growth: A Cross-country Empirical Study*, MIT Press.

Bennett, Andrew and Colin Elman, 2007, "Case Study Methods in the International Relations Subfield," *Comparative Political Studies* vol. 40, no. 2.

Berkowitz, Roger, 2013, "Misreading 'Eichmann in Jerusalem'" *New York Times*, July 7.

Brady, Henry E. and David Collier, eds., 2004, *Rethinking Social Inquiry: Diverse Tools, Shared Standards*. Rowman & Littlefield.

Boix, Carles, 2003, *Democracy and Redistribution*, Cambridge University Press.

Boix, Carles and Susan Carol Stokes, 2003, "Endogenous Democratization," *World Politics* vol. 55, no. 4.

Brinton, Crane, 1965, *The Anatomy of Revolution*, by Crane Brinton revised ed., Vintage Books[first edition, 1938].

Calder, Kent E., 1988, *Crisis and Compensation: Pubic Policy and Political Stability in Japan*, 1949–1986, Princeton University Press.

Case, Anne and Christina Paxson, 2008, "Stature and Status: Height, Ability, and Labor Market Out-comes," *Journal of Political Economy* vol. 116, no. 3.

Collier, David, James Mahoney, and Jason Seawright, 2004, "Claiming too much: warnings about selection bias" in Henry E. Brady and D. Collier, edsl, *Rethinking Social Inquiry: Diverse Tools, Shared Standards*, Rowman & Littlefield.

Collier, Paul, 2007, *The Bottom Billion: why the poorest countries are failing and what can be done about it*, Oxford University Press.

Collier, Paul, 2009, *Wars, Guns, and Votes Democracy in. Dangerous Places*, Harper.

Collins, James C. and Jerry I. Porras, 1994, *Built to Last: Successful Habits of Visionary Companies*, Harperbusiness.

Cox, Gray, 1997, *Making Votes Count*, Cambridge University Press.

Cox, Gray W. and Mathew D. McCubbins, 1993, *Legislative Leviathans: Party Governmen in the House*, University of California Press.

Dahl, Robert A., 1958, "A Critique of the Ruling Elite Model," *American Political Science Review* vol. 52, no. 2.

Dahl, Robert A., 1961, *Who Governs?: Democracy and Power in an American City*, Yale University Press.

Davies, James C., 1962, "Toward a Theory of Revolution," *American Sociological Review* vol. 27, no. 1.

Degen, Rolf, 2004, *Lexikon der Psycho-Irrtümer*, Piper Verlag Gmbh.

Dore, Ronald P., 1969, "Making Sense of History," *Archives Européennes de Sociologie* vol. 10, no. 2.

Downs, Anthony, 1957, *An Economic Theory of Democracy*, Harper & Row.

Dunning, Thad, 2008, *Crude Democracy: Natural Resource Wealth and*

Political Regimes, Cambridge University Press.

Durkheim, Émile, 1960, *Le suicide: Étude de sociologie*, Presses universitaires de France.

Duverger, Maurice, 1954, *Political Parties: Their Organization and Activity in the Modern State*, English Translated by Barbara and Robert North, Wiley.

Eckstein, Harry, 1975, "Case Study and Theory in Political Science," in F. I. Greensein and N. W. Polsby, eds., *Handbook of Political Science* vol.7, Addison–Wesley.

Esping–Andersen, Gøsta, 1990, *The Three Worlds of Welfare Capitalism*, Polity Press.

Evangelista, Matthew, 1999, *Unarmed Forces: The Transnational Movement to End the Cold War*, Cornell University Press.

Fenno, Richard F. Jr., 1978, *Home style: House Members in Their Districts*, Little Brown.

Fenno, Richard, 1965, *The Character of Physical Law*, MIT Press.

Freedman, David A. (Edited by David Collier, Jasjeet S. Sekhon, and Philip B. Stark), 2010, *Statistical Models and Causal Inference: A Dialogue with the Social Sciences*, Cambridge University Press.

Friedman, Milton, 1953, *Essays in Positive Economics*, University of Chicago Press.

Friedman, Thomas, 2006, "The First Law of Petropolitics," *Foreign Policy* 154.

Fukuyama, Francis, 2012, *The Origins of Political Order: From Prehuman Times to the French Revolution*, Farrar Straus & Giroux (Reprint ed.).

Geddes, Barbara, 2003, *Paradigms and sand Castles: Theory Building and Research Design in Comparative Politics*, University of Michigan Press.

Geertz, Clifford, 1973, *The Interpretation of Cultures: Selected Essays*, Basic Books.

George, Alexander L. and Andrew Bennett, 2005, *Case Studies and Theory Development in the Social Sciences*, MIT Press.

Godfrey-Smith, Peter, 2003, *Theory and Reality: An Introduction to the Philosophy of Science*, University of Chicago Press, Chapter 4-5.

Gowin, Enoch Burton, 1915, *The Executive and His control of Men: A Study in Personal Efficiency*, Macmillan.

Gusio, Luigi, Paola Sapienza and Zingales, 2006, "Does Culture Affect Economic Outcomes?" *Journal of Economic Perspectives* vol. 20-2.

Haggard, Stephan, 1990, *Pathways from the Periphery: The Politics of Growth in the Newly Industrializing Countries*, Cornell University Press.

Hall, Peter., 1986, *Governing the Economy: The Politics of State Intervention in Britain and France*, Oxford University Press.

Hall, Peter A. and David Soskice eds. 2001, *Varieties of Capitalism: The Institutional Foundations of Comparative Advantage*, Oxford University Press.

Harrison, Glenn W. and Joun A. List, 2004, "Field Experiments," *Journal of Economic Literature* vol. 42, no. 4.

Heath, Joseph, 2010, *Filthy Lucre: Economics for People Who Hate Capitalism*, HarperCollins.

Herndon, Thomas, Michael Ash Robert Pollin, 2013, "Does High Public Debt Consistently Stifle Economic Growth?: A Critique of Reinhart and Rogoff." Political Economy Research Institute, University of Massachusetts, Working Papers Series no. 322, April 15.

Holland, Paul W., 1986, "Statistics and Causal Inference," *Journal of the American Statistical Association* vol. 81, no. 396.

Horiuchi, Yusaku, 2005, *Institutions, Incentives and Electoral Participation in Japan: Cross-Level and Cross-National Perspectives*, Routledge.

Hunter, Floyd, 1953, *Community Power Structure: A Study of Decision Maker*, University of North Carolina Press.

Huntington, Samuel P., 1991, *The Third Wave: Democratization in the Late Twentieth Century*, University of Oklahoma Press.

Johnson, Chalmers A., 1982, *MITI and the Japanese Miracle: The Growth of Industrial Policy, 1925-1975*, Stanford University Press.

Kato, Junko, 2003, *Regressive Taxation and the Welfare State: Path Dependency and Policy Diffusion*, Cambridge University Press.

Katzenstein, Peter J., 1985, *Small State in World Markets: Industrial Policy in Europe*, Cornell University Press.

King, Gary, Robert O. Keohane and Sidney Verba, 1994, *Designing Social Inquiry: Scientific Inference in Qualitative Research*, Princeton University Press.

Knight, Frank H., 1985 [1971], *Risk, Uncertainty, and Profit*, Midway Peprint ed., University of Chicago Press.

Kohno, Masaru, 2001, "Why Didn't the Japanese Socialists Moderate Policies Much Earlier to Become a Viable Alternative to the Democratic Party?" in Bernard Grofman eds., *Political Science as Puzzle Solving*, University of Michigan Press.

Krefbiel, Keith, 1991, *Information and Legislative Organization*, University of Michigan Press.

Kume, Ikuo, 1998, *Disparaged Success: Labor Politics in Postwar Japan*, Cornell University Press.

Kwoh, Leslie, 2013, "Want to BE CEO? What's Your BMI? New Research Suggests Extra Pounds, Large Waists Undermine Perceptions of Leadership Ability", *Wall Street Journal*, January 16.

Levitt, Steven D. and Stephen J. Dubner, 2009, *Why Suicide Bombers Should Buy Life Insurance*, William Morrow.

Lipset, Seymour Martin, 1959, "Some Social Requisites of Democracy: Economic Development and Political Legitimacy", *American Political Science Review* vol. 53, no. 1.

Lipset, Seymour M. and Stein Rokkan eds., 1967, *Party Systems and Voter Alignment: Cross-national Perspectives*, Free Press. Mills, C. Wright, 1956, The Power Elite, Oxford University Press.

Mandelbrot, Benoit B & Richard L. Hudson, 2004, *The Misbehavior of Markets: A Fractal View of Financial Turbulence: A Fractal View of Risk, Ruin, and Reward*, Basic Books.

McKeown, Timothy J., 2004, "Case Studies and the Limits of the Quantitative Worldview" in Henry Brady and David Collier (eds.), *Rethinking Social Inquiry: Diverse Tools, Shared Standards.* Rowman & Littlefield.

Moore, Barrington Jr., 1966, *Social Origins of Dictatorship and Democracy: Lord and Peasant in the Making of the Modern World,* Beacon Press.

Naoi, Megumi and Ikuo Kume, 2011, "Explaining Mass Support for Agricultural Protectionism: Evidence from a Survey Experiment During the Global Recession," *International Organization* vol. 65, no. 4.

Neumark, David and William L. Wascher, 2008, *Minimum Wages,* MIP Press.

Olson, Mancur, 1982, *The rise and decline of nations: economic growth, stagflation, and social rigidities.* Yale University Press.

Parsons, Wayne, 2002, "From Muddling Through to Muddling Up—Evidence Based Policy Making and the Modernization of British Government," *Public Policy and Administration* vol. 17, no. 3.

Persico, Nicola, Andrew Postlewaite, and Dan Silverman, 2004, "The Effect of Adolescent Experience on Labor Market Outcomes: The Case of Height," *Journal of Political Economy* vol. 112 no. 5.

Peter, Thomas, 2001, "Tom Peter's True Confession," Fast Company, December, 2001.

Peters, Tom and Robert Waterman, 1982, *In search of excellence: lessons from America's best-run companies,* Harper & Row.

Posner, Daniel N., 2004, "The Political Salience of Cultural Difference: Why Chewas and Tumbukas Are Allies in Zambia and Adversaries in Malawi," *American Political Science Review* vol. 98, no. 4.

Popper, Karl, 1968, *The logic of scientific discovery,* 2nd ed. Harper & Row.

Przeworski, Adam and Henry Teune, 1970, *The Logic of Comparative Social Inquiry,* Wiley-Interscience.

Przeworski, Adam, Michael E. Alvarez, Jose Antonio Cheibub, and Fernando Limongi, 2000, *Democracy and Development: Political Institutions and Well-Being in the World, 1950-1990,* Cambridge University Press.

Ragin, Charles C., 2004, "Turning the Tables: How Case-Oriented Research Challenges Variable-Oriented Research," in Henry Brady and David Collier (eds.), *Rethinking Social Inquiry: Diverse Tools, Shared Standards*. Rowman & Littlefield.

Reed, Steven R., 1993, *Making Common Sense of Japan*, University of Pittsburgh Press.

Reinhart, Carmen M. and Rogoff, Kenneth., 2010, "Growth in a Time of Debt," *American Economic Review* vol. 100, no. 2.

Ridley, Matt, 2010, *The Rational Optimist: How Prosperity Evolves*, Harper.

Riker, William H. and Peter C. Ordeshook, 1968, "A Theory of the Calculus of Voting," *American Political Science Review* vol. 62, no. 1.

Robinson, W. S., 1950, "Ecological Correlations and the Behavior of Individuals," *American Sociological Review* vol. 15, no. 3.

Roehling, Mark V., 2002, "Weight Discrimination in the American Workplace: Ethical Issues and Analysis," Journal of Business Ethics vol. 40, no. 2.

Rogowski, Ronald, 2004, "How inference in the social (but not the physical) sciences neglects theoretical anomaly", in Henry Brady and David Collier (eds.), *Rethinking Social Inquiry: Diverse Tools, Shared Standards*. Rowman & Littlefield.

Rosenzweig, Phil, 2007, *The Halo Effect: and the Eight Other Business Delusions That Deceive Managers*, Free Press.

Ross, Michael, 1999, "Political Economy of the Resource Cures." *World Politics* vol. 51, no. 1.

Ross, Michael S., 2001, "Does Oil Hinder Democracy?" *World Politics* vol. 53, no. 3.

Rueschemeyer, Dietrich, Everlyne Huber Stephens, and John D. Stephens, 1992, *Capitalist Development and Democracy*, University of Chicago Press.

Samuels, Richard J., 1987, *The Business of the Japanese State: Energy Markets in Comparative and Historical Perspective*, Cornell University Press.

Sidel, John., 2008, "Social Origins of Dictatorship and Democracy Revisited: Colonial State and Chinese Immigrant in the Making of Modern Southeast Asia," *Comparative Politics* vol. 40, no. 2.

Sokal, Alan D., & Jean Bricmont, 1998, *Fashionable Nonsense: Postmodern Intellectuals' Abuse of Science*, Picado.

Skocpol, Theda, 1973, "A Critical Review of Barrington Moore's Social Origins of Dictatorship and Democracy," *Politics & Society* vol. 4, no. 1.

Skocpol, Theda, 1979, *States and Social Revolutions: A Comparative Analysis of France, Russia, and China*, Cambridge University Press.

Slater, Dan, 2010, *Ordering Power: Contentious Politics and Authoritarian Leviathans in Southeast Asia*, Cambridge University Press.

Swenson, Peter A., 2002, *Capitalists against Markets: The Making of Lobor Markets and Welfare States in the United States and Sweden*, Oxford University Press.

Taleb, Nassim Nicholas, 2007, *The Black Swan: The Impact of the Highly Improbable*, Random House.

Tilly, Charles, 1998, *Durable Inequality*, University of California Press.

Weiner, Jonathan M, 1976, "Review of Reviews: Social Origins of Dictatorship and Democracy. Lord and Peasant on the Making of the Modern World by Barrington Moore," *History Theory* vol. 15, no. 2.

Weiner. Myron, 1987, "Empirical Democratic Theory and the Transition from Authoritarianism to Democracy," *PS: Political Science & Politics* vol. 20, no. 4.

World Bank, 1993, *The East Asian Miracle: Economic Growth and Pubilc Policy*, World Bank.

Zysman, John. 1983. *Governments, Markets, and Growth: Financial Systems and Politics of Industrial Change*. Cornell University Press.

색인

원인을 추론하다
정치·정책현상 분석을 위한 사회과학 연구방법론의 교과서

초판 1쇄 발행 2017년 8월 20일
초판 2쇄 발행 2019년 4월 10일
초판 3쇄 발행 2021년 6월 25일

지은이 쿠메 이쿠오
옮긴이 하정봉
펴낸곳 논형
펴낸이 소재두
등록번호 제2003-000019호
등록일자 2003년 3월 5일
주소 서울시 영등포구 당산로 29길 5-1 삼일빌딩 502호
전화 02-887-3561
팩스 02-887-6690
ISBN 978-89-6357-180-5 94300
값 20,000원

이 도서의 국립중앙도서관 출판예정도서목록(CIP)은 서지정보유통지원시스템 홈페이지(http://
seoji.nl.go.kr)와 국가자료공동목록시스템(http://www.nl.go.kr/kolisnet)에서 이용하실 수 있습
니다. (CIP제어번호: CIP2017019723)